明初官窑考

白兰士敦 著／陈宁 编注／翁彦俊 汪婧 译

中国轻工业出版社

图书在版编目（CIP）数据

明初官窑考 /（英）白兰士敦著；陈宁编注；翁彦俊，汪婧译. —北京：中国轻工业出版社，2021.9

ISBN 978-7-5184-3540-1

Ⅰ. ①明… Ⅱ. ①白… ②陈… ③翁… ④汪… Ⅲ. ①官窑－瓷器（考古）－研究－景德镇－明代 Ⅳ. ①K876.34

中国版本图书馆CIP数据核字（2021）第110864号

责任编辑：毛旭林　　责任终审：劳国强　　封面设计：锋尚设计
版式设计：锋尚设计　　责任校对：朱燕春　　责任监印：张　可

出版发行：中国轻工业出版社（北京东长安街6号，邮编：100740）
印　　刷：鸿博昊天科技有限公司
经　　销：各地新华书店
版　　次：2021年9月第1版第1次印刷
开　　本：787×1092　1/16　印张：18
字　　数：380千字
书　　号：ISBN 978-7-5184-3540-1　定价：98.00元
邮购电话：010-65241695
发行电话：010-85119835　传真：85113293
网　　址：http://www.chlip.com.cn
Email：club@chlip.com.cn
如发现图书残缺请与我社邮购联系调换
210454K2X101ZBW

本书属于国家社科基金艺术学项目

“19世纪以来中国陶瓷典籍的海外传播及其对世界陶瓷业的影响研究”

（项目编号：18BG140）的研究成果之一

编译导读

白兰士敦（Archibald Dooley Brankston，1909—1941），英国东方陶瓷学会会员、古陶瓷研究学者，曾任大英博物馆东方古物部助理保管员（图1）。他的一生虽然短暂，但是研究成果颇多。其中，1938年编撰完成的《明初官窑考》就是其代表性著作，也是西方第一部系统研究中国明初官窑瓷器的专论力作。之后，白兰士敦在《亚洲评论》《伯灵顿杂志》《东方陶瓷学会会刊》《大英博物馆季刊》《古董收藏家》《泰晤士报》等期刊报纸上发表了一系列学术研究文章。

图1　白兰士敦像

白兰士敦关于明初官窑瓷器的研究，在西方研究中国陶瓷的发展史上具有划时代意义。《明初官窑考》一书出版后，引起了国际古陶瓷学界和文物收藏界的强烈反响和极大轰动，他们开始将目光投向明初这个之前被忽略的研究领域，引起了西方纷纷研究中国明代及其以后瓷器的热潮。诸如哈里・加纳爵士（Sir Harry Garner）、约翰・亚历山大・波普博士（Dr. John Alexander Pope）、索姆・詹宁斯（Soame Jenyns）、久志卓真等一大批西方知名学者，开始以明代瓷器为专题进行系统深入的研究，其相关学术成果如雨后春笋般相继问世，从而推动了国际社会对中国明代及其以后瓷器研究的关注和重视①。

一、《明初官窑考》的成书背景

白兰士敦虽然英年早逝，但他在古陶瓷界依然被认为是一位卓有成就的年轻学者。尤其是所编撰的《明初官窑考》，基本摆脱了同时期霍布逊《明代瓷器》美术史研究方法的撰写范式，

---

①《明初官窑考》出版之后，西方学者陆续发表了一系列学术研究文章，如Harry Garner：*Oriental Blue and White,* London: Faber and Faber, 1954年；John Alexandre Pope: *Fourteenth-century Blue-and-White, a Group of Chinese Porcelains in the Topkapu Sarayi Muzesi, Istanbul*, Washington: Freer Gallery of Art，1952年；John Alexandre Pope: *Chinese Porcelain from the Arderl Shrine*, Washington: Smithsonian Institution, freer Gallery of Art，1956年；Soame Jenyns: *Ming Pottery and Porcelain*, London: Faber and Faber，1953年；Soame Jenyns: *The A.D.Brankston Collection of Chinese Porcelain*, London: British Museum Quarterly 19，1954年；久志卓真:《明初陶磁图鑑》，东京:日本宝云舍株式会社，1943年。

而是通过考古、科技、工艺等多方面综合阐释明初官窑瓷器的艺术特征、工艺水平、鉴赏方式等。如此年轻的外国学者，为何能够在数年之内克服多重困难，在西方研究中国陶瓷发展史方面成为一位先行者呢？概括起来，其原因主要有以下四个方面。

1. 短暂一生 | 中国色彩

1909年，白兰士敦在中国上海出生。1921年，12岁的他回到英国接受西方教育。学成毕业之后，他又回到中国。1933年至1935年间，他作为土木工程师，参加了宾尼公司在香港城门水塘项目的水利建设工作。出生在中国的他，在生活和工作环境的耳濡目染下，熟悉中文，精通汉语，酷爱中国文化，这为他后来的查阅资料、走访调查和学术研究奠定了良好的语言文化基础。尤其是在中文文献的参引方面，《明初官窑考》一书可谓旁征博引，辨析入理，甚至对某些引著还作了资料溯源的考察，以求正本清源，避免以讹传讹。如他在该书的“导言”中就曾明确表示：

笔者最初参考的文献是出版于清代的《陶录》（指清代蓝浦的《景德镇陶录》）和《骨董志》。这些文献初看似乎令人满意，但笔者在通读完《遵生八笺》后改变了看法。可以证明，《骨董志》抄袭了《遵生八笺》等书，除了少数一些显而易见因抄录者的疏忽而导致的差异外，其他基本雷同。通过进一步的查阅表明，《陶录》也是抄袭的。因此，笔者决定忽略大多数清代文献，而使用更早期的参考书籍。如是为之，许多难懂的词句顿时变得清晰，笔者对观察上的准确性也有了更大信心。

因此，该书相对于同时期或之前的西方研究中国陶瓷史的论著，无论是中文文献的参引数量，还是参引的深入程度，都是稍胜一筹的。这当然与他长期在中国的工作生活背景有关，更与他在汉语文化方面的优势有关。1941年1月，白兰士敦在中国香港逝世，年仅31岁。他的一生，正如他生前所愿：生于中国，走进中国，精通中文汉语语言，热爱中华传统文化，并最终在这里结束了短暂却又充满中国色彩的一生。

2. 精品荟萃 | 鉴赏标准

由于长期在户外进行高强度工作，白兰士敦的身体健康受到了影响和损害，他于1935年返回英国休养。而在这一年，正值一场盛况空前的展览，即“1935—1936年伦敦中国艺术国际展览会”在英国伦敦皇家艺术学院的伯灵顿府举办（图2、图3、图4）。

这次展览是中国文物首次大规模地出国展览，最初由英国大维德爵士（Sir Percial David）发起，由皇家艺术学院、瑞典国王古斯塔夫六世（Gustaf Ⅵ Adolf）提供场地和学术支持，联合英国东方陶瓷学会创始人之一乔治·尤摩弗帕洛斯（George Eumorfopoulos）、大英博物馆东方古物部主任霍布逊（Robert Lockhart Hobson）、知名收藏家奥斯卡·拉斐尔（Oscar Raphael）等

图2 1935—1936年伦敦中国艺术国际展览会海报

图3 中国文物在英国伦敦伯灵顿府开箱（自左至右：庄尚严、特派员郑天赐、大维德爵士、陈维诚参事、英海关人员、唐惜芬、傅振伦）

图4 展览会委员会筹备工作场景

共同组织。当时中国官方专门成立了以时任教育部长的王世杰为主任委员，由时任故宫博物院院长的马衡、行政院秘书长的褚民谊等11人组成的此次展览会的筹备委员会，从故宫博物院史无前例地调出了735件珍贵藏品，加上从全国各大博物馆精选的文物精品，总计近1000件。其展品种类之丰富、品质之精良，引起了西方社会的强烈震撼[①]。

① 此次展览的展品除了1/3来自中国故宫博物院、中央博物馆、安徽省博物馆、河南省博物馆的藏品外，其他则是由英国藏家乔治·尤摩弗帕洛斯、大维德爵士、霍布逊、布鲁特家族、斯宾客、皮特·布德、约翰·斯巴克斯，法国卢芹斋，日本山中商会等提供的。

白兰士敦由于精通中文汉语，熟知中国文化，因此得以参加这次展览会的展品安排、图录编制和文物摄影等工作。展览期间，中国官方展示了来自清宫旧藏的大量明清官窑瓷器精品（图5），为白兰士敦提供了古陶瓷标准件至关重要的基本认识。在这段时间里，他获得了十分宝贵的学习机会，并结合欧洲学界常用的艺术史研究方法，对这些珍稀展品的显著特征进行了比较分析和归纳总结。这使他对古陶瓷的认识和研究一开始就比其他人系统深刻，避免了误入仿品、伪品的歧途。欧洲社会对华瓷之爱甚笃，大维德爵士、尤摩弗帕洛斯、霍布逊等前辈学者在中国古代艺术和陶瓷研究方面的学术造诣，在这一阶段对白兰士敦的研究方向也起到了潜移默化的作用。

图5　1936年出版的《参加伦敦中国艺术国际展览会出品图说：瓷器》（第2册）书影

3．良师益友 | 问学求知

1936年3月展览会结束后，白兰士敦被选派为访问学者，到东方考察调研，为期18个月。前9个月，白兰士敦主要活跃于中国北京及其周边地区，尤其是在北京的琉璃厂和古玩店铺中，与众多学者、古玩商、收藏家进行了深度交流、购藏文物，在鉴真辨伪中获得了真知灼见。

民国时期，孙瀛洲先生（图6）在北京琉璃厂经营敦华斋，是当时知名的古玩商、古陶瓷学者，具有丰富的古陶瓷鉴藏经验，尤其擅长明初永宣与成化官窑的辨伪。其鉴藏水平之高，在当时首屈一指。逊清内府、亲贵宅邸等流散出去的成化宫碗，常被弃之如晚清仿品；无款的永宣青花，常与清代雍乾民窑等价，孙瀛洲先生以其锐利的鉴别眼光匡正时谬，使当时的古玩市场提升了一个新的境界。白兰士敦与北京琉璃厂的诸多古玩商关系较好，还专门拜访过孙瀛洲先生，两人建立了密切联系。孙瀛洲先生毫无保留地教授了白兰士敦陶瓷鉴定方面

图6　孙瀛洲先生像

图7 福开森博士像

图8 吴赉熙博士像

的许多知识。一开始，我们很难理解像白兰士敦这样一位年轻的国外学者，在语言和文化背景的差异下，为什么能够如此熟悉和精通明初官窑的综合情况，提出了许多超越前人的观点。当看到他和孙瀛洲先生的这段交往时，我们也就不难理解他为何能够取得这样的成就了。由此可见，白兰士敦的学术探究发展之路，孙瀛洲先生的指导作用不可忽视。耿宝昌先生在《孙瀛洲的陶瓷世界》的序言中也曾有所提及：

孙老（指孙瀛洲先生）对专业知识的传授毫不保留，几十年来从师之门生不知凡几，其中包括一些外国学者。如英国研究中国陶瓷著名学者白兰士敦，1936年初来中国时，年纪尚轻，他就学于孙老，研究明初永、宣青花与永乐甜白瓷，回国后写就《明初景德镇瓷器》一书，其学术价值至今仍被看重。①

与白兰士敦交往甚密的还有两个人，一位是美国学者福开森博士（Dr. John Calvin Fugerson）（图7），他曾担任过故宫博物院鉴定会委员，是美国各大博物馆和私人收藏中国艺术文物的开创者和引导者。另一位是新加坡爱国华侨吴赉熙博士（Dr. Wu Lai-hsi）（图8），他也是一位儒雅的古董收藏家，白兰士敦的部分藏品就来自于他。当时的古董商仇炎之先生、古陶瓷鉴藏家郭葆昌先生等，共同构成了白兰士敦高品质的学术交游圈。他在这样的环境氛围中怀着一颗对中国古陶瓷鉴藏的炽热之心，为其学术研究的顺利开展奠定了坚实基础。

4. 朝圣之路 | 窑址考察

作为访问学者在东方考察的后9个月，白兰士敦便开始涉足中国南方地区和东南亚一带，曾到中国的江西、浙江等多个古窑址进行实地考察。对于景德镇，白兰士敦当然不会错过如此重要的瓷业圣城。他考察景德镇时，更像是一位虔诚信徒，考察了整座城市和制瓷行业的现况，如实地记录了当时的所见所闻。在这期间，他借助对制瓷工艺的了解，加深了对瓷器实物特征的认知，并专门考察了当时景德镇窑业生产情况。在湖田等地，他拍摄了大量有关陶工开采瓷石、运输瓷石、原料加工、描画瓷器等瓷器生产制作过程的照片，这为他在《明初官窑考》一书中对明初官窑瓷器的分期研究和清代仿明初官窑瓷器的鉴定，尤其在工艺特征上的细致探究，提供了重要的佐证材料。

这些珍贵的照片成为今日研究景德镇晚清之后窑业生产和社会发展状况的珍贵资料，也是一些失传已久的传统制瓷技术的重要记录。与古陶瓷文献相比，这是第一次由一个现代学者到

① 耿宝昌主编：《孙瀛洲的陶瓷世界》，北京：紫禁城出版社，2005年，第11页。

景德镇实地考察后拍摄记录的当时制瓷技术图像资料，也是第一次由国外学者从国际视野上回归到景德镇进行窑业技术考察，从制瓷生产地这一角度来探索、思考和解决古陶瓷研究的核心问题。这些图像早就被中外学者广泛参引到各类研究资料和展览图录中，但可惜的是，绝大部分学者并不知道这些图片的真正出处，原来它们大都是出自白兰士敦之手。

综上所述，白兰士敦一生虽然短暂，但却充满了中国色彩。他熟悉中文，精通汉语，酷爱中国传统文化，这为他后续查阅资料、走访调查和学术研究奠定了良好的语言文化基础。1935—1936年开展的伦敦中国艺术国际展览会，使他有机会接触到中国陶瓷文物精品，并因此学会了一套严谨的鉴赏标准。展览会结束后的东方访学之行，更促使他持续深入地开展中国古陶瓷鉴藏研究，并因此结识了许多古陶瓷鉴藏界的良师益友，还有机会实地考察瓷业圣城景德镇。这些都使他对景德镇制瓷工艺、实物特征以及当时窑业生产状况等有了更加全面、系统和深入的认识，也因此促成了《明初官窑考》这种重要学术论著的问世。

二、《明初官窑考》的内容价值

《明初官窑考》是白兰士敦在伦敦中国艺术国际展览会工作、北京琉璃厂交游、景德镇窑业考察的基础上所获得的理论思考和经验总结，属于古陶瓷鉴藏与研究的重要学术论著。该书主要由两部分构成：第一部分以明初的各个时期为序，针对器物品类、工艺特征、功能用途、绘画风格、文献史料等方面，分别论述了明初永乐、宣德、成化、弘治诸朝官窑瓷器的总体面貌。尤为可贵之处在于白兰士敦在鉴赏与研究明初官窑瓷器时，将18世纪清代宫廷模仿永乐、宣德、成化官窑瓷器的特征作了比较分析，并能够相对准确地辨析明代原物与清宫仿作之间的区别。因此，白兰士敦是国际学者中较早关注和探究18世纪清宫摹古风潮的一位学者。第二部分则主要论述了浮梁唐代以来的窑业生产概况、陶瓷制作工艺等，并附录了景德镇与浮梁窑场分布图、中国陶瓷地图、明初官窑瓷器造型图等比较实用的资料信息。笔者将此书置于中国陶瓷研究发展的历史长河中，从鉴藏学、文献学、工艺学三个方面来具体探讨其内容价值。

1．鉴藏学价值

白兰士敦以丰富的瓷器实例贯穿全书，因为他深刻认识到瓷器鉴赏并非纸上谈兵，而是必须以大量具体的实物例证作为鉴赏与研究的基础，这是此类学术的最大特点。白兰士敦从多个角度、多个方面去思考总结和分析研究，为梳理清楚明初官窑瓷器的特征做出了积极探索和努力。该书的鉴藏学价值主要体现在精析标准件的胎釉料、深研写款方式、对比区分明初官窑与清代仿作等三个方面。

在精析标准件的胎釉料方面：白兰士敦使用永乐无款与宣德有款的标准器进行比较，以敏锐的眼光试图区分出永乐与宣德两个时期同一御窑瓷器品种的细节特征，进而总结出它们之间的异同。如宣德“青花瓷”一节中，他就分别论述了一组永乐、宣德时期同样装饰的青花莲子碗，经过仔细对比后，总结出两者之间的差异：

永乐的胎体比宣德的薄，釉面也更光亮。钴料在釉薄处呈烟黑色，在釉厚处呈翠蓝色。

白兰士敦深刻认识到陶瓷器物本身，以及带有款识的标准件的重要性，因此他力求通过对上手实物及其胎釉料的细微观察，建立起古陶瓷鉴藏者和研究者对于器物本身的充分感知，这在古陶瓷鉴藏和研究中是至关重要的。

在深研写款方式方面：白兰士敦总结了宣德时期的常见写款，虽未囊括全部，但已集当时之详尽。他认为：

这一时期（指宣德时期）在器物上书皇帝年号的做法，有助于我们对大量的器物进行鉴定。尽管其后的明代正德时期直到如今，对宣德年号款识均有仿制，但是审视过一些标本后，对宣德年号书写者的风格还是不难辨认的。因为御器厂的产量不可能很大，一名写款者大致足够应付一天的生产所需。我们可以辨认出这一时期三四名写款者的笔迹。

白兰士敦能够得出这一结论，是他带着陶瓷工艺思维去思考辨析实物特征的结果，这是当时国内外诸多学者所不具备的，殊为可贵。其实，直到宣德时期，明代官窑瓷器并未形成在固定位置使用统一形式的写款方法，往往是比较复杂多变的。白兰士敦以亲身实践和认真观察，为明初官窑瓷器的鉴定提供了独特视角，并尽其所能地为世人提供了具有代表性的标准款识。

在对比区分明初官窑与清代仿作方面：20世纪60年代以前，对明初永乐、宣德、成化的官窑瓷器如何做到与明代后期、清代宫廷的摹古器物的有效区分，无论是中外学术界还是收藏界，都是一大难题。白兰士敦在20世纪30年代时就开始关注到这一问题，他十分留意清代康、雍、乾三朝来自宫廷对于明初永乐、宣德、成化官窑醉心模仿的现象，并极力尝试探索两者之间的区分依据。因此，他在如何看待后世仿永乐、宣德、成化官窑瓷器方面，颇有独到心得。如在“宣德时期”一章，白兰士敦就从绘画技法、书写款识、胎釉工艺等方面详细比较了宣德本朝与清代仿品之间的区别，具体论述如下：

宣德时期，青花装饰首次受到青睐，因此也就毫无疑问地在其制作上投入了更多的关注和精力。从事这项工作的设计师、陶工和画工都应是有理念、有技巧和有闲暇的人。他们的秉性没有屈从于教条，同时产量需求也不过分。这些要点在清代似乎被忽视了，因为清代的仿品虽然造型完美，但是缺少宣德作品中的性格，并且绘画有时是逐线临摹的，显得了无生气。

17世纪和18世纪的仿品（指仿宣德官窑红釉器）做得非常好。并且，至少就釉面和发色而言，在许多时候都能与原作相媲美。仿品上的款识写得与原作还是有差异的，许多糟糕到可以一眼识别。高仿品在款识上犯错的地方是写得太小心翼翼，其汉字过于规则和方正，尤其是“宣”字的书写，其笔画都是垂直或水平的。当用青花书写款识时，色调太淡太单一。

宣德盘碗最显著的特点是有轻微的凸底，而清代仿品的内面和底部则是极其平坦的。宣德时期，圈足露胎处局部呈浅红色，清代仿品的该类特征则过于明显，整个圈足覆盖着一层非常精细的橘色釉。

为何白兰士敦的这部《明初官窑考》能够在鉴藏界产生如此重要的影响力？这与欧洲收藏风尚的转变密切相关。欧洲早期关注和收藏的中国瓷器主要是晚明至清代的外销瓷，晚清以后，随着更多的中国早期瓷器流入欧洲，欧洲人开始意识到外销瓷并非中国珍藏之器①。于是，他们的收藏风尚开始发生变化，将其收藏和研究重点逐渐转移到中国高古陶瓷和明清官窑瓷器两大领域上。而在20世纪30年代之前，整个欧洲对明清官窑瓷器知之甚少，当时只有1923年霍布逊著的《明代瓷器》，可以给世人一个有关明代瓷器的整体认识。但真正带来学术震撼影响的，乃是1938年白兰士敦《明初官窑考》的出版问世，该书可被誉为西方系统研究明初官窑瓷器的开创性论著。之后，欧洲、日本陶瓷学者和鉴藏家开始将目光聚焦到明清官窑瓷器这个版块，由此开启了西方古陶瓷鉴藏与研究的新领域。

2．文献学价值

白兰士敦在编撰《明初官窑考》时，不仅认真通阅了相关的外文陶瓷文献，还克服了语言障碍，深度研读了许多中国陶瓷典籍，具有明显的文献学研究价值。具体而言，其文献学价值主要体现在征引文献广博、追溯文献来源、勘正文献漏误三个方面。

首先，《明初官窑考》一书征引中国历史文献多达20余种，包括元代陶宗仪的《辍耕录》、明代曹昭的《格古要论》、高濂的《遵生八笺》、张应文的《清秘藏》、陈继儒的《妮古录》、谢肇淛的《五杂俎》、董其昌的《骨董十三说》、沈德符的《敝帚斋余谈》、文震亨的《长物志》，清代孙承泽的《砚山斋杂记》、朱琰的《陶说》、蓝浦的《景德镇陶录》、李日华的《紫桃轩杂辍》、李调元的《古董志》等，还有历史地理类典籍，如《浮梁县志》《饶州府志》《江西通志》《明史本纪》《豫章大事记》等。在外文文献征引方面，白兰士敦通读了儒莲、卜士礼、福开森、霍布逊等西方学者有关中国陶瓷的研究成果。由此可见，白兰士敦征引文献广博，中西糅合互参，而在具体的实物鉴赏和分析研究中，常常以文献史料引出实物例证，以实物例证辨析文献史料，两者紧密结合，相互印证，以求其实。

其次，白兰士敦虽然是外国学者，但是在征引中文文献时毫不懈怠，苦心孤诣，往往会根据自己的研究需要，对所征引的中文文献追本溯源。如他在《明初官窑考》的篇首就曾提到：初作探索研究时，清代的《景德镇陶录》《古董志》已令人满意。直到明代高濂的《遵生八笺》被发现，并用它来辅助研究后，白兰士敦认识到《古董志》中的大部分内容与《遵生八笺》雷同。然后，通过进一步的深研，发现《景德镇陶录》的部分内容也不标明出处，并有取自于《遵生八笺》的内容。因此，白兰士敦删除部分清代参考书目，直接使用明代原始文献。白兰士敦在征引文献时追溯文献来源，使用最接近其事件发生时间的文献记录，以求获取最能反映

---

① Soame Jenyns：*Later Chinese Porcelain:The Ch'ing Dynasty (1644—1912)*, London: Faber and Faber，1951年，pp.vii.

图9　道光版《浮梁县志》书影

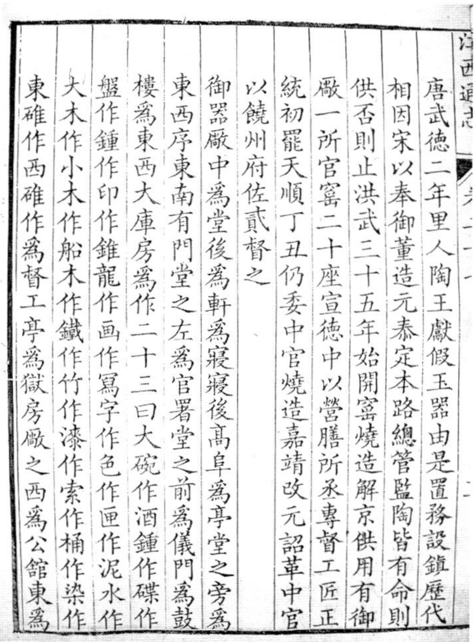

江西通志
唐武德二年里人陶玉獻假玉器由是置務設鎮歷代
相因宋以奉御董造元泰定本路總管監陶皆有命則
供否則止洪武三十五年始開窯燒造解京供用有御
廠一所官窯二十座宣德中以營膳所丞專督工匠正
統初罷天順丁丑仍委中官燒造嘉靖改元詔革中官
以饒州府佐貳督之
御器廠中爲堂後爲軒爲寢寢後高阜爲亭堂之旁爲
東西序東南有門堂之左爲官署堂之前爲儀門爲鼓
樓爲東西大庫房爲作二十三曰大碗作酒鍾作碟作
盤作鍾作印作錐龍作画作寫字作色作匣作泥水作
大木作小木作船木作鐵作竹作漆作索作桶作染作
東碓作西碓作爲督工亭爲獄房廠之西爲公館東爲

图10　雍正版《江西通志》书影

当时实际情况的文献史料，然后详细标明出处，体现他在文献参引过程中的严谨性和规范性。

再次，白兰士敦在论述明初官窑设置的相关问题时，明确指出了《浮梁县志》《江西通志》两种中文文献记载的矛盾之处。如《浮梁县志》①（图9）中载：

御器厂建于珠山之南，明洪武二年（1369年）设厂制陶，以供尚方之用。

而《江西通志》②（图10）中则载：

洪武三十五年（1402年），始开窑烧造，解京供用，有御厂一所，官窑二十座。宣德中，以营缮所丞专督工匠。正统初罢，天顺丁丑（1457年）仍委中官烧造。嘉靖改元，诏革中官，以饶州府佐贰督之。

由此可见，白兰士敦在编撰《明初官窑考》时，已经充分认识到有关明初官窑的文献史料在记载方面的混乱，这也促使他在参引文献史料时，始终能够带着敏锐的观察和细致的考证来辨析真伪，勘正漏误。

3．工艺学价值

与同时代或稍后出现的学者相比，白兰士敦对陶瓷制作工艺的高度重视，是他从事陶瓷研究的最特别之处。前文述及《明初官窑考》中录载了白兰士敦当时拍摄景德镇制瓷实况和三宝蓬瓷石采掘加工等方面的影像资料，这是该书最大的贡献之一。除此之外，白兰士敦依照陶瓷器物的工艺特征，即从釉质、青花料、胎骨、圈足等方面进行的深入剖析，以及以工艺技术为视角的思考可谓贯彻全书，实例比比皆是。

在釉质方面，如白兰士敦对永乐甜白釉和后世仿品的釉色所呈现的色温差异，就总结出一

① 白兰士敦并未在书中提及使用《浮梁县志》的具体版本，笔者所用版本的信息为：（清）乔溎修，贺熙龄纂，游际盛增补：道光《浮梁县志》卷五《公署·御器厂》，清道光十二年刻本，北京大学图书馆藏。

② 白兰士敦并未在书中提及使用《江西通志》的具体版本，笔者所用版本的信息为：（清）谢旻等修，陶成等纂：雍正《江西通志》卷二七《土产》，清雍正十年刻本，北京大学图书馆藏。

套比较标准的辨别依据：

据观察，永乐白釉暗花瓷器常呈乳白色，且釉薄处呈淡金黄色。与之相反的是，清代仿品呈现的是冷色调的白垩色或脱脂牛奶色。

这一经验总结和心得体会如今依然实用有效。

在青花料的选用方面，青花是明初官窑的重要品类，对于各朝青花料选用的差异，白兰士敦力求达到细致而精准的分辨，并对于同种钴料在不同器型上展现的差异，以及导致其产生差异背后的工艺原因进行了分析。如在论述宣德时期“青花的鼎盛时代”一节时，白兰士敦就明确指出：

青花的发色在很大程度上取决于具体器物的烧制情况，虽不尽然，但多是如此。在某些情况下，青花在釉层较薄处发色较好，反之则较差。这很可能是由于烧成后期窑炉中空气过多或不足所致，或与匣钵多孔性有关。

具有相同装饰、造型和款识的器物，其青花的主体发色有时也会完全不同。因此，我们不应对任何时期的青花呈色下定论。而另一方面，我们在比对过一些标本之后，不管器物的烧制情况如何，也很容易将苏泥勃青与本土青料区分开来。

如果青料施得太厚，或釉面太薄，则青花发色呈现出黑色或深褐色。这点在一些图版中可以看到。在清代，即使是最好的仿古高手，也无法复制这种偶然性特征。为了达到同样的效果，他们靠反复顿笔以施加额外的青料。这种痕迹清晰可见，从方法上来说比较蠢笨，因其色斑太有规律，并且仅呈深蓝色。本土青料的发色为均匀的灰色调，常常以淡描涂施；虽然在某些特定的条件下有例外，其蓝中闪黑，或青料再氧化的现象极为罕见。

除此之外，该书还多处对明清官窑瓷器进行比较论述，如脱胎、青花、斗彩等器物，白兰士敦尤为关注的一点是“胎体与圈足”。他总结出明代瓷器的胎体常见有起伏不平的现象，但却质地坚实，富有厚重感，其圈足的处理和火石红现象也比较自然；而清代瓷器的胎体和圈足的处理往往比较平坦工整，再用手指、毛笔刷进行处理，因此即使出现火石红现象，也显得比较干净整齐。

白兰士敦通过在景德镇实地考察整个制瓷工序及其操作流程，然后结合明初官窑瓷器的工艺遗留痕迹进行认真分析和研究，复原了当时景德镇瓷器制作时的工艺细节，这是非常难得的。并且，他还尽可能地使用他所掌握的西方理化知识来阐释自己理解的明初官窑工艺，尤其注重阐释瓷器烧造过程中的诸项成因和机理。在不尽相同的制瓷原料和不断发展的制瓷工艺的相互作用下，最终生产出的陶瓷产品是每个时代窑业沿革的真实反映，并且具有不可逆性的特征。白兰士敦之所以立足于工艺方面的思考，是因为他觉得只有通过工艺进行认真细致的比较和辨识，才能更有力地帮助世人实现对明初官窑瓷器的准确断代和对后世仿品的明晰甄别。由此可见，白兰士敦对明初官窑瓷器本身的工艺细节观察入微，这也启迪我们在今后的古陶瓷鉴赏和研究中，要十分重视器物制作的工艺细节，切记不可空洞地脱离工艺思维来进行鉴定断代。

三、《明初官窑考》编撰的不足之处

《明初官窑考》由于成书年代较早，囿于当时的实物和文献材料，尤其缺乏来自景德镇珠山官窑遗址考古发掘材料的佐证，对明初官窑瓷器的辨析依然停留在中国传统鉴赏学的认知层面，受当时古玩商和私人藏家的影响较多。加上白兰士敦介入中国古陶瓷研究的时间尚短，未能来得及深度反思传统学识的弊端，故书中难免会有错漏和不完善之处，具体举例如下：

（1）该书在论述永乐压手杯时，错误地认为“体薄如脱胎”是永乐压手杯的主要特征，并且提供了大英博物馆弗兰克斯旧藏的一件脱胎器实例进行论证描述。不过笔者通过查阅1936年出版的展览图录《参加伦敦中国艺术国际展览会出品图说（第2册）：瓷器》，发现当时“明永乐青花压手杯”①并未参与展览。加上当时西方世界对永乐压手杯的认识不足，尚停留在文献描述阶段；况且永乐压手杯和脱胎器的内壁中心都有“永乐年制”四字篆书款，这些都可能也是当时容易混淆的重要原因。笔者推测，白兰士敦先误以为弗兰克斯、尤摩弗帕洛斯等收藏的此类脱胎器是压手杯，然后待他到景德镇实地考察、向当地工匠咨询时，提供了“脱胎器”的信息或图片，从而得到了关于“脱胎”的认识，但他却用它来描述“压手杯”这一对象，于是就错误地提出了“永乐压手杯体薄如脱胎”②的说法。

（2）该书在论述宣德官窑瓷器时，认为宣德官窑瓷器大都属于祭祀用器，指出“宣德瓷器是由高于凡世的生灵为众神的用享而造的”；而在成化“靶杯”一节，更是认为“宣德时期的靶杯似乎几近完全用于祭祀”。事实上并非如此，不管是宣德时期还是成化时期，靶杯主要还是用作宫廷生活的实用器具。对于成化斗彩“天”字罐，白兰士敦认为它是用于祭天的，其实这也是个错误认识。成化斗彩“天”字罐是宫廷生活器具，只是其具体用途功能，至今尚无统一的认识。

（3）该书对部分瓷器的断代不够准确，现摘其要者，见表1。

---

① 明代高濂的《遵生八笺》卷十四《燕闲清赏笺上·清赏诸论·论饶器新窑古窑》中特别提到了永乐压手杯：“若我明永乐年造压手杯，坦口折腰，沙足滑底。中心画有双狮滚球，球内篆书‘永乐年制’四字，细若粒米，为上品；鸳鸯心者次之；花心者又其次也。杯外青花深翠，式样精妙，传用可久，价亦甚高。”这段文献提供了永乐压手杯的造型特点、装饰纹样、署款方式等重要信息，基本可以构成人们对永乐压手杯的总体认识。

② 根据近代景德镇行业约定俗成的认识，“脱胎”一词，除了描述瓷器的胎体较薄特点外，还指圆器中的脱胎业。笔者推测，白兰士敦到景德镇后，很可能向本地工匠口述了“压手杯”的信息或提供了“脱胎器”的照片咨询，然后获取了相关信息。实际上，白兰士敦对“脱胎器”的认识是正确的，只不过错误地使用在“压手杯”这一误认的对象上。

表1

书中序号	器物例子	书中描述	书中断代	实际年代
线图2		The second type of dragon on figure 2, is taken from another bowl in the Eumorfopoulos Collection which is probably of the Ming dynasty if not of the Yung-lo period.	明代	清雍正
线图4		This piece seems to be too refined in its finish，particularly in the base, for a Yung - lo cup, yet it does not fit in exactly with the Ch'ing copies. Perhaps it is a sixteenth century piece.	16世纪	清雍正
图版32		Bowl, with penciled decoration in blue and washes of pale blue. Mark of Hsuan-tê period. Dia. 10.7 cm. Oppenheim Collection.	明宣德	明天启
图版33（b）		Bowl, Ch'êng-hua period.	明成化	明天启
图版33（c）	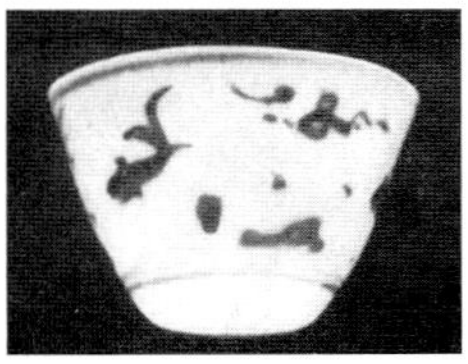	Winecup. 14th century. Hsiang-hu or Hu-t'ien type.	14世纪 湘湖和湖田类型	15世纪中期

续表

书中序号	器物例子	书中描述	书中断代	实际年代
图版33（d）	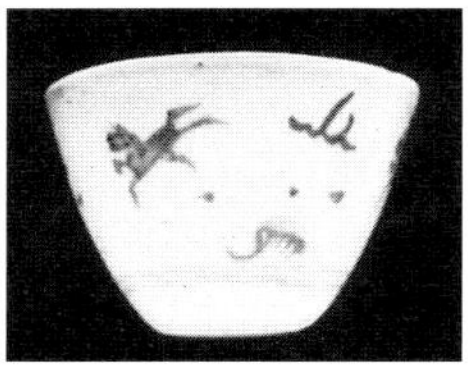	Winecup. 14th century.	14世纪	15世纪中期
图版33（e）		Stemcup. 14th century.	14世纪	15世纪中期

（4）该书在“浮梁地区与窑场”一章中指出，湖田窑址使用了两种类型的匣钵，分别展示在正文的线图17和线图18中。其中，线图17展示的这种内壁有多层阶梯式的瓷质钵状物其实并不是匣钵，而是垫钵，是南宋时期湖田窑流行使用的一种覆烧窑具。它在具体使用时也没有图示中的盖子，而是将之置于直筒式匣钵中。并且，它的制作材料是瓷土，主要是为了和瓷坯烧造时能够达到同步收缩，这种类型的垫钵只能使用一次[①]。

四、结语

英国古陶瓷研究学者艾惕思爵士（Sir John Mansfield Addis）[②]曾指出：

白兰士敦关于明初官窑研究的开创性值得被证明和肯定，但也正是因为其研究开创性的重

① 关于白兰士敦在这方面的错误认识，刘新园先生曾专门做过调查，并做出了更正和解释。具体请参见刘新园：《景德镇宋、元芒口瓷器与覆烧工艺初步研究》，《考古》1974年第6期，第388页；刘新园、白焜：《景德镇湖田窑各期碗类装烧工艺考》，《文物》1982年第5期，第87页。

② 艾惕思爵士（Sir John Mansfield Addis，1914—1983），英国古陶瓷研究学者、资深中国艺术品收藏家。1974—1977年，出任英国东方陶瓷学会会长。受白兰士敦探讨明初官窑时提及的随葬品启发，1978年编著完成了《中国纪年墓葬出土的陶瓷》。该书梳理了大量中国重要纪年墓葬出土的陶瓷器物，具有十分重要的学术价值。

要意义，对于其研究的严谨程度更要严格审视。[①]

诚然，白兰士敦的《明初官窑考》在内容编撰方面确有不足之处，但是我们不应苛责。我们既要站在今日学术发展的角度来解读其中的漏误之处，也要将之置于中国陶瓷研究史的发展长河中，认可其开创之功和学术地位。正如日本学者弓场纪知先生所言：

或许艾惕思所说不假，但是无论如何，中国人以外的欧美学者中，最早注意湖田窑的还属白氏。他的研究成果迄今仍是开创者，值得正面评价。[②]

八十多年前，白兰士敦就十分重视窑址调查，密切关注制瓷工艺本身，对于瓷器实物予以充分认知，并尝试探索出一套符合古陶瓷研究的可行方法，其学术精神至今仍然值得学习和弘扬。当然，也正是这样的学术精神，促成了《明初官窑考》的问世。此书可被视作西方第一部系统研究明初官窑瓷器的专论力作，其鉴赏学价值、文献学价值、工艺学价值等都颇高。白兰士敦以其实际行动和开创性论著，推动了中国古陶瓷研究的发展，是早期中西陶瓷文化交流的积极探索者和重要贡献者。笔者期待藉此《明初官窑考》编译整理之机，使世人能够重新审视过去百年来中外古陶瓷界研究的种种得失，思考总结出古陶瓷研究的方法论，如此才能真正推动古陶瓷研究的持续发展。

附记：这篇编译导读在撰写过程中得到了香港中文大学文物馆荣休馆长林业强先生的关心和支持，惠赠有关白兰士敦生平事迹的重要外文资料。同时，景德镇唐英学社社长黄清华先生在古陶瓷历史文献和实物资料方面给予了无私帮助，并对撰写思路和部分观点提出了中肯的意见。景德镇陶瓷大学外国语学院副院长侯铁军博士和德国友人穆勒·约瑟夫（Mueller Josef）先生在外文资料查询和翻译方面提供了鼎力支持。谨此，一并致以最热忱的谢意！限于学术水平，这篇编译导读必然存在诸多漏误和不足之处，敬祈方家不吝指正。

郑泽婷　陈宁

2021年3月16日初稿

2021年4月20日修订

---

① John Mansfield Addis: *"A Critique of Branston"—Transactions of the Oriental Ceramic Society*, London: Drydens Printers Limited，1977年，pp.12。白兰士敦在《明初官窑考》中明确表达了自己不曾涉足南山、湘湖两处窑址，只是通过自己的景德镇朋友从这两个地方获得了他认为非常好的可靠的瓷器标本，他也正是基于这些材料来对这两处窑址进行描述的。艾惕思爵士曾指出，"白兰士敦关于南山和湘湖调查结果的报告，不过是二手或道听途说的证据，这一点常常被忽视"。当然，这的确是事实，但在当时匪乱不断、难以自保的情况下，白兰士敦不能亲至，却特地委托当地助手为之，依然能够看出白兰士敦积极探求真知的态度。

②［日］弓场纪知撰，廖桂英译：《陶瓷学界的圣地——景德镇》，《鸿禧文物》1996年"创刊号"，第115页。

编译说明

《明初官窑考》是英国学者白兰士敦编撰的一部关于中国明初官窑瓷器及其制作工艺的学术著作，也是西方第一部系统研究中国明初官窑瓷器的专论力作，具有十分重要的参考价值。该著作根据明初不同时期的官窑瓷器类型，从陶土、坯体、釉面、图案、器型、款识等方面作了对比分析，以此来论述明初官窑瓷器的发展历程。针对该著作的编译工作，需要说明以下几点：

（1）本译著依据北京法文图书馆1938年版译出。

（2）本译著采用学术翻译（或称深度翻译）的方式，不仅将原著作的英文内容翻译成中文，还增补了编译导读、编译说明、编译者注、编后记、译后记、编注者新增附录、编注者新增图版等丰富的副文本内容，使之兼具可读性、广泛性、学术性和规范性。

（3）为了方便今人阅览，本译著中文译文对部分篇目的编排顺序作了适当调整。如将原来位于导言之前的“原书图版说明”，调整至位于附录一之前。

（4）根据编排出版的实际需要，本译著中文译文对部分篇目作了适当删减，对个别篇目的命名顺序作了相应调整。如将原著作中的附录二、附录四、词汇表和索引的中文译文作了删减，将位于原著作最后的已有文字说明、参引意义不大的“中国陶瓷地图”也作了删减，其原著作中“附录三”的命名顺序则相应调整为“附录二”。这样，更符合今人的阅读习惯。

（5）关于原著作中的注释，即“作者自注”，本译著采用页下注的方式进行标识，每页注释重新编号，其序号按①②③等符号标识。为使今人更全面更准确地理解原著作的中文译文内容，编译者还对其中的关键词句作了注释说明，即“编译者注”。本译著中文译文则以每个篇章为单位，将其分别放在每个篇章之后，并按序进行编排，为示区别，其序号按［1］［2］［3］等符号标识。

（6）关于原著作中的插图，其线图部分依然遵照原著作的编排方式，随文编排；其图版部分则以每个篇章为单位，将其统一编排在对应篇章的“编译者注”之后，以使每个篇章的中文译文阅览起来更加连贯，避免因图版穿插而被隔断。同时，为了方便读者阅览，部分图版的排版方式也作了适当调整。

（7）为了保证翻译文本的准确性和严谨性，本译著采用中英文对照的方式进行编排出版。本译著英文文本尽量尊重原著作，除了排版方式有所调整外，尽可能地保留原著作的英文文字。不过原著作中的有些文本内容，如词汇表中涉及的页码、索引以及版权页后面的类似宣传广告性质的文字等，则被编注者删除。此外，由于中文译文中已经编录了原著作的全部插图，为了避免重复，英文文本中则不再编录这些插图。

莲知吾心

致　谢

如果说这本书看起来像是一系列不连贯的笔记，那么笔者对此深表歉意，并不得不在此补充也许是其中最为必要的一条内容。

对参考文献所涉作者的应有谢意，读者们明眼可鉴。但同等重要却不太为人所知的，是中英两国的一些收藏家、鉴赏家和古董商所给予的支持。

笔者要特别感谢W. W. 温克沃思先生（W. W. Winkworth）[1]、利·阿什顿先生（Leigh Ashton）[2]、H. R. N. 诺顿先生（H. R. N. Norton）[3]对本书所录器物的介绍，乔治·尤摩弗帕洛斯先生（George Eumorfopoulos）[4]和珀西瓦尔·大维德爵士（Sir Percival David）[5]的善意帮助和鼓励，以及R. L. 霍布逊先生（R. L. Hobson）[6]在伦敦的中国艺术国际展期间对笔者毫无保留的点拨。

在北平[7]，幸有J. C. 福开森博士（J. C. Ferguson）[8]和吴赉熙先生[9]慷慨献策和批评指正。其次，故宫博物院的李鸿庆先生在中文文献的查找和翻译方面给予了鼎力支持。

笔者要感谢魏智先生（Henri Vetch）[10]为审阅本书文本所付出的努力，以及他的宝贵建议和对构成本书的一系列笔记、译文所做的出色编辑工作。

还要感谢的是在上海的T. D. 戴维先生（T. D. Davy）[11]，正是他凭着极大的耐心和技巧，使得本书的装帧为内容增色良多。

编译者注：

[1] W. W. 温克沃思（W. W. Winkworth，1897—1991），英国知名收藏家，英国东方陶瓷学会发起人之一斯蒂芬·温克沃思（Stephen.D.Winkworth）的儿子。1922—1926年，在霍布逊（R. L. Hobson）的鼎力推介下，加入了大英博物馆陶瓷部，协助搜集和整理馆藏陶瓷文物，随后开始将大部分精力投入到文物收藏方面。1948—1970年，曾在苏富比兼职编写古代文物目录和相应的文字说明。温克沃思以敏锐的眼光和独到的鉴赏力闻名，尤其是在古陶瓷鉴藏方面，用力甚深，对当时西方的文物收藏产生了重要影响。

[2] 利·阿什顿（Leigh Ashton，1897—1983），英国东方艺术史研究学者，曾在牛津大学温彻斯特学院和巴利奥尔学院接受过教育，后来协助乔治·尤摩弗帕洛斯先生（George Eumorfopoulos）整理编纂过他收藏捐赠的中国陶瓷文物英文目录，还担任过英国维多利亚和阿尔伯特博物馆（Victoria and Albert Museum）的馆长。利·阿什顿涉猎领域比较广泛，尤其是他撰写的有关中国、埃及、波斯等国家的古代艺术史论著都是当时比较权威的著作，在英国学界具有一定的影响力。

[3] H. R. N. 诺顿（H. R. N. Norton，？—1961），英国东方陶瓷学会会员、收藏家、古董商，曾在伦敦博物馆街46号经营过一家文物商店，向大英博物馆捐赠过中国瓷器和日本瓷器，还曾建构过一个重要的中国艺术私人收藏体系。

[4] 乔治·尤摩弗帕洛斯（George Eumorfopoulos，1863—1939），英国东方陶瓷学会第一任终身会长、知名收藏家、慈善家、伯灵顿美术俱乐部（The Burlington Fine Arts Club）会员、英国古物学会（The Society of Antiquaries）会员、皇家亚洲学会（The Royal Asiatic Society）会员、埃及探险学会（The Egypt Exploration Society）资助者。曾在伦敦希腊学院接受过教育，早年先后在Eumorfopoulos家族贸易公司、拉利兄弟（Ralli Brothers）商业公司工作。20世纪初开始关注收藏欧洲、日本和中国的陶瓷，尤其是对中国的唐三彩，鉴赏识力颇深。他的藏品十分丰富，后来大多捐赠给英国的大英博物馆（The British Museum）、维多利亚和阿尔伯特博物馆（The Victoria and Albert Museum）以及希腊的贝纳基博物馆（Benaki Museum）等，在欧洲收藏界具有广泛的影响力。后来的一批知名学者如霍布逊（R. L. Hobson）、巴兹尔·格雷（Basil Gray）、乔治·曼吉尼斯（George Manginis）、毕宗陶（Stacey Pierson）等，都对尤氏的文物收藏做过较为系统深入的研究，撰写过相应的著作和文章。

[5] 珀西瓦尔·大维德爵士（Sir Percival David，1892—1964），英国伦敦大学文学博士、知名收藏家、大维德中国艺术基金会创办人、第二代从男爵。1892年出生在印度孟买的一个犹太富商家庭，父亲沙宣·大维德爵士是第一代从男爵（Sir Sassoon Avid.1 st Baronet，1849—1926），也是印度银行（Bank of India）创始人之一。大维德爵士曾先后在额尔芬斯东学院、孟买大学和剑桥大学接受过教育。1926年，承继其父从男爵头衔，并开始经营其家族生意，成为公司主席。1927—1928年，购买了40多件相传慈禧太后在1901年出宫时抵押给北京盐业银行的内府秘藏瓷器珍品，然后几经周折，运至英国伦敦。1928—1929年，担任故宫博物院荣誉顾问、伦敦大学亚非学院（SOAS）院长。1930—1931年，在协助故宫博物院清点整理皇家艺术珍宝、组织筹办各类展览的同时，还购藏了近1700件中国陶瓷和其他艺术精品。1935年，组织策划了在英国伦敦皇家艺术学院的伯灵顿府举办的中国古代艺术珍品大展，并获得了圆满成功。大维德爵士自从购得北京盐业银行的那批清宫旧藏后，就开始比较系统深入地研究中国陶瓷，尤其是官窑瓷器，他曾对自己收藏的每件器物都做过考证，1934年霍布逊编著的《大维德所藏中国陶瓷图录》中的器物说明文字大多都是由其亲自提供。学术成果斐然，著有《论秘色窑》（*SorNotes on Pi-se Yao*）、《项元汴〈历代名瓷图谱〉》（*Xsiang and His Album*）、《论汝窑》（*A Commentary on Ru Ware*）等，还将明代曹昭的《格古要论》三卷原本以及后来王佐增补的《新增格古要论》十三卷本翻译成英文，取名《中国式鉴评》（*Chinese Connoisseurship*），于1971年刊印出版。另值一提的是，他曾将其图书馆和全部藏品捐赠给伦敦大学，并设立了大维德中国艺术基金会（Percival David Foundation of Chinese Art），于1952年6月10日正式面向公众开放。

[6] R. L. 霍布逊（R. L. Hobson，1872—1941），英国东方陶瓷学会创始人之一、知名收藏家、政府公务员。曾先后在利兹海德市圣约翰学校和剑桥大学耶稣学院接受教育。1897年，加入大英博物馆，后来成为该馆陶瓷部的负责人。1914—1919年，在伦敦兵团下属的公务员步枪队担任中尉一职。1921年，被任命为陶瓷和民族志部门的管理员。1931年，被英国政府授予“巴斯勋章”。1934年，被任命为东方古物和民族志部门的管理员。1939—1941年，担任英国东方陶瓷学会会长。霍布逊一直将中国陶瓷和东方艺术作为主要研究方向，曾多次组织筹划相关的文物艺术展览，学术成果丰硕，著有《中国陶瓷》（*Chinese Pottery and Porcelain*）、《明代陶瓷》（*The Wares of the Ming Dynasty*）、《清代陶瓷》（*The Later Ceramic Wares of China*）、《中国陶艺》（*The Art of the Chinese Potter*）等，在西方鉴赏界和学术界都有较大影响力，诸如英国白兰士敦、索姆·詹宁斯等后来学者都深受其影响。

[7] 北平，指今北京。北京于1928年被国民党政府改称“北平”后，一直被沿用到1949年9月。中华人民共和国成立后，又将“北平”改称“北京”，并将其定为国家首都。该书撰成于1938年，故此处使用了北京的旧称“北平”。以下均同，不再一一标注。

[8] J. C. 福开森（J. C. Ferguson，1866—1945），美国教育家、慈善家、文物鉴赏家、社会活动家，民国初期故宫博物院文物鉴定委员会委员，曾在加拿大阿尔伯特学院和美国波士顿大学接受过教育。1887年与玛丽·伊丽莎白·威尔逊结婚后来到中国，主要在南京、上海、北京等地从事教育教学活动。福开森在华期间，十分热衷中国文化，能说一口流利的南京话，能写一手漂亮的毛笔字，尤其擅长鉴赏中国古董字画，购买了不少中国文物珍品，为促进中西文化交流做出了突出贡献。著述颇丰，独著有《中国绘画史》《中国艺术综览》，与中国学者合著有《校注项氏〈历代名瓷图谱〉》《历代著录画目》《历代著录吉金目》《艺术综览》《紫窑出土记》等。

[9] 吴赉熙（1881—1951），新加坡爱国华侨、知名鉴藏家。祖籍广东潮安。幼时十分聪颖，17岁时赴英国剑桥大学求学，34岁时取得七个学位，最高为医学博士。1915年毕业后回到中国北京，“亲睹文物之优胜，民风之俭朴醇厚”，继而定居于此，在东城区南小街赵堂子胡同购地建宅，构筑花园“月季园”。曾在北京创办第一份英文报纸*Peiping Daily News*（后改名*Peking Chronicle*），自任社长兼主编；后又创立了南洋华侨俱乐部，在抗日战争中积极发动海外华侨募捐，支持民族救亡运动。酷爱文物收藏，其中不乏精品。去世之后，其房子、花园以及珍藏的陶瓷器、青铜器、古字画等都无偿地捐赠给中国。

[10] 魏智（Henri Vetch，1898—1978），法国知名出版商。曾在印度洋上的塞舌耳岛圣母昆仲会教会学习多年，之后拿到剑桥高级证书，并于1917年和1939年两次参加法国炮兵部队。1920年来到中国后，协助他的父亲先后经营北京法文图书馆、中国图书公司、天津法文图书馆等出版业务，成就斐然。1938年白兰士敦的《明初官窑考》就是在他主理的北京法文图书馆出版的。1954年抵达香港，先是在香港大学出版社工作，之后试图重振自己的出版事业，于是成立了Vetch and Lee出版社，以重印北京法文图书馆的出版物为主。魏智孜孜以求的执着精神和精益求精的高品质要求，使他在出版事业方面取得了骄人成绩，为中西文化交流做出了重要贡献。

[11] T. D. 戴维（T. D. Davy，？—1941），英国在中国出版的《字林西报》印刷经理。大概1910年来到中国，并在上海定居，直到去世。1938年白兰士敦《明初官窑考》出版时，他曾给予过版面编排、设计装帧等方面的指导和帮助。

目　录

导　言

致歉

埋藏在图书馆最为尘封的角落里，居于被遗忘的诗集、史书和游记中的，是那些试图用文字去表达手指可触和眼睛可见之物的书籍。由于触觉和视觉在传达真正的感觉上胜过千言万语，可以说“那些没有感觉到的不能算数”。

因此，在开启这些权衡考量了远逝之人观点的文字和分析之前，我想引用惠斯勒（Whistler）的《树敌雅术》（*The Gentle Art of Making Enemies*）[1]一书中的几段话，以便于在“莲花丛”中节省可观的笔墨、纸张和时间。

“他们仔细甄别，审慎判断——很在意建立那无关紧要的名声——以背面的污渍作为线索——以缺肢考查躯干——将对笔法的存疑记录在案——在涉及殖民地属民们的出生地时[2]，好辨而武断——以连篇累牍的文字推断出一件糟糕作品的巨大价值。”

“虽然实质上只是藏品簿记员，他们却把出具报告和雄心壮志相混，把艺术缩略为统计数字，将15世纪进行‘编档’，对古董进行‘归类’！”

以及——

“艺术，如同无情的荡妇，没心没肺地赶往东方，在南京的鸦片吸食者中，偶遇一位相娱之人——摩挲着他的青花瓷[3]，描画着他那些忸怩少女，并在他的盘上留下她选中的六字款识——这与他们之间的交情毫不相干，所有一切只是为了留存他精工细作的美德。他是她的命名者——也是她的掌控者！”

“再往西行，她的下一位情人会携同马德里画廊，向全世界展示这些巅峰之作；基于共识，他得以在和她的耳鬓厮磨中纵情欢乐，体会到其他凡夫俗子未曾品尝过的幸福。”

“她以这位志同道合者为荣，并保证其他人将会循途明义。”

以上文字是针砭罗斯金（Ruskin）[4]和19世纪的主流画家而言的，但它们非常适合本书的情况，于是笔者将其直接引用。只是，惠斯勒真的懂得那些当时游离于簿记之外的15世纪的瓷器吗？

惠斯勒所欣赏的那些有着“她选中的六字款识”的瓷器，毫无疑问是指晚期作品；与15世纪原作的关系，就如同19世纪的画家们和他们所推崇的委拉斯凯兹（Velasquez）[5]一样。尽管惠斯勒十分欣赏中国瓷器的美好，但他恐怕从来没有见过顶级的或被其称之为“巅峰之作”的瓷器。有感于此，本书的写作方式就在于使人“循途明义”。

如果在这一点上失败了，且对这容易令人痴迷的东西过于喋喋不休，那就只能归咎为笔者对幻想的肆意放纵了。

眼力

“您真是好眼力!”古董商在拿走第一件徒有其表的廉价品，放上一件更老、更旧的古玩时说道。“还不够好？这样吧，我们到院子另一头的屋里去品茶，与此同时，我让伙计去找一些入得了您法眼的宝贝。”

无论是青铜器、玉器、画作，还是瓷器，由于别无他法，眼力只能靠经常上手和在日常生活中使用精品古玩而得。

作为潜质测试，阁下可以尝试每天用不同的杯子喝茶。如果条件允许，其中一只杯子最好是15世纪的，其他则属于之后的不同时期。两个星期之后，如果没有一只对您产生特别的吸引力，那就可以确信您对瓷器的兴趣只是为了转移注意力，以及打发时间和填满空间罢了。也许，收藏邮票或钱币对您更合适。

讨论范围

依笔者所见，本书所涉的明初官窑瓷器臻于景德镇制瓷艺术之巅峰。倘若将之比作莲花，则永乐年间，含苞欲放；宣德一朝，喷香吐艳；成化时期，花叶开始迎风摇曳。唯一能与之相提并论的是定窑刻花器和越窑杯碗中的顶级品，而如今越窑的完美只能通过触摸上林湖[6]的残片来揣度。

正如商代青铜器在造型和纹饰上的造诣高于周朝与汉代，15世纪的瓷器也被自16世纪以来的景德镇陶工们奉为典范。其后衰落的原因是多方面的，也许最主要的是因为瓷器在16世纪已不再被视为贵重物品。皇家订烧的碗数以万计，应有数百名陶工辛勤劳作着，为宫廷膳厨供应带有装饰的器皿。由传世品可知，在16世纪工匠们的匆忙赶工中，艺术家的时代几近完结。即便是那些17世纪回光返照中的幸存者，也随之在制作奇淫技巧、以玫瑰红和金色兽纹装饰的御用转心瓶中迷失自我。

有关明代三彩瓷，鉴于霍布逊先生（Hobson）已有精彩专著，本书不赘述。而青花瓷在浮梁县以外的几个地区都有生产。马尔科姆·法利先生（Malcolm Farley）[7]在福建德化窑址上还发现了大量的窑业废弃物。然而，由于缺乏以上和其他窑址的完备信息，我们对这些次要窑址的器物就不拟过多涉及。

中文文献

笔者最初参考的文献是出版于清代的《陶录》[8]和《骨董志》[9]。这些文献初看似乎令人满意，但笔者在通读完《遵生八笺》[10]后改变了看法。可以证明，《骨董志》抄袭了《遵生八笺》等书，除了少数一些显而易见因抄录者的疏忽而导致的差异外，其他基本雷同①。通过进一步的查阅表明，《陶录》也是抄袭的。因此，笔者决定忽略大多数清代文献，而使用更早期的参考书籍。如是为之，许多难懂的词句顿时变得清晰，笔者对观察上的准确性也有了更大信心。

为使文体通顺，在明初各个时期的讨论中，笔者将与该时期有关的各类文献资料串联在一起。在每段文献引用之后，插入了原著者的汉字姓氏。这些姓氏及其原著均可在列有中文参考文献的附录四中检索得到。

编译者注：

[1] 作为西方印象派的代表性画家，惠斯勒提倡为艺术而艺术，并在与主张艺术不能脱离于生活的美术评论家罗斯金的官司诉讼后，写作此书以讽刺对手。

[2] 惠斯勒出生于美国，成长于俄国，求学于法国，定居于英国。这句话可能与他的成长经历有关。

[3] 需要说明的是，这里对应的英文单词是“blue porcelain”，根据上下文的文意，应译作“青花瓷”，而不是指“青釉瓷”或“蓝釉瓷”之类的单色釉瓷。以下均同，不再一一标注。

[4] 罗斯金，19世纪英国的著名作家和美术评论家。

[5] 委拉斯凯兹，17世纪巴洛克时期西班牙的著名画家。

[6] 上林湖，地名，今位于浙江省慈溪市境内，中国古代越窑青瓷的主要产地。

[7] 马尔科姆·法利（Malcolm Farley，1896—1941），汉名沙善德，美国传教士、考古学家。曾在哈姆莱大学和明尼苏达大学接受过教育。1922年，受美国教会委派来到中国工作，在福建协和大学教授英文，并担任该校外国文学系主任多年。在华期间，十分热衷考古事业，对中国福建乃至整个华南地区的文物遗存进行了大量调查，收集了近万件珍贵文物，包括刺绣、字画、铁器、木器、青铜器、玻璃器、陶瓷器等。其中，收藏数量最多、最具代表性的当属瓷器，有数千件完整器和数万吨残瓷片。之后，在福建协和大学魁岐校舍建立了“沙氏博物馆”，将其丰富藏品陈列其中，供世人学习、观摩和品赏。不幸的是，该博物馆于1938—1939年遭到日军洗劫，沙善德毕生之心血毁于一旦。

[8]《陶录》，指《景德镇陶录》。清代蓝浦撰，郑廷桂补辑。初稿于乾隆末年，初分六卷，内容史料丰富，但体例略显杂芜，后因蓝浦去世，未能刊印出版。嘉庆二十年（1815年），蓝浦的学生郑廷桂受其师母之托，将《景德镇陶录》校订续补，成《景德镇陶录》十卷。该书是中国第一部比较系统全面的景德镇陶瓷史著作，博采多说，兼论古今，内容涵盖十分丰富，不仅论及了景德镇制瓷业的历史演变、生产品种、仿古创新、贸易管理、陶工生活、风俗人情等，而且对于中国古代整个陶瓷业的生产发展情况也有相应的概括总结，可谓是中国古代继《陶说》之后的又一部陶瓷史力作，至今仍是陶瓷研究者“奉为圭臬”的必备查考文献。该书问世后，不仅在国内产生了积极深远的影响，

---

① 原著自注：具体可参见（英）大维德爵士：《论汝窑》，《东方陶瓷学会会刊》，1936—1937年，第27页。

还引起了法国、日本、英国等国外学者的关注和重视，相继出现了诸多外译本，如1856年法国汉学家儒莲（M. S. Julien）的法文节译本、1907年日本学者藤江永孝的日文全译本、1951年英国人塞义（G. R. Sayer）的英文全译本等。

[9]《骨董志》，清代李调元撰，成书于乾隆年间，共十二卷。

[10]《遵生八笺》，明代高濂撰，成书于万历十九年（1591年），共十九卷。该书是一部内容广博、又实用的养生著作，其中论及了不少中国古代的名窑名器，包括官窑器、哥窑器、定窑器、龙泉窑器、吉州窑器、建窑器、钧窑器、饶州窑器等，还在各类器用中品评了陶瓷器与玉器、青铜器、金银器等其他材质器物的优劣，具有较高的参考价值。

第一部分

第一章

永乐时期

（1403—1424年）

明代瓷器开启了陶瓷史上的一个新时代。但我们无须对其过于追本溯源，因为瓷器的起源是一个古老的故事，它的大部分细节都已被混淆和遗忘。如果出土于安阳的一些商代器皿的烧成温度更高些，那么很可能在三千年前人们就已经发明了瓷器[1]。

携带着其创造者所赋予的能量，这些明代瓷器穿越了五百年的时空，却没有一丝腐烂的迹象：似乎它们的创造者在瓷器中找到了一种真正的长生仙丹。尽管我们对其外观目力可视，对其用途依稀可感，但时至今日，这些器物的用途和真正意义已不甚明了。它们仿佛拥有一种能把年代浓缩为数字和跨越不同文字的永恒性。

瓷器在景德镇的生产始于唐代或更早[2]。在元代，也可能早至宋代，开始用青花装饰器物[3]。但直到明代，景德镇才正式设立御器厂，每年向皇家供奉瓷器。与此相关，我们发现景德镇瓷器也于15世纪早期开始崭露头角。曹昭在成书于洪武二十一年（1388年）的《格古要论》中有云：“今烧此器好者，色白而莹最高。又有青、黑色戗金者，多是酒壶、酒盏，甚可爱。”[4]但这些指的不一定是御用瓷器。《浮梁县志》云：“御器厂建于珠山之南，明洪武二年（1369年）设厂制陶，以供尚方之用。”但根据《江西通志》记载，御器厂始建于洪武三十五年（1402年）[5]，实际上也就是建文的最后一年。虽然洪武帝只统治了31年，但建文帝有时被完全忽略，甚至其年号也被改称洪武。不管怎样，该时期的御用瓷器如今都不太可能存在[6]。

因此，从元代的官用枢府盘到精美的明代永乐脱胎碗，其间的过渡期产品只能在民间瓷器和一些不太精美的随葬品中去探寻。

笔者见有口沿包铁、内印莲托龙、马、鸟图案的侈口白釉杯；内壁模印龙纹、外壁饰青花的靶杯；还有以泥浆绘纹饰[7]的杯和碗。这些器物上均无款识。

明太祖皇帝，年号洪武，定都南京以居，至1398年驾崩。他的孙子惠帝继位，改年号为建文，依旧在南京料理朝政。建文帝是个文人皇帝，对臣子放权明显过多，对外部事务漠不关心。他的叔叔燕王则在北平统领有一支强大的军队，且善于借助蒙古人的兵力和熟谙惠帝的弱点。于是，为了荣登大宝，他率军攻打南京，并将皇宫夷为平地。

朝廷在对天下的诏告文书中称，惠帝和皇后都丧生于宫中大火，之后他们的残骸被以官方葬礼相待。但也有这样的传说：建文帝通过地道逃遁，并云游于广西、四川的山中为僧。当他在1440年显露身份后，据说朝廷在北京为其安排了居所，以供终老。

因此，假使真的有洪武或建文时期的御用瓷器，它们也不太可能在皇宫毁灭中幸存。或许，洪武帝位于南京近郊的帝陵中藏有这个问题的答案。

燕王登基，为明成祖，年号永乐。他在北京建都以警戒蒙古人入侵，并为此修建了新的宫殿、塔楼和城墙。他不仅是一位伟大的战略家，还以随后的繁荣和复兴，证明了自己统治初期的血腥手段是正当的。只有具备远见卓识和强大意志力的人，才能构想和建立北京这样的帝都。于是，当我们注视这一时期精致易碎的礼器用瓷碗时，也隐约可见象征着这位帝王的凶猛不羁之龙。

在绝大多数的情况下，御用瓷器都是按照皇帝本人的意志制作的。因此，我们也许会期盼从中窥见反映其性情和品位的蛛丝马迹。尽管难以言表，但是将由瓷器得来的印象与历史记载进行比较时，其结果却是十分有趣和惊人相似的。

给御用瓷器打上年号的做法，直到宣德时期才变得普遍。虽然许多永乐白瓷上有以刻划或泥浆方式书写的年号，但具备御用品质、带有款识的青花瓷却鲜为人知。因此，我们只能通过与永乐白瓷和宣德时期的同类产品进行比较，来分辨出永乐青花瓷。中国的相关文献记载能帮我们进一步确认其中的一些瓷器归属，不过仅凭文献描述来辨认器物还是不太可靠。

文献

中国文献的著者们对这一时期器物的评价是："若我明永乐年造压手杯，坦口折腰，沙足滑底。中心画有双狮滚球，球内篆书'永乐年制'四字，细若粒米，为上品；鸳鸯心者次之；花心者又其次也。杯外青花深翠，式样精妙，传用可久，价亦甚高。"

—高[8]

"永乐细款青花杯。"

—张[9]

"若近时仿效，规制蠢厚，火底火足，略得形似，殊无可观。"

—高[10]

"永器鲜红最贵。"

—蓝[11]

"今烧此器好者，色白而莹最高。又有青、黑色戗金者，多是酒壶、酒盏，甚可爱。"

—曹（1388年首版）[12]

暗花祭器

压手杯最为稳帖合手（图版2）[13]。它是最为人称道和最绝妙的明代瓷器之一，体薄如脱胎，实在是巧夺天工的逸品。

尽管《遵生八笺》中未曾提及压手杯是以暗花（暗中或隐藏的图案）为饰，但几乎可以肯定的是，其装饰采用了刻花或泥浆（一种黏土和水的混合物）工艺。有几件碗毫无疑问与文献描述相符，但却未见有内心绘双狮纹者。它们都以泥浆精巧绘制有龙纹或莲托八宝纹。

其中最著名的一件出自大英博物馆的弗兰克斯收藏（Franks Collection）。龙纹的样式如线

图1所示，碗心的珠纹内刻有四字篆书款。尤摩弗帕洛斯先生也藏有一件碗，除了款识是用泥浆工艺书写的，其他各方面都与此相似。值得注意的是，龙以正脸示人，并且披有鬃毛；除非在强光之下仔细检查，不然人们很容易将之误认作狮子。同样的道理，珠子也有可能被误当作了球。

这种碗[14]的比例变化很小，碗高几乎等同于足径，口径则差不多三倍于碗高。在后来的仿品中，圈足往往失衡变小。不过康熙时期的仿品十分精良，只有通过画面、足釉和圈足的差别，才能分辨出时代的不同。然而，当人们把康熙的仿品与永乐的原作在阳光下进行比较时，毫无疑问可以立判高下。康熙时期的釉面匀称光滑，胎体造型准确，并且色泽呈粉笔白色。

永乐时期的器物更多地带有其制作者的性格：其胎体微微起伏，釉面厚薄不均，质地坚实而富有质感；釉色因烧制情况的不同，而从奶白到冰冷的蓝灰色调之间变动；足底的釉薄处被氧化成淡淡的金黄色。而康熙时期的器物，底部则呈统一的白色。明代器物的圈足几乎都用小刀作最后的修利，也就是说，刀切后会留有一个既非楔形也不圆滑的平坦表面。而清代的陶工们则更喜欢制作圆滑的圈足，似乎在坯体尚软的时候，他们就用手指或刷子对其进行了打磨。

这种形状和大小的碗，有以两种不同风格绘双龙戏珠纹的，珠内书四字篆款。

第一种如线图1所示，是一位大师的作品，从拓印图中就可感受到他以如此难控的介质所绘制出的线条和形式的稳定性。他的作品在中国官方收藏（Chinese Government Collection）中的鲜红釉靶杯和奥本海姆收藏（Oppenheim Collection）中的白釉靶杯上都可以见到。线图5和线图6所示的凤纹即仿自这一时期的瓷盘，也可能是这位大师的作品。线图2所示的第二种龙纹则来自尤摩弗帕洛斯收藏的另一件碗；这件碗即使不是永乐时期的，也大概率属于明代作品。

那些绘莲托八宝纹的碗的品质则与第二种龙纹碗相似，也就是说，略次于第一种。还有一种绘五开光团龙纹的碗，但看起来应属于晚明或清初时期的仿品。

线图1

上述压手杯的直径都在20厘米左右。还有一类直径约10厘米、形状和比例都相同的压手杯，对于这类器物，笔者尚未看到一件确定无疑属于永乐时期的作品。

这些压手杯以线图3和线图4所示的莲纹或龙纹为饰。其中，莲纹杯上的纹饰以泥浆绘就，款识以针刻坯体而成；这类器物的加工工艺，尤其是底足部分，相较永乐时期的杯子来说，似乎太过精细，但它又不全然像是清代的仿品，也许是16世纪所作。另一类以厚厚的泥浆绘制出轮廓分明的龙纹的杯子，则是现代仿品，其款识也以泥浆书写，清晰可辨；这一类以及其他类型的杯子，都是景德镇新近制作的产品。

线图2

线图3

线图4

莲子碗

中国文献中描述的另外两类压手杯则更难甄别。它们的造型或许有所不同。笔者从未见过或听说过内绘鸳鸯的作品。尽管它的产生和存续绝非不可能，但我们也许更应该在其他器型中搜寻。如果中国文献的著者对描述分类是秉持了一以贯之的原则，那么我们不得不承认这些碗也应称之为压手杯，并且其内底心以泥浆绘制了鸳鸯。然而，有可能文献所述确实是另有所指。

鸳鸯，除了鸳鸟和鸯鸟的含义外，还可以指代雄性和雌性，甚至可以延伸到奇偶。因此，虽然不是以此作解，但它描述的可能是一种形状像莲子或莲花的碗；该类碗的碗心内凹，足底外凸。大维德爵士收藏中有这样一件碗，其内壁以泥浆绘图案，外壁以刻花作装饰。该碗具有永乐时期的所有特征，其底足造型在宣德器物中很少见，圈足的修利工艺与压手杯和其他稍后提及的器物相似。胎体细腻，釉层薄处被氧化成金黄色。内外壁的暗花图案，与图版7d中被归为永乐时期的青花碗完全一致。图版7c和图版13d则展示了带宣德款识的样式。其他具有相同图案的永宣时期的实例，在“青花瓷”一节会另有图示。

此外，这一类别中还有其他几个品种可以确定属于永乐时期的作品。

盘

线图5所示为盘类中的一件重要器物的图案，这一以泥浆所绘的图案与龙纹压手杯有许多共通之处。凤的羽毛和龙的鳞片都是由一排排的圆点构成，且画风相似。釉面的色调与压手杯相同，光亮的表面伴有由气泡造成的微小凹陷。其尖锐光滑的口沿周边釉面呈淡黄色，底足釉薄处有类似色斑。

线图5

永乐款识在烧制之前刻于釉上[15]，因此仅表现为釉面上的凹陷，如果不背对着光是看不见的。据记载，这种在盘碗上标记款识的方法在宋代曾被使用，但明代只见于永乐时期[16]。大部分带有暗花装饰的盘并无款识，其原因也许与高温下的釉面流动过大，致使刻款“隐去”有关。

具有与凤纹盘相同的特征，但却没有款识的还有云龙纹、云凤纹和花卉纹盘（线图6、线图7）。龙纹图案除了不露正脸外，其余与大号压手杯上的类似。凤凰其实是雌雄的统称，雄为凤，雌为凰，其尾部特征不同，线图5和线图6上的图案可资比对。这些瓷盘在近内底处往往刻画三朵云纹为饰。

线图6

线图7

僧帽壶

僧帽壶有刻花白釉器，也有稍后会讨论的鲜红釉器。这些器物以往常被归入宣德时期。

白釉僧帽壶与其他永乐器物在各方面都有共通之处，实在是毫无理由将其从永乐时期分出。僧帽壶造型美观、称手，几乎可以确定为仪式场合上使用，并且很有可能与佛教法事有关。笔者见过的僧帽壶上的两幅图案就分别是莲托八宝纹（线图8）和变形莲瓣纹内饰梵文。尤摩弗帕洛斯收藏中的一件器物是用后一种图案装饰的。这些器物因壶口形似僧帽而得名。

线图8

中国官方收藏中有三系壶和罐，与僧帽壶属于同一类型。这两件器物没有款识，但都具有该类别的鲜明特征。据悉，故宫保存的档案资料可以证实这一归类。中国官方收藏中另有大号白釉刻缠枝莲纹梅瓶和精巧的刻花小壶，也属于这个类型。

靶杯

永乐时期靶杯的造型和大小各不相同。大号靶杯的杯身较深，呈钟形；中号靶杯的杯身较浅；小号靶杯的深浅则介于二者之间。这些连同其他永乐器物，在附录中均有图解说明，三种型号的杯足都为中空，足内施釉（见附录二：Ie、f和g）。

在伯灵顿府（Berlington House）的展览中，有两件中国官方收藏中的展品，属于Ig类的代表。其中一只靶杯饰以八宝纹；另一只则在杯身外壁刻八宝纹后，罩以奶油色的釉层。四字篆体款识刻于杯心。这类靶杯在使用上可与僧帽壶完美配搭。

线图9

就笔者所知，Ie类器物有三件。第一件来自奥本海姆收藏，杯内以泥浆绘制的双龙纹与压手杯上的类似，其款识也以泥浆书于旁侧的椭圆形框内；第二件为笔者所藏，除了如线图1所示的四字篆体款识刻于火焰珠内，其他在造型和纹饰方面的特征与前者一致；第三件与第二件基本相同，属于中国官方收藏，不同之处在于它施以鲜红釉，色泽呈干枯玫瑰色。

If类尺寸较小，笔者所知的唯一一件来自中国官方收藏。杯内以泥浆绘制的双龙纹与第二种压手杯（线图2）相似，款识则以泥浆书于杯内。

尤摩弗帕洛斯收藏中有一件素面的白釉器，其大小、造型和其他特征均与Ie类完全相同，内有宣德时期的青花款，见图版12f。这件与其他永乐器物并无明显区别，人们较易将其当作永乐后期的作品。

青花器

穆罕默德青，或称苏泥渤青，很显然在15世纪初就在中国得以应用[17]。然而，对其呈色的控制是一门需要花费不少时间才能完全掌握的艺术。就笔者所知的器物而言，这一时期的青花呈现出翠鸟蓝到烟熏黑的不同蓝色色调。

图版3和图版5所示的永乐和宣德时期的青花碗，就是一组极好的例子。其装饰图案完全一致，但青花色调却截然不同；永乐器物上的青花彩绘，一定是经过些微调整，以适应烧制氛围和如烟入釉般的钴料的特性。

如图版7c所示，永乐青花碗与前述白釉碗具有同样的锥形底足。釉薄处也被氧化成金黄色，胎体洁白。圈足以刀修利，与其他碗相似。永乐的胎体比宣德的薄，釉面也更光亮。钴料在釉薄处呈烟黑色，在釉厚处呈翠蓝色。

较小的碗或杯则与宣德器物具有相同的特征，内心深凹，与图版3c所示的内心凸起、无圈足的浅碗刚好相反。其釉质、胎体和青花发色与其他碗一致。这种带有凸起中心，有时也被称为馒头心的，既有饰相同图案的宣德款器物，也有饰其他图案的16世纪器物。

此外，有一些带有永乐年款的其他器类，较常见的是那些外壁饰凤纹，内书年款，底足无釉的碗盘。还有锥形的杯子，绘有诵读于松柳树荫下的高士，杯内书款识，底足亦无釉。部分器物甚至带有雍正年款，于此我们只能推测它有永乐时期的原型。北平的故宫博物院藏有一件大碗，上绘苏东坡偕友泛舟，并题有一首长诗。这种类型可参见图版33。相比18世纪的绝大多数作品，其青花的色调要深得多，线条也更粗些。这些器物内书“永乐年制”款识，有可能属于永乐时期。不过从其质量来看，它们似乎不太可能是御用瓷器。

鲜红器

由《陶录》可知，永乐鲜红瓷器在明代已是非常珍贵，所以目前已知的传世品很少也就不足为奇。

笔者所知的唯一一件带有款识的器物，是中国官方收藏中的靶杯。与图版1相似，其内壁有以泥浆绘制的釉下双龙纹，火焰珠中刻有四字篆体款。釉呈干枯玫瑰色，局部开裂。靶足中空，内施青白釉。实际上，它在造型、尺寸和装饰方面，与前述白釉靶杯完全相同。

有些瓷盘与之釉色相似，以泥浆绘制的双龙环绕于弧形内壁，盘心暗刻祥云三朵。其釉面肥厚，略显透明，龙纹只在釉面较薄处显露可见，底足无釉。

与上述类似的是大维德收藏中的一件瓷盘，惟红釉更艳，裂纹细密。该器物亦以泥浆饰龙纹和以刻花饰朵云纹，不同之处在于底足施釉。

僧帽壶在白釉刻花器中已有提及。中国官方收藏中的一件纯红釉器与白釉僧帽壶造型相似。釉的色调与前述类型略有不同，其呈色既不如裂纹釉盘那样鲜艳，也不似靶杯那样沉闷。无刻花装饰，底足施白釉。

编译者注：

[1] 根据早期的考古发掘资料，中国原始瓷器的烧制最早可追溯到商代中期，迄今已有三千多年的历史；但根据最新的考古发掘报告，河南偃师二里头文化遗址中就出土有原始瓷器，证明中国最早在夏代后期或者夏商交替之际已能成功烧制出原始瓷器，将其烧制时间又向前推进了几百年。由于这一时期瓷器的烧制温度偏低，达不到1200℃，故称这段时期烧制的瓷器为原始瓷器。直到东汉时期，中国陶工们才成功烧制出成熟瓷器。

[2] 根据历史文献记载，景德镇的瓷器生产始于汉代，但不见有传世器物，也没有相关的考古发掘材料。根据目前最新的考古发掘，景德镇的瓷器烧制始于唐代，见有浮梁县兰田唐代瓷窑遗址和乐平市南窑唐代瓷窑遗址等。

[3] 根据目前的考古发掘，中国自唐代开始烧制青花器，如唐代“黑石”号沉船上就出水了数件青花器。景德镇自元代后期开始大量烧制青花瓷，主要是供蒙古统治者使用和销往中亚、西亚等阿拉伯国家和地区。

[4] 其实，此句引文并非曹昭原书所论，而是后来王佐增补之句。

[5] 这里所言的《江西通志》，应该是指雍正版《江西通志》。但“明代景德镇御器厂始建于洪武三十五年”的观点，始见于明代嘉靖三十五年（1556年）编成的《江西省大志·陶书》，后来雍正版《江西通志》、朱琰《陶说》等沿袭其说。其实，“洪武”年号共使用了31年，洪武三十五年实际上是建文四年。明成祖朱棣从他的侄子手中篡取皇权后，为了彰显其正统地位，故意抹去“建文”年号，而沿用“洪武”年号。关于景德镇御器厂的设置时间，目前有洪武二年、洪武末年、洪武三十五年、宣德初等多种说法。

[6] 从目前景德镇古窑址的发掘情况来看，洪武时期的御用瓷器还是有部分遗存的，只是大多为宫廷所用的建筑构件（如砖瓦之类），生活用器少见。

[7] 根据书中所有的类似描述，结合目前的传世品及出土物，可以推测这种以泥浆绘制纹饰或书写款识的技法，很可能是指那类线条比较精细、清晰的模印技法。以下皆同，不再一一标注。

[8] 这段文献出自明代高濂的《遵生八笺》卷十四《燕闲清赏笺上·清赏诸论·论饶器新窑古窑》。

[9] 这段文献出自明代张应文的《清秘藏》卷上《论窑器》。

[10] 这段文献出自明代高濂的《遵生八笺》卷十四《燕闲清赏笺上·清赏诸论·论饶器新窑古窑》。

［11］这段文献出自清代蓝浦的《景德镇陶录》卷五《景德镇历代窑考·明·永窑》。

［12］曹，指明代的曹昭，他曾于洪武二十一年（1388年）撰成《格古要论》三卷。通过查阅原文可知，这段文献并非出自曹昭的《格古要论》原本，而是出自明代王佐于天顺年间增补成书的《新增格古要论》十三卷，其具体出处为《新增格古要论》卷七《古窑器论·古饶器》。

［13］作者对压手杯的认识和提供的图片有误。北京故宫博物院的有关藏品和景德镇珠山官窑遗址出土的永乐青花压手杯残片，均能与《遵生八笺》等文献中的压手杯描述相对应。

［14］续上注，作者虽呼之为压手杯，但实际上却将其误认作碗。以下均同，不再一一标注。

［15］永乐刻款是刻在胎体之上，然后施釉，入窑烧成。这里所言“永乐款识在烧制之前刻于釉上”，不够准确。

［16］这里描述不够准确。明代在瓷器盘碗上刻款的做法是比较常见的，自永乐时期出现之后，宣德、成化、嘉靖、万历等朝均有，不是“只见于永乐时期”。

［17］中国使用青花钴料来装饰陶瓷器物，始于唐代，不过当时生产数量稀少，烧制技术尚未成熟。直到元代中后期，景德镇窑为了迎合国内外市场的需求，才生产出数量较多、相对成熟的青花瓷器。到了明代初期，景德镇御器厂承袭元代所作，继续生产青花瓷。尤其是到永乐、宣德时期，青花瓷的生产数量和质量都有明显提高，被誉为中国古代青花瓷制作的“黄金时代”，一直是后世陶工追慕和仿烧的对象。文中所言的“穆罕默德青”，又称苏麻离青或苏泥勃青，是从海外进口的一种青花钴料，其含铁量高，含锰量低，呈色浓艳，常有铁锈斑点。

图版1

图版2

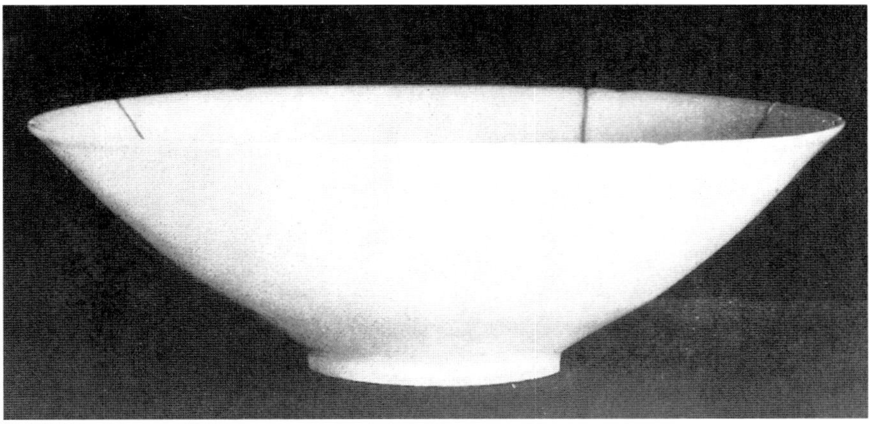

（a）压手杯，以泥浆绘制的龙纹杯，参见线图1。直径19.7厘米

（b）僧帽壶，刻花装饰，参见线图8。高19.2厘米

图版3

（a）莲子杯，宣德时期，直径10.1厘米

（b）莲子杯，永乐时期，直径10厘米

（c）馒头心碗，永乐时期，直径13.1厘米

图版4

（a）花浇，永乐时期，高15厘米，亨利·韦奇夫人收藏于北京

（b）印泥盒，永乐时期，直径19厘米

图版5

（a）莲子碗，宣德时期，直径15.6厘米

（b）莲子碗，永乐时期，直径16厘米，参见图版6

图版6

（a）图版5a的碗底

（b）图版5b的碗底

图版7

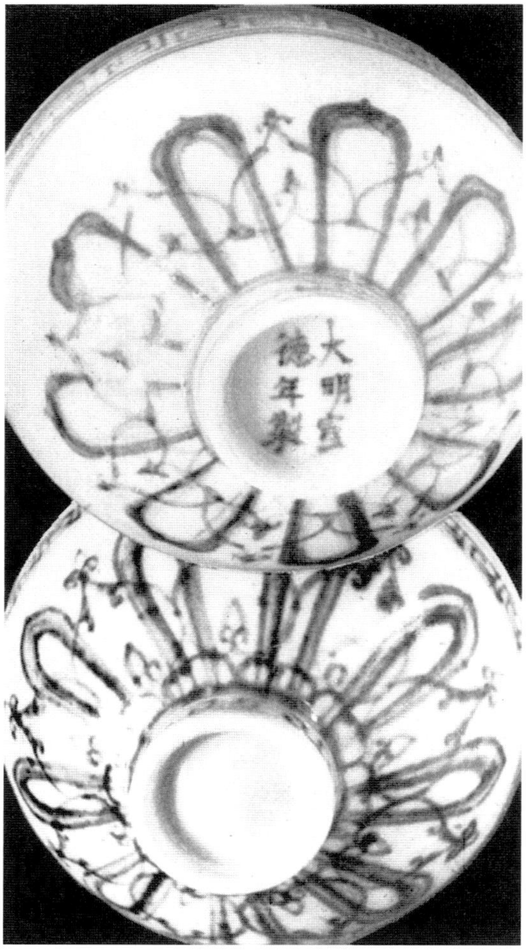

（a）图版3a的杯底

（b）图版3b的杯底

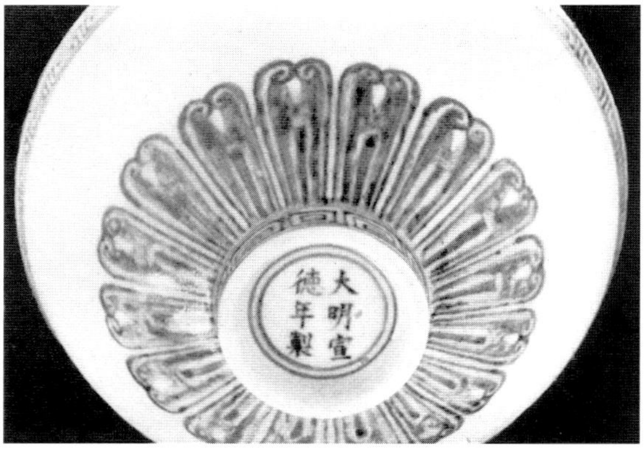

（c）图版13d的碗底

（d）永乐时期的类似碗底

第二章

宣德时期

（1426—1435年）

无惧死亡和诋毁地前行吧

永乐时期，成祖皇帝以严刑峻法和行动果敢使天下大定，并将帝国置于绝对掌控之中。其继任者仁宗性格仁慈宽宥，以洪熙年号在位不到一年即驾崩。于是，宣宗即位之初的统治形势大好。经过永乐皇帝的治理，帝国处于最为繁荣鼎盛的状态，并且宦官安分守己，臣子忠诚勤勉。

沈德符有言："盖宣窑天纵，留意曲艺。"[1]人们在把玩这一时期的器物时，对此必然称是，因为它们具有一种难以言表的品质，如烟缥缈，似乎折射了前所未有的盛世场景。神龙迈步于莲丛，穿行于云端，腾跃于海面，然其完整意义已如梦境般在人们脑海中淡去。

文献

"惟饶州景德镇所造，遍行天下。每岁内府颁一式度，纪年号于下。"

"然惟宣德款制最精，距迄百五十年，其价几与宋器埒矣。"

"宣窑不独款式端正，色泽细润，即其字画亦皆精绝。"

—谢[2]

"宣德年造红鱼靶杯，以西红宝石为末。图画鱼形，自骨肉烧出凸起，宝光鲜红夺目。若紫黑者，火候失手，似稍次矣。"

"青花如龙、松、梅靶杯，人物、海兽酒靶杯。"[3]

"朱砂小壶、大碗，色红如日，用白锁口。"

"又如竹节罩盖滷壶、小壶，此等发古未有。"

—高[4]

"然花样皆作八吉祥、五供养、一串金、西番莲，以至斗鸡、百鸟及人物故事而已。"

—沈[5]

"他如妙用种种，惟小巧之物最佳，描画不苟。而炉、瓶、盘、碟最多，制如常品。若罩盖扁罐、敞口花尊、蜜渍桶罐，甚美，多五彩烧色。他如心有壇字白瓯，所谓坛盏是也，质细料厚，式美足用，真文房佳器。"

"又等细白茶盏，较坛盏少低，而瓮肚釜底线足，光莹如玉，内有绝细龙凤暗花，底有'大明宣德年制'暗款，隐隐橘皮纹起，虽定磁何能比方，真一代绝品，惜乎外不多见。"

—高[6]

"冰裂鳝血纹者,几与官、汝窑敌。"

—张[7]

“又若坐墩之美，如漏空花纹，填以五色，华若云锦。有以五彩实填花，绚艳恍目。二种皆深青地子。有蓝地填画五彩，如石青剔花，有青花白地，有冰裂纹者，种种样式，似非前代曾有。”

—高[8]

“余见御用一茶盏，乃画轻罗小扇扑流萤者，其人物毫发俱备，俨然一幅李思训画也。外一皮函，亦作盏样盛之。小铜屈戍，小锁尤精，盖人间所藏宣窑又不及也。”

—谢[9]

“水注有五采桃注、石榴注、采色双瓜注、双鸳注、鹅注，笔洗有鱼藻洗、葵洗、磬口洗、螭洗、双领灯。”

—孙[10]

注：两台灯檠（双台灯架）曾被翻译为“双领灯”。在《陶说》中，它被误印为“雨台灯”，由此被卜士礼（Bushell）[11]翻译为“雨灯”。

“蟋蟀澄泥盆，最为精绝。”

—陈[12]

一点细节

据《江西通志》记载：“宣德初，以营缮所丞专督工匠。”[13]尽管只有九年的时间，但宣德一朝却是陶瓷生产非常繁盛的时期。

款识

这一时期在器物上书皇帝年号的做法，有助于我们对大量的器物进行鉴定。尽管其后的明代正德时期直到如今，对宣德年号款识均有仿制，但是审视过一些标本后，对宣德年号书写者的风格还是不难辨认的。

御器厂的产量不可能很大，一名写款者大致足够应付一天的生产所需。我们可以辨认出这一时期3～4名写款者的笔迹。图版12中就列出了一些典型款识。

笔者认为，将这称为当时流行的书法风格是欠妥的。尽管从某种意义上来说显然如此。但更确切地说，应该是督陶官所挑选出的写款者的笔法，甚至很可能是根据皇帝喜爱的书法风格而做出的选择。

在当今的中国，孩童在学习了汉字的基本形式之后，常被劝导临摹某位著名书法家的字帖。因此，除非这个孩子真的特立独行，不然他的书法将是类似米芾或宋徽宗的风格，而不是什么20世纪的类型。

图版12所示的款识，很可能没有包括宣德时期御器厂的每位写款者。但在笔者眼中，这些至少具有代表性和原真性。

除了书法本身，写款的形式也有多种。在底足施釉的盘、碗上，通常是釉下双圈内刻六字款, 极少单圈。在底足无釉的盘上，有时在外壁的口沿下书单行横排款。在靶杯上，款识通常书于杯心，黄釉靶杯款识则暗刻于杯内。

有一种样式较罕见的碗，如图版12g所示，其内书双方框单列六字款，外壁饰莲托八宝纹。宣德御用瓷器的四字款识十分少见。那些署“宣德年造”款的罐子和碗显然是外销产品，类似的瓷片在中国南部沿海的许多贸易路线点和菲律宾都有发现。

如果款识上见有任何由两笔写成的笔画，那么这件存疑器物肯定是后来的仿品。以此类推，在釉下青花的画法上也应该能够找到仿品的类似纰漏。

青花品质

中国以往的文人和当今的鉴赏家都对宣德青花交口称赞，并将其推为青花之冠。据说，这是因为在宣德时期开始使用了苏泥勃青（又称穆罕默德青）的青料。到了成化时期，据传这种青料的供应已经枯竭。有人宣称，永乐时期使用的也是这种青料，只不过当时对其料性似乎掌控得还不太好。

青花的发色在很大程度上取决于具体器物的烧制情况，虽不尽然，但多是如此。在某些情况下，青花在釉层较薄处发色较好，反之则较差。这很可能是由于烧成后期窑炉中空气过多或不足所致，或与匣钵多孔性有关。

具有相同装饰、造型和款识的器物，其青花的主体发色有时也会完全不同。因此，我们不应对任何时期的青花呈色下定论。而另一方面，我们在比对过一些标本之后，不管器物的烧制情况如何，也很容易将苏泥勃青与本土青料区分开来。

如果青料施得太厚，或釉面太薄，则青花发色呈现出黑色或深褐色。这点在一些图版中可以看到。在清代，即使是最好的仿古高手，也无法复制这种偶然性特征。为了达到同样的效果，他们靠反复顿笔以施加额外的青料。这种痕迹清晰可见，从方法上来说比较蠢笨，因其色斑太有规律，并且仅呈深蓝色。本土青料的发色为均匀的灰色调，常常以淡描涂施；虽然在某些特定的条件下有例外，其蓝中闪黑，或青料再氧化的现象极为罕见。

宣德青料似乎悬浮于釉料之中，并未附着在胎体之上。究其原因，可能是为了方便器表装饰而施涂的薄层泥浆中含有釉料，从而使青料被包裹在了两层釉料之间[14]。

釉

宣德时期的釉面肥厚，隐约可见橘皮纹。通过放大镜查看时，可见微小气泡，气泡表面均有凹坑，如此便形成了橘皮纹理。如果使用高倍放大镜，其实在任何釉面中均可看到气泡。因此，尽管橘皮釉是宣德时期的特色，质地也相当均匀，但是后来几个时期都有比较成功的仿制。

绘画

鉴赏宣德青花瓷的关键点在其绘画，因为它在这方面远胜于所有后来者。唯有唐宋时期最精美的越窑和定窑刻花器能与之媲美。

这一时期，青花装饰首次受到青睐，因此也就毫无疑问地在其制作上投入了更多的关注和精力。从事这项工作的设计师、陶工和画工都应是有理念、有技巧和有闲暇的人。他们的秉性没有屈从于教条，同时产量需求也不过分。这些要点在清代似乎被忽视了，因为清代的仿品虽然造型完美，但是缺少宣德作品中的性格，并且绘画有时是逐线临摹的，显得了无生气。

这些品质上的差异，可以通过图版11所示的两件器物进行比较。仿品上的款识写法和其花卉画法同样糟糕。“明”字的构造差别明显，而仿品中的“宣”字则毫不协调。两者莲花的画法也是截然不同，一位懂得如何画莲，能够掌控好青花料；而另一位只知道用锯齿边打上深色的补丁。仿品中同样蠢笨的地方，还有叶片贴在承托花朵的主茎上的画法。

器用

毋庸置疑，大多数宣德瓷器都属于祭祀用具。其装饰图案以佛教题材为主，器物造型也与其他时期的日用瓷器迥异。

盛满清水的靶杯，常被置于祭坛之上。有柄和无柄的球状杯子，则被称为净水碗，也很有可能在装满水后用于祝祷活动。这一仪式象征着水对心灵的净化。

有的靶杯上书有梵语“Om mani padme hum”（哦！莲花中的宝石），其寓意是：宝石通过莲花的盛开而显露，涅槃通过灵魂的觉醒而获得。

在同样的仪式中，僧帽壶可能用于注水。

许多较大的碗、盘，毫无疑问是用于各种形式的献祭。并且，这些具有类似装饰图案的靶杯、盘、碗很有可能是成套使用的。图版17和图版18所示的就是很好的例子。

目前，没有文献记载能够说明祭坛所用器物的类型，人们只能对天坛和宫殿里举行的盛大仪式进行遐想，因为没有比这些地方更般配的场地了。寒风吹拂着雕有龙凤、以明净的大理石筑造的梯田形圜丘，丘顶矗立着一座金碧辉煌的塔，其场景完全不属于这个时代。他们的仪式像青烟一样消散，也由此与我们20世纪的俗务无涉。

御用红器

釉下红彩器——高濂在《遵生八笺》中描述的第一类宣德器物，其实很容易辨认。现存于维多利亚和阿尔伯特博物馆的尤摩弗帕勒斯收藏中的红鱼纹靶杯，无疑属于这一类型（图版8e）。它的每一个细节都与文献描述相符，是一切时代最迷人的陶瓷艺术品之一。杯内以青花书款，与图版12e所示的类型相同。靶杯的形状和大小，与之后将要讨论的绘于化妆土[15]之上的青花靶杯相同。

毫无疑问，这就是宝石红[16]。并且，它似乎比用作单色釉的鲜红对窑炉温度更敏感。两种釉都以铜为呈色剂。

第三种红被中国鉴赏家简单称作釉里红，这是一种用以绘制花卉等装饰图案的红。通常是薄薄地画一层，极易在烧制过程中失败，然后就会成为第四种类型——釉里黑！

以红宝石入色的中国传说，已经被证明与事实不符。有人认为“来自西方的宝石”是玛瑙，但笔者对这个问题没有确凿的答案，只知道一定有铜存在。

鲜红的品种有大大小小的碗、盘、僧帽壶、小水罐[17]等器物。

“色红如日”的大碗不多见，笔者只知道三件故宫以外的藏品。瓷盘则有各种尺寸的，其釉下款识或以青花书写，或刻于坯体。

17世纪和18世纪的仿品做得非常好。并且，至少就釉面和发色而言，在许多时候都能与原作相媲美。仿品上的款识写得与原作还是有差异，许多糟糕到可以一眼识别。高仿品在款识上犯错的地方是写得太小心翼翼，其汉字过于规则和方正，尤其是“宣”字的书写，其笔画都是垂直或水平的。当用青花书写款识时，色调太淡太单一。

宣德盘碗最显著的特点是有轻微的凸底，而清代仿品的内面和底部则是极其平坦的。

宣德时期，圈足露胎处局部呈浅红色，清代仿品的该类特征则过于明显，整个圈足覆盖着一层非常精细的橘色釉。这两种现象很可能都是偶然形成的，但如果考量其制作过程，似乎又是必然的结果。

铜红釉的内外施涂，发生在底足坚固之后和圈足成型之前。待釉料干燥后，再将坯体放回陶车，用小刀修利底足和圈足，然后将白釉以浇釉或刷釉的方式施于底足。因此，在这个过程中，外壁铜红釉极有可能会通过接触沾于圈足。烧制之后，这种意外就会偶尔产生如我们在宣德器物上所见的浅红色斑。

在清代，在修利底足和圈足之前的工艺是一样的。但根据观察，清代陶工更喜欢用湿笔刷对圈足进行磨光，这在今天的景德镇也很常见，所以外壁的釉痕会均匀地分布于整个圈足之上，且修坯时留下的刀痕也因此被消除。经过烧制之后，平滑露胎的圈足上就会留有一层均匀的红釉膜。

因此，如果欣赏的仅是器物的色彩，就没有理由不满意清代的仿品，因为它的低劣只是反映在品性上，而非其装饰价值。

如果在强光下观察这类瓷盘，有可能会发现暗花装饰的痕迹。但也有意外的情况，即装饰几乎完全消失不见，这很可能是为了达到与前述早期器物的相似特征所致。要么是因为泥浆太薄，要么是因为温度太高，要么是因为釉不合适。

青花靶杯

有些靶杯用于佛教仪式，有些则用于盛酒。这些可能并不是它的全部用途。不过据悉宣德时期的靶杯，除了极少数的例外，大都是供奉于祭坛上的佛像或菩萨像前，并盛满清水。到了成化时期，靶杯更普遍的是用作酒器，其装饰图案有葡萄纹、鸟纹和程式化的莲纹等。

宣德时期的装饰图案多与祭礼相关。不仅靶杯如此，大部分的宣德器物都是如此。有多种类型的莲纹、缠枝石榴花纹、凤纹、八宝或八吉祥纹、双龙、五龙或九龙纹，以及许多受到伊斯兰影响的规范图案。

许多靶杯的杯内有磨损和划痕，这要么是因为水的纯净只是象征性的，要么是因为杯心被清洁得太过。在某些情况下，靶杯可能会一直留置在祭坛，直到水完全蒸发，杯内便留下了一层或可比喻为忏悔的矿物质沉积；而在另一些情况下，燃香时的香灰和灰尘可能掉进水里，并沉淀在四周。有时候，这种灰烬或矿物质因为清理不及时而变得相当厚，便只能使用小刀或磨砂予以去除；于是，杯内的釉面便有了划痕，而这一般是难以想象的。但在中国，带有这种状况的器物时有发现。除去沉积物时总是有些兴奋，因为宣德的款识通常会书于内心，在作为多年的“暗花”后得以重见天日。

宣德时期的靶杯可分为三种，如图版8、图版9、图版10和图版18所示。每种造型的设计似乎都考虑到了大小和重量。它们被制作得相当称手，很适合把玩。

第一种在造型和大小上都与红鱼靶杯相似。它们施有化妆土，兼具各种装饰形式，有多种缠枝花卉纹、白地青花龙纹、青花海浪刻白龙纹、凤穿花纹、海水瑞兽纹。这种靶杯的柄部中空，封底，底面平坦无釉；底部胎体精细，表面亚光，局部烧呈橘红色。它不同于一般的素烧瓷坯，其触感更加光滑。

在较大件的靶杯中，也有多种装饰图案，有些内部有泥浆装饰。这些靶杯的柄部中空，足缘外撇，不封底，柄内施釉。在卢浮宫有一件这种类型的精美作品，另一件则如图版18所示，这些想必是有史以来最精美的青花作品之一。其上的巨龙凶猛地腾跃于巨浪之间，与图版17所示的瓷盘，以及卷首的青花莲龙纹盘，很可能是同一人所绘。还有花形杯身，杯柄开光内绘瓜果或龙凤纹的靶杯，与那些龙纹靶杯相比，只是稍为逊色。杯身呈钟形的高脚杯（图版9b）在造型和大小方面，则与永乐时期的刻花靶杯相一致。

青花盘

青花盘有两类截然不同的品种：一类大而厚，底足无釉；另一类则小巧精致，底足施釉，以青花书写款识。

第一类很少有款识，即使有的话，一般都以六字单行书于口沿下方。这些大盘形成了一个类别，普遍地被认为是15世纪早期作品。大部分无疑制作于永乐年间，其他则烧造于宣德初期。其青花发色深，施涂厚，与《陶录》所记载的“色尚淡彩”恰恰相反。

装饰图案包括松树和竹子——长青的岁寒二友，盛开的李属花卉——春之信使，以及多种缠枝莲纹、葡萄纹和其他瓜果纹。它们的口径大约在20厘米至40多厘米不等，边沿通常为花形。

第二类毫无疑问是用于祭祀仪式，可能是在太庙和天坛那样的场所[18]。

既然在盘碗和靶杯上见有相似的装饰图案，那么可以合理地推断这些不同的器物会在仪式中配套使用。靶杯用于装水或酒，盘碗用于盛放瓜果或鲜花。前面已经介绍过永乐时期的暗花祭器，宣德的这些青花瓷则是它们的直接对应物。

装饰靶杯和这些瓷盘的图案有海水龙纹（图版17）、莲龙纹（图版1、图版21a），还很可能有云龙纹、凤穿花或云凤纹以及莲鱼纹（图版19）。

有三种盘型具有相似的画面、款识和发色。卷首的瓷盘与附录二表Ⅳf所示的盘型相似，口沿为敞口；图版17上的瓷盘为侈口，与Ⅳe所示类似；而有时作笔洗使用的深腹盘（图版19～图版21）则垂腹，口沿微侈，花形边，浅圈足。

前两种盘有较深的圈足，内缘锐利，几乎等同于底切[19]，如图版20和线图15[20]所示。这些盘造型不错，也很坚实，但绘画是其真正胜出的地方。

从这些画面中可以真切感受到大师般的手艺和匠心，因为没有任何其他时期能如此鲜活地将微妙的艺术和娴熟的技巧展现在我们眼前。

也许通过对另一个世界这些永恒之瞥的沉思，创造了这样一种信念：宣德瓷器是由高于凡世的生灵为众神的用享而造。

青花碗

青花碗的造型与永乐时期相似，几乎没有变化。有的大碗足底平坦，深曲腹，侈口；莲子碗则小足，体圆，形状可分别与开放的莲花、中间切半的莲子，以及莲蓬相比较。它们没有花卉的造型，但通常在外壁以青花绘制程式化的花瓣——永乐压手杯形的碗则外绘青花，内刻暗花；馒头形碗（面包心）①的造型和装饰，则与永乐器物中所述的相似。

① 圆括弧内的文字为该著原作者所加。

图版5所示的碗可与相同图案的永乐器物相比较，除了那些由于钴料渗到釉面后被重新氧化成烟熏黑的地方，宣德碗的青花基本上是“色尚淡彩”的。

碗内的装饰具有伊斯兰风格，外壁则在程式化的花瓣上绘有八宝中的四宝，间以四朵莲花。花叶的画法堪称这一时期的典范。它不像常见的叶子，之所以被画成这样，仅仅是因为它的形状能取悦它的创造者：一如风中的纤细舞者，只不过有着抽象或超现实的外形。这样的创造在清代是不可能的，因为那时候的叶子就是叶子，所以应该有叶茎、叶脉，虽不至于画出叶汁，但至少应该具有写实的叶形。

压手杯形的大碗是这一时期最精美的器物之一，它与缠枝莲纹一道被提及过，见图版11。它们的造型略有不同，有些口沿外撇，类似于永乐压手杯，还有一些口沿微敛。外壁以青花绘莲纹，画工很好；内壁以泥浆绘莲纹（线图10），内心则在开光内以青花绘花瓣。在其中的一些碗上，每朵莲花所对应的碗壁胎体外凸。很显然，这是在坯体失去可塑性之前，从内部向外按压碗的壁面来实现的；也许在这个过程中使用了模具。这些凸起的花朵除了给碗的造型增添一种令人愉悦的不规则感外，几乎没有对碗的外观改变什么；但就触感而言，它们既令人惊讶，又令人愉悦。毋庸置疑，正是因为这个原因，它们才被如此制作。这一特征在宣德时期的红鱼杯和几只带有成化款识的碗、杯上也能看到，而其中一些无疑是康熙时期的仿品。

除此之外，还有敞口圆锥形碗，以青花绘开光瓜果花卉纹。其碗壁较直，虽然品质上佳，但造型不如前者。

线图10

釉下青花加彩器

图版16所示的为平底广口盖碗，以釉下青花和红彩为饰，碗内和盖中均书有宣德款识。

这些碗上的龙纹，要么是以釉下宝石红料画成，要么是以色彩鲜艳的铁质珐琅料[21]绘就，中国人又称其为“油红”或“釉红”。但是，也有只用青花或红彩绘饰的器物。

大维德收藏中的一件缺盖瓷碗，毫无疑问是宣德时期的。在其藏品图录和本书的图版16b上分别有其彩色和黑白插图。如果将该件器物上的龙纹与中国官方收藏中的、很可能是康熙仿品的龙纹作对比，可以看出二者画法上的差异。宣德器物上的龙是一种轻快的生物，它在云中穿梭时的尾巴和胡须像三角旗一样向后飘扬；而康熙仿品上的龙仿佛被钉在了碗上，很不自如，其毛发也是杂乱下垂。珀西瓦尔·大维德爵士收藏的碗的红色是明亮和半透明的，而另一件上的红彩则是深沉而不透明的，这种情况下的差异并不能仅仅归咎于烧制过程。中国官方收藏中的青花藏品是平滑统一的色调，其黑色斑点是以额外的青料堆成，边沿的纹饰也缺乏灵气；其款识的书写方式让人不禁要问，它怎么能被如此精准地复制，却依然缺乏说服力？其原因可能在于每一个字都是在临摹中一笔接一笔地构造起来的，在摹写者的心目中并未被当作一个复合的整体。而青花这种介质又是如此敏感，以致笔下的一丁点迟疑都会被立刻显露出来。

吴赉熙先生手中有一只碗，与上述第一件完全相似，只是龙纹是以鲜红的珐琅料绘制。毫无疑问，红彩是后来添加的，因为龙的眼睛、环绕的云和边饰都是先以青花绘就。

同样，在大维德收藏中，还有一件引人注目的靶杯，外壁在釉下青花海浪中绘五条红龙，杯内则以泥浆另绘双龙。虽无款识，但画工出色，该件器物当作于15世纪早期。

青花杂类器物

找到两件完全相同的宣德器物是非常困难的，即使只限于存世器物，也很难将其种类一一枚举。因此，既然开列一个长长的器型清单是单调乏味，且不可能是完整的，那么我们在此就只作择要介绍。

概括来说，有葫芦瓶、扁平的朝圣瓶、盛放梅花的梅瓶、各种形状和大小的水壶、酒壶等器型。

在《遵生八笺》中，有提到用来盛酒或调味汁的小壶。中国官方收藏中有与此相关的蓝釉壶和红釉壶，见附录二。它们状似大的莲苞，釉下刻有花瓣，底足施白釉，上以青花书宣德款识。

如图版22所示，以五狮戏球为饰的酒壶或调味壶具有不同的器型。五狮，代表子孙；“五世同居”，是中国人理想中的好福气。这件器物可能是个残次品，其底款周围有一道影响使用的火缝；但是，人们显然认为死者不会介意这么一点破漏，这样的小缺陷在墓穴中不会引人注目[22]。

珐琅彩瓷[23]

能够确定为这一时期的御用瓷器几乎没有。笔者没有见过收录于大维德收藏图录以外的类型。有带款识的大碗，上有厚厚的珐琅彩装饰，与《遵生八笺》中的描述相符；还有小桶形的水壶，上有“五色”珐琅。其中第一件无疑属于宣德时期，但其品质无法与御用青花瓷相比；其款识上的青花发色沉闷，并非苏泥勃青的色调；黄色和绿松石色珐琅又厚又不透明，在精致程度上无法与成化珐琅相提并论。然而，花鸟和枝丫倒是画得生动活泼，构图也充满活力。

桶形水壶的颜色则很不一样。绿色的基调为祖母绿色，比其他15世纪的珐琅更像玻璃；其局部画面以深棕色勾勒轮廓。然而，把这些当作后来的仿品是不妥当的，因为它们似乎自成一体，与16或17世纪器物的差别同样明显。

黄釉器

黄釉，作为一种单色釉罩于透明釉之上，很可能是宣德时期的一种创新[24]。它的颜色在橙黄和柠檬黄之间变化，釉面清澈透明，通常没有裂纹。

在素白釉器物上添加黄釉是件易如反掌的事情，因此经过二次装饰的宣德器物并不罕见。杯身有刻款和杯柄内壁施透明釉的靶杯，是一件确真无疑的宣德黄釉器。

此外，还有黄地青花绘百合、芙蓉、莲花等图案的瓷盘，部分以青花书款识于盘底。

编译者注：

[1] 这段文献出自明代沈德符的《飞凫语略》“瓷器”条，其对应的原文为：“盖两朝天纵，留意曲艺。”这里所言的是“两朝”，而非“宣窑”。根据上下文之内容，即“本朝窑器用白地青花，间装五色，为古今之冠。如宣窑品最贵，近日又重成窑，出宣窑之上。盖两朝天纵，留意曲艺，宜其精工如此。”由此可知，文中所言的“两朝”是指明代宣德、成化两朝，而非宣德一朝。

[2] 上述文献均出自明代谢肇淛的《五杂俎》卷一二《物部四》。

[3] 这段文献对应的原文为：“青花如龙、松、梅茶靶杯，人物、海兽酒靶杯。”此处引文漏了一“茶”字。

[4] 上述文献均出自明代高濂的《遵生八笺》卷十四《燕闲清赏笺上·清赏诸论·论饶器新窑古窑》。

[5] 这段文献出自明代沈德符的《飞凫语略》“瓷器”条。

[6] 上述文献均出自明代高濂的《遵生八笺》卷十四《燕闲清赏笺上·清赏诸论·论饶器新窑古窑》。

[7] 这段文献出自明代张应文的《清秘藏》卷上《论窑器》。

[8] 这段文献出自明代高濂的《遵生八笺》卷十四《燕闲清赏笺上·清赏诸论·论饶器新窑古窑》。

[9] 上述文献均出自明代谢肇淛的《五杂俎》卷一二《物部四》。

[10] 这段文献出自清代孙承泽的《砚山斋杂记》卷四《窑器》，其对应的原文为："[宣窑]水注有五采桃注、石榴注、采色双瓜注、双鸳注、鹅注，笔洗有鱼藻洗、葵洗、磬口洗、螭洗、雨台灯檠。"原文中的"雨台灯檠"，被该书著者误引为"双领灯"。

[11] 卜士礼（Stephen W. Bushell，1844—1908年），英国著名汉学家，曾于1868年作为英国驻北京公使馆的医生来到中国，在中国居住了30多年。在华期间，卜士礼通过努力学习中文，广泛涉猎中国的历史文字、边疆史地、碑铭、钱币、青铜、陶瓷等领域，成为精通中国陶瓷器和青铜器的学者、鉴藏家，并由此成为英国博物馆中国艺术的重要代理人，曾为维多利亚与阿尔伯特博物馆购得中国陶瓷珍品233件。此外，他还撰写了许多有关中国陶瓷和艺术方面的著作，如《东方陶瓷艺术》《中国陶瓷》《中国艺术》等；并以中国陶瓷典籍《陶说》的第四版（即乾隆五十二年刻本）为翻译蓝本，对该书进行了全文英译，他所翻译的《陶说》也由此成为世界上第一本《陶说》的英文全译本，在国外产生了重要影响。

[12] 这段文献出自明代陈继儒的《妮古录》。清代朱琰的《陶说》、蓝浦的《景德镇陶录》等沿袭其说。

[13] 这段文献最初出自万历版《江西省大志》卷七《陶书·建置》，其对应的原文为："宣德中，以营缮所丞专督工匠。"原文中的"宣德中"，被该书著者误引为"宣德初"。

[14] 根据北京大学考古文博学院和景德镇市陶瓷考古研究所的最新研究，宣德青花料中不同来源和性质的钴料对胎釉的渗入程度不一，即铁、锰等亲铁元素倾向于进入釉料，而铜、镍等亲铜元素则倾向于以砷化物的形式停留在亚光相（可简单理解为胎釉中间层）。

[15] 化妆土是将上好的瓷土加工调和成泥浆，涂施在质地较粗或色泽较深的瓷坯表面，起到装饰美化瓷器作用的一层物质。关于化妆土在瓷器上的应用，早在西晋时期的浙江婺州窑就已出现，随后普遍应用到全国多个窑口。不过景德镇窑由于瓷质精良，从未见有使用过化妆土的现象，因此这里所言的"化妆土"，不是指我们常说的那种涂施在质地较粗或色泽较深的瓷坯表面的精细泥浆。根据上下文的文意，它很可能是指在用青花钴料或釉里红料绘制纹饰之前涂施的一层底釉，却被该著作者误认为是化妆土。但是，为何作者只将其描述在靶杯这一器型上，而针对其他器型却很少提及，这需要作进一步探讨。后面凡是提及化妆土之处，皆是如此，不再一一标注。

[16] 宝石红，又称祭红、霁红、鲜红、宣烧、宣德宝烧、积红、鸡红、济红、牛血红等，是一种以氧化铜为主要呈色剂的高温色釉。发端于唐代长沙窑，导源于宋代钧窑，创烧于元代景德镇窑。其实，景德镇早在北宋大观年间就有烧造高温铜红釉的记载，只是目前未见实物。到了元代，景德镇陶工已经熟练掌握高温铜红釉的烧制技术，并且有意识地烧制出通体一色的高温铜红釉瓷。由于高温铜红釉瓷的制作难度极大，元代景德镇又刚刚开始烧造，所以产量低，器型少。釉色虽稳定均匀，但大都不够鲜亮、纯正，多为暗红色，尚未达到鲜红的程度。入明以后，尤其是永乐、宣德两朝，是祭红釉烧制的黄金时期，技艺渐趋成熟，其特点是胎、釉较薄，釉面不流不裂，呈色均匀，釉色光鲜亮丽，近似初凝鸡血，备受后世推崇，明清两代文人常有"永器鲜红最贵""永乐、宣德间以鲜红为宝""明宣德祭红则为红色之极轨"等赞语。由于明初朝廷十分重视祭红釉的烧制，所以产量较多。但因当时祭红釉烧造难度极大，纯正者尤难，往往"百不得一"，成品率极低，加上祭红釉是民间不得私造的，所以遗存至今的明初祭红釉整体数量不多，弥足珍贵。到了成化、弘治时期，祭红釉的烧制锐减，成功佳品极难觅见。正德以后，朝廷虽有试图重振祭红釉烧制的命令，但烧制水平已无法与明初的制品相比，直到后来祭红釉烧制技艺失传，朝廷不得不下令用低温的矾红釉代替祭红釉的烧制。直到清代康熙时期，景德镇陶工才成功复烧祭红釉，因其色泽似雨过天晴之霞霁，霁、祭同音，故清人改用富有诗意的"霁红"来命名，其特点是釉面均匀凝厚，不流不裂，常泛有橘皮纹，釉色多趋暗红，给人深沉稳重之感。到了雍正、乾隆时期，祭红釉的烧制数量大幅增加，其呈色深浅浓淡不一，但较康熙时期更加细润亮丽，釉面均匀细净，偶泛有橘皮纹，少见纹片现象。清代景德镇除御窑厂烧制祭红釉外，一些技艺较高的民窑也有烧制，但烧造难度极大，清代

龚鉽在《景德镇陶歌》中就描述了其烧造之难：“官古窑成重霁红，最难全美费良工。霜天晴昼精心合，一样抟烧百不同。”

[17] 这里疑为“水盂”。

[18] 此处作者的描述有点武断，这类青花盘未必全部用于祭祀仪式，也有一些是用于日常生活的。

[19]“底切”一词，是根据对应的英文单词“undercut”直译的，景德镇制瓷工艺中并无此说法。根据该书所有的类似描述，结合上下文语境和圈足剖面图，可以推测该词的意思很可能是指器物外底与圈足内壁形成锐角的那一类圈足形制，见图版20和线图15中足径14.3厘米的永乐暗花盘。

[20] 原文写作“线图16”，但根据文中描述的内容，其对应的线图应为线图15，即“圈足剖面图”。今据此改。

[21] 这里所言的“珐琅料”，不是指清代康熙后期开始在瓷器上使用的那种珐琅彩料，而是泛指中国传统的低温釉上彩料。由于中国传统的低温釉上彩料的配制和使用，与西方珐琅彩料有较大的相似性，因此该著作者将其描述为珐琅料，很可能是为了方便西方读者阅读和理解。后面凡是提及珐琅料或珐琅彩料的，皆是指此，不再一一标注。

[22] 从这段描述中可知，该器物属于随葬用品，其底部有一道火缝，很可能是古代匠人有意为之，因为古人认为瓷器具有通灵之功用，在瓷器底部做一道火缝，冀以使逝者的灵魂以此火缝为道通往天堂，达到永世不灭的目的。

[23] 根据该书所有的类似描述，结合目前的传世品及出土物，可知判定这里所言的“珐琅彩瓷”，应该是指中国传统的釉上五彩瓷、青花五彩瓷或斗彩瓷，与清代康熙后期创烧的珐琅彩瓷所指代的瓷器品类并不相同。后面凡是提及珐琅彩瓷的，皆是指此，不再一一标注。同样，该书提及的所有珐琅彩装饰，也均应是指中国传统的釉上五彩、青花五彩或斗彩装饰。需要说明的是，为了尊重原著作者的本意，编译者仍将其译作“珐琅彩瓷”或“珐琅彩装饰”，仅在此加以注释说明之。

[24] 黄釉有高温黄釉和低温黄釉之分。这里所言的黄釉，当指低温黄釉。低温黄釉是一种以氧化铁为主要呈色剂的颜色釉，故又称“铁黄釉”。明代又因其呈色淡雅娇嫩，故又称“娇黄釉”。从传世品及出土物来看，它导源于汉代的铅褐釉，唐三彩上经常使用深浅不同的黄褐色釉，不过明代以前的低温黄釉都是施于陶胎之上，明代景德镇陶工将其移用到瓷胎之上。明代自洪武时期就开始烧制低温黄釉瓷，作为宫廷专用品种，以后各朝均有烧造，以弘治官窑所制最佳。黄色是中华民族崇尚的颜色，尤其是在明清两代，由于“黄”“皇”谐音，黄色被皇家视为至尊之色和皇室专用色。明清两代景德镇烧制的黄釉瓷主要用于日用和祭祀，其生产受到了朝廷的严格控制，一直被景德镇御窑厂垄断。

图版8

（a）

（b）

（c）

（d）

（e）

宣德靶杯，直径10厘米，高8.7厘米

（a）饰青花缠枝莲纹，吴赉熙收藏

（b）饰青花海水留白五龙纹，参见图版12e

（c）饰青花海水双飞象纹，大维德收藏

（d）饰青花缠枝莲纹，大维德收藏

（e）饰釉里红三鱼纹，尤摩弗帕洛斯收藏，维多利亚和阿尔伯特博物馆

图版9

（a）带盖靶杯，宣德时期，高约14厘米，塞奇威克收藏

（b）靶杯，高约12.5厘米，宣德时期

图版10

（a）

（b）

（c）

（d）

以青花、釉里红、刻花装饰的宣德靶杯
（a）饰青花釉里红海水龙纹，口径15厘米，大维德收藏
（b）饰青花海水留白暗刻九海兽纹，直径15.5厘米
（c）饰青花双龙纹，直径约15厘米，据说现藏于瑞典
（d）饰青花花卉纹，款识参见图版12a，口径12.4厘米

图版11

（a）

（b）

（c）

压手杯形的碗，外壁通体青花装饰，内壁以泥浆绘饰。口径20.2厘米，底径7厘米，高6.8厘米，宣德款识。底部见（a），可与（b）后期仿品中的款识、花卉画法、附着在根茎上的叶片等进行比对

图版12

（a）

（b）

（c）

（d）

（e）

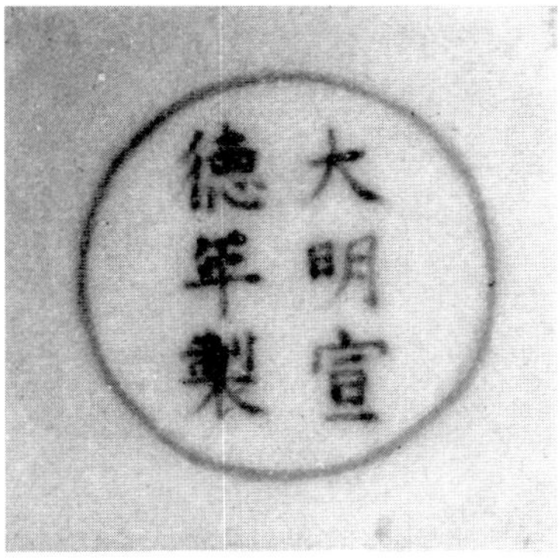

（f）

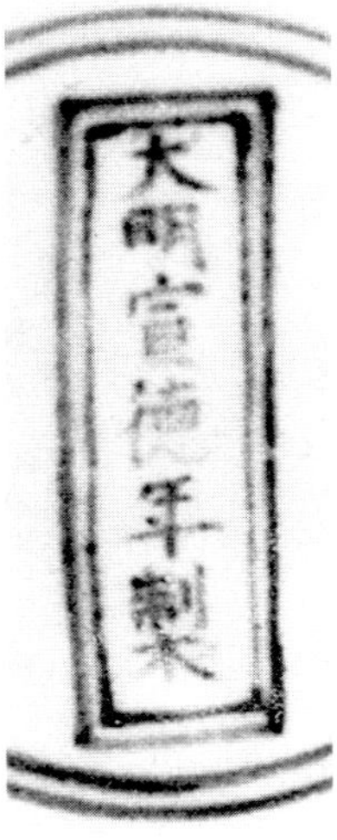

（g）

宣德时期款识

（a）书于图版10d靶杯　（b）书于图版22a的壶　（c）书于图版16b的碗

（d）书于图版21b的盘　（e）书于图版8b的靶杯　（f）书于一件白釉靶杯，尤摩弗帕勒斯收藏

（g）书于一件八宝纹碗

图版13

（a）

（b）

（c）

（d）

宣德时期的青花碗

（a）塞奇威克收藏，口径19.5厘米

（b）尤摩弗帕勒斯收藏，口径19.4厘米

（c）碗，口径21.1厘米

（d）莲子碗，如图版7c，口径 16.1厘米

图版14

盆，青花饰“岁寒三友”图，宣德时期款识，口径29.5厘米，大维德收藏

图版15

葫芦瓶，宣德时期，高26厘米，大维德收藏

图版16

（a）盖碗，以青花釉里红装饰，康熙时期，口径17.5厘米，中国官方收藏

（b）碗，以青花釉里红装饰，宣德时期，口径17.2厘米，大维德收藏，参见图版12c

图版17

盘，内心绘腾跃于青花海浪间的龙纹，外壁绘青花海水双龙纹，内弧壁则以泥浆另绘双龙纹，参见图版20b，口径17.7厘米，侯时塔收藏于北京

图版18

靶杯，杯身外壁饰青花海水四龙纹，杯柄处另绘一龙，很可能和图版17的瓷盘成套用于祭祀场合，可与图版1和图版21a比对画法，口径16.8厘米，高11厘米

图版18A

碗，花瓣形壁，外壁以青花饰十组团龙纹，碗内另绘一龙纹。口径约20厘米，宣德时期。阿尔弗雷德·克拉克夫妇收藏，托马斯·福尔（Thomas Fall）摄影

图版19

深腹盘，饰青花鱼藻纹和莲纹，画法可与图版1所示的瓷盘对比，宣德时期款识，口径18厘米，阿尔弗雷德·克拉克夫妇收藏

图版20

（a）图版1盘的背面，口径21厘米

（b）图版17盘的背面，注意其圈足高度

图版21

（a）盘，以青花装饰，口径19.3厘米，宣德时期

（b）深腹盘，饰青花凤纹，口径16.1厘米，参见图版 12d，塞奇威克收藏

图版22

（a）壶，以青花绘五狮，高10厘米，参见图版12b，尤摩弗帕勒斯收藏

（b）碗，以青花装饰，高7.2厘米，宣德时期

图版23

瓶，斑驳的翠蓝色青花装饰，无款识，15世纪早期，高33厘米，吴赉熙收藏于北京

第三章

成化时期

（1465—1487年）

外壁妆扮得如此华贵艳丽

宣宗皇帝38岁去世，由9岁的长子继位。小皇帝英宗在太后的辅政下，以“正统”为年号统治了14年。在这期间，以王振为首的太监获得了实际控制权，朝廷分裂成两个对立的派别。蒙古人利用这种局面，出兵威胁大同。正统皇帝在对自身军力估计不足的情况下，御驾亲征，在一次惨败后被俘。太后继续统治了一个月，随后英宗的弟弟景帝登基，以“景泰”为年号统治。七年后，英宗被蒙古人放返[1]，并夺回王位，改年号“天顺”。英宗于1464年去世，由长子宪宗继位，取年号“成化”。

以上记载摘自《明史》。在此引用，是为了解释太监是如何迅速取得控制权，以及从景德镇流向皇宫的精美瓷器是如何中断的。因为一位强大的皇帝可以对太监教之以用，但是当一个女人和她的孩子继位时，事情就变得难以预料。据《江西省大志》记载，宣德末年停止了御用瓷器的烧制，至天顺丁丑年（1457年）恢复生产[2]。《豫章大事记》则声称，“景泰五年（1454年）五月，瓷器的产量是以前的三分之一”[3]，但这些不太可能是御用瓷器。

笔者没有见过带有正统、景泰、天顺年款的具有御用品质的瓷器。一些没有款识的、被归为成化时期的瓷器有可能是在这些时期烧造的，但似乎更有可能的是御用瓷器此时被青铜器所取代，这些青铜器要么素面无纹，要么缀以掐丝珐琅或饰以大漆。

在成化时期，太监似乎掌控着一切要务。可以确信的是，成化皇帝从小就受到他们的影响，并且是符合他们利益的理想统治者。据说，万贵妃占据了成化皇帝大部分的注意力。毫无疑问，太监们会竭尽所能地使皇帝和贵妃保持快乐和缄默。景德镇的御器厂得以再次重启，制作出的瓷器奇技淫巧，令人叹为观止。由于成本太高，1482年，一位名叫应时用[4]的御史曾请求停烧过。但是，其生产似乎一直持续到1487年万贵妃去世。伤心欲绝的成化皇帝也于数月后驾崩。

那些将宣德青花推崇为古今之冠的中国鉴赏家们，同样言辞凿凿地称成化彩瓷无出其右，甚至是无与伦比。这些由明朝文人们得出的结论，在今天和在当时一样属实。

成化釉上彩瓷的稀有性，使它在所有瓷器品类中最难捉摸。就其特征而言，众说纷纭，也有许多合理的猜测。有一类色彩艳丽的器物，可以肯定属于这一时期。然而，既然宪宗皇帝统治长达22年之久，很难相信只生产这一种类型。

在绘画中，对细腻的模仿要比对力量和活力的模仿来得更加容易。成化和宣德的器物在风格上有很大的不同，这无疑是皇帝个人的品位使然。正如我们所见，宣德器物在造型和设计上大胆且富有活力，青花绘画中能将龙的力量完美掌控。大多宣德器物都是用于祭祀，它们的外观很能说明这一点。

成化器物与之相比，细腻有余，而力量不足，礼器也在少数。成化瓷杯应是皇帝和万贵妃的玩物；对于祭坛来说，这些杯子过于精致小巧，更适合握于一位身穿华服、佩戴美玉的纤腰美人之手。

落有成化年款的器物数量较多，类型丰富。不过直到最近，所有器物都曾被认为是17世纪或18世纪的仿品。当人们意识到其中一些并非如此时，便开始寻找将原作与仿品区分开来的依据。许多最为上乘的器物之所以被断为成化时期作品，是因为人们觉得其品质对于康熙或雍正时期来说太过完美。清代的臧应选[5]和年希尧[6]督陶时期的陶工的技艺能否达到这一水准，是值得怀疑的。

这些仿品中有许多是很容易辨认的。但也有一些，若非落有康熙年款，很容易被误认作成化时期的作品。因为成化的珐琅彩是在釉下青花勾勒的轮廓中平涂上去的，所以很难通过绘画来对器物断代。其轮廓的绘制只要求一丁点精准的画工技巧，而缺陷往往会被光辉夺目的珐琅彩所掩盖。色彩本身在康熙时期被模仿得近乎完美，因此就某些方面而言，仿品几乎可与原作媲美。在北京紫禁城的武英殿里，收藏有一批有意思的珐琅彩瓷，其中有几件器物几可乱真。其色彩极好，画工也不错，但圈足不够深，边缘圆滑，上面均匀覆盖的精细釉层被烧成橙色，施釉后的胎体呈脱脂牛奶色。其青花款识发色浅蓝，字体被稍微拉长。也许这确属成化时期的器物，因为我们不能假定这一时期的绘画和造型一成不变。然而，几步之遥的地方还陈设有另一只碗，上面装饰着包括棕色在内的不同珐琅色，其画面是典型的18世纪早期风格，但款识却写的是“成化”，笔法与另一件作品上的款识相同（图版45）。因此可以确定落有这类款识的整个系列作品，都创作于18世纪初那个技术上的巅峰时期，甚至很可能是年希尧督陶的御窑时期。因为这不是什么典型书法，而是全部出自当时某一位写款者之手。这组瓷器中的盘、碗以红色浆果和两种深浅不一的绿叶为饰，通常以泥浆将螭龙和凤绘于起伏的盘子内壁。

成化时期的盘、碟中，就笔者所知，以珐琅彩装饰的只有一些用于放置筷子的小碟，未见有以泥浆绘纹饰者。

款识

虽然成化一朝历时22年，但是款识写法上的变化并不如想象中的那么明显。

成化款识以毛笔书写，毛笔的厚度与字体大小成正比，所用青花水丰色淡。从书法角度来看，这些字并不出色，但却构造得当，运笔自如。款识外围以双圈或双方框。

除了极少数例外，这一时期御用瓷器上的款识似乎出自同一人之手。这并不像听起来那么匪夷所思，因为御器厂在成化初期生产的产品可能很少，而许多也许属于成化后期或弘治早期的器物，但却没有任何款识。

釉

宣德时期的瓷釉常被描述为具有“橘皮”质地。在烧制得当的情况下，大多数成化瓷釉则莹润肥厚，色呈乳白。第一次烧制之后，通常会再罩一层釉[7]。

文献

成化时期，朱元佐受命督陶。有一天，他登上珠山朝天阁的冰立堂，环视周围的烟火和窑炉，写下了这样几行诗文："朱门近与千峰接，丹阙遥从万里登。霞起赤城春锦列，日生紫海瑞光腾。四封富焰连朝夕，谁识朝臣独立冰？"[8]

—孙氏引用

"成化鸡缸歌：世人耳目贵所少，龙勺鸡彝竞爱宝。杯樽本是太古风，近时谁信趋奇巧。赵宋花瓷价最高，玉腴珠润坚不佻。永乐以来制稍变，宣磁益复崇纤妖。血色朱盘日轮射，小盏青花细描画。后来埏埴日更精，五采纷纶数成化。红妆袅娜蜡泪垂，万花锦谷扬葳蕤。春阴隔院秋千动，浓香满架葡萄披。亦有婴儿与高士，须眉栩栩神相似。尤其著者推鸡缸，陆离宝色摇晴窗。鼠姑灼灼老鸡唤，将雏抱鷇三两双。此器繇来见者稀，更有何人讨源始。相公爱玩逾图球，长安好事勤征搜。绨函封固献阁下，千缗一器争相酬。我从平津得暂见，两手摩挲眼光眩。归来倒尽老瓦盆，一醉那分贵与贱。"[9]

—孙氏引用，但很可能是高江村所撰

"成窑上品，无过五彩蒲萄甓口扁肚靶杯，式较宣杯妙甚。次若草虫可口子母鸡劝杯、人物莲子酒盏、五供养浅盏、草虫小盏、青花纸薄酒盏、五彩齐筋小碟、香盒、各制小罐，皆精妙可人。"

"余意青花成窑不及宣窑，五彩宣庙不如宪庙。"

"宣窑之青，乃苏浡泥青也，后俱用尽；至成窑时，皆平等青矣。宣窑五彩，深厚堆垛，故不甚佳；而成窑五彩，用色浅淡，颇有画意。"

—高[10]

"唐氏《肆考》云①：神宗尚食，御前有成杯一双，直钱十万（即500盎司银两一只）②。明末已贵重如此。"

—蓝[11]

① 原著自注：《东方古陶瓷学会通讯》，第14卷，1936—1937年，第27页。

② 圆括弧内的文字为该著原作者所加。

斗彩

成化时期使用的珐琅彩被称为斗彩（取争奇斗艳之意）：它们与更早和更晚时期的五彩不同，很容易分辨。“斗彩”一词的使用时间似乎不早于17世纪[12]，早期的中国文献只谈及五彩。

斗彩珐琅的颜色浅淡清澈，唯有红色的色调明亮。倘若烧制成功的话，所有的色彩都应该是透明匀净的。这些色料涂抹于以釉下青花绘制的轮廓之上。在此，它们不同于五彩珐琅，后者通常与釉下青花色彩组合，轮廓则常以深棕色或黑色勾勒。除了红料以外，斗彩的颜料是不能平涂的；即便是红料，施涂的方法也和五彩的红料不同，后者的色调一般比较暗淡。

成化斗彩所用的颜料有釉下青花、苹果绿、猩红、淡粉、茄皮紫、透明柠檬黄以及其他可能由混合料形成的暗黄和橄榄绿。

最具特色的颜色是苹果绿，它与五彩的翡翠绿迥异。红料在深度和色调方面变化较大，这取决于施料的厚度和烤花炉的温度。如果温度太高，红料会被烧成暗褐红色，但毫无疑问的是，在这种颜色和天竺葵般的鲜红色之间还会有一些中间色。在类似的情况下，黄料会变得不太透明，表面呈砂质；绿料则只会轻微改变色调，但其表面也会受损。

斗彩似乎比五彩更紧密，也能更有效地与其装饰的瓷器融合，二者的差别可以锦缎和绣花绸相比拟。

在某些情况下，五彩和斗彩的色料有可能会混用；也就是说，五彩的红料可能施于已用斗彩黄和绿装饰的器物之上。这一点有时可以在康熙器物中见到，其龙纹或蝶纹被完全涂成红色。在这种情况下，一般先施涂和烧制斗彩，然后再施涂和在较低温度下烧制五彩。

葡萄靶杯

《遵生八笺》中所描述的杯型，很明显是一个靶杯，其形状可能与图版30a上所示的相似。原书中的汉字为“靶”，指的是茎。清代文献中有时写成“靶”，意思是目标。后一种翻译已被大维德收藏图录所采用，并且这种表述也被用于基钦纳（Kitchner）收藏的碗上。该碗以葡萄和蝴蝶纹为饰，造型与永乐压手杯非常相似（参见附录二表Ⅱd）。

基钦纳收藏的碗，与文献中描述的“鬈口扁腹”特征契合，与靶子的形状也有几分类似，但它有些方面不同于其他已知的成化斗彩：葡萄的轮廓是以中性的褐色勾勒，蝴蝶的图案平涂得很精细，其下以匀净且毫不泛黄的白色打底。

有些康熙作品与这件器物的品相等同，但大多数与此有别。其款识书写优美自信，但却有别于其他已知的例子，并且青花款识的发色浓艳深蓝。

项元汴的《历代名瓷图谱》[13]中收录了一件成化葡萄纹靶杯。笔者还未曾见过与该描述完全相同的器物。但毫无疑问，这种靶杯曾经存在过，并可能依然留存于世。还有一种葡萄纹靶杯非常可爱，但达不到御用品质。其柄足底部闭合，在平底上书有成化六字款，杯身以浅淡的珐琅彩绘有一串串葡萄、藤叶和卷须。

还有一些不带柄的酒杯，以珐琅彩饰葡萄和瓜瓞纹，品类有二：其一只在瓜瓞上淡描红彩（图版27b）；另一则在大串葡萄和瓜瓞上均淡描红彩。

第一个品类的款识可参见图版28b，用淡色青花书写得十分工整，但笔法与其他成化作品不同。杯身色彩淡雅清晰，有苹果绿、黄色、红色和茄紫色；青花呈雾蒙蒙状、中等色调，既不明亮，也不暗淡，与其他颜色能很好地相融。这只杯子的成型工艺十分漂亮，精致程度令人叹为观止，它的口沿不是很圆，握着时会感觉到手指的压力足以使其弯曲变形。如果说这只杯子是成化时期的，那么中国官方收藏中借展给国际展览会的红珐琅彩龙纹杯也应如是，因为它们的款识相同，成型工艺也非常相似。其底足的中心有一个微小的乳突，手指滑过其表面时可以感触的到。

第二个品类中的葡萄纹部分涂施红色，部分涂施茄紫色。在笔者看来，该品类属于18世纪早期的作品。其胎体、绘画、色彩都不像是成化时期的，它的款识也与一些著名的雍正仿品上的相同：用浅色青花，以小号字精心书写；覆盖其上的釉面缺乏成化时期的那种圆润光滑，颜色过于均匀，呈白垩色。绿彩呈翡翠色，蓝色则太过鲜艳。除此之外，画工也比较低劣。葡萄串先由两列六个圆圈构成，然后再在一侧加两个圆圈，另一侧加一个圆圈。这种令人厌倦的程式，在所有杯子上重复出现，一旦被人们注意到，就会进一步减低它们原本具有的微不足道的艺术价值。

鸡缸杯

这种杯子素负盛名，在中国文献中屡被提及，清高宗（乾隆，1736—1796年）也对其喜爱有加，甚至曾作颂诗一首以示赞美[14]。所幸的是，他的诗句被刻在一个特制的木茶几上，而不是杯子上。它们名不虚传，精致小巧，手感上佳，不像葡萄纹靶杯那么脆弱，但却绘制得同样细腻和美妙生动。见图版29。

一件事物在中国受到推崇，就会立即被人模仿。因此，鸡缸杯的品种繁多也就不足为奇了。其中大部分制作于康熙、雍正、乾隆时期，虽然近时也有品质低劣的仿品。

康熙时期的仿品质量上佳。如果不是因为款识，这些通常会被认为是明代的作品，因其色彩完美，画工优良。它们的主要区别在于胎体和釉面的质感。成化杯呈柔和的象牙色，杯底釉薄处氧化成金黄色，底足露胎处洁白光滑。康熙器物则呈匀净的白色，露出的胎体不太光滑，有时釉在圈足边缘处轻微泛黄。

另有康熙时期其他带成化款的仿品和雍正或乾隆时期不带款的仿品。这些仿品不太容易与成化的原作造成混淆，因其模仿还只停留于肤浅的表面。

鸡缸杯上的颜色比其他斗彩瓷上的颜色更为丰富。牡丹花以鲜艳的天竺葵红绘制，叶着苹果绿。公鸡身涂淡粉色，其上以深红色的斑点表现羽毛，翅膀为黄色，也平涂红色作羽，尾部则为暗橄榄色。母鸡也以类似手法处理，小鸡则要么是柠檬黄，要么是暗橙色。由此可见，这些颜料一定是经过混合而成，并且需要烧制多次。

青花的色调明晰匀净，没有一丝泛黑。其采用的可能是一种高级的国产青料，与青花碗所用的青料相似[15]。

其他斗彩器

五供杯是一种饰有五种祭品（图版28d）的杯子，除了只使用红、黄、绿珐琅彩外，在釉质、胎体和色彩上都与鸡缸杯相似。

还有在四个开光内饰螭龙纹的杯子，其色彩鲜艳，釉质肥腻。见图版27a。

一些箸碟的外壁以蓝、红、黄三色饰朵状灵芝纹，内壁用红、黄、绿、蓝色灵芝瓣组合成徽章纹。其款识与上述鸡缸杯和其他器物上的笔法相同。见图版28c。

笔者在故宫博物院内还曾见过一件“高士杯”，它比前述器物要逊色，只能勉强被断为成化时期。也许属于最早的斗彩试验品之一，其釉面很厚，带有橘皮纹理和淡淡的烟熏黄色。浅灰蓝色的画面很精细，但有种闷在釉里的感觉。红、绿、黄珐琅彩的使用非常少，只见于给花朵着色。

杯的一侧画有高士周茂叔坐于松树下赏莲，旁有书童捧着一匣书侍读；另一侧绘有陶渊明在竹林下接过稚子送给他的一束菊花。其款识是用极淡的青花书写的，笔法和其他的斗彩作品如出一辙。

还有圆盒和盖罐，上面以珐琅彩饰花卉和昆虫图案，底部同样以类似于杯和碟上的笔法书写款识。其中一件盖罐是大维德爵士借给中国艺术展的，其他都出自中国官方收藏。有些罐子饰有三爪螭龙两条和甜瓜九只，底部单书一个“天”字。毫无疑问，这些都是成化时期用于祭天的礼器。

靶杯

宣德时期的靶杯似乎几近完全用于祭祀。在成化时期，则大多用作酒器，这从成化靶杯的形状和装饰上可以得见：它们很少具有佛教含意。几乎任何两件靶杯的形状都不会完全相同，但宣德和成化靶杯的主要不同之处还在于：成化靶杯的柄在与杯的连接处更细，在底部则外撇得更大，并且杯身通常呈莲子形，即口沿不外撇。见图版27c。

有些靶杯饰有莲花形徽章，有些饰有鸟和瓜果，还有一些则如前所述饰葡萄纹。

御用器物，也即一组品质最佳、款识写法相近的器物，其柄部是中空且柄内施釉的，款识用淡色青花一行写于近足底的柄内。前述的葡萄靶杯往往被认为是民窑产品，因为它的成型工艺不是很精细，色彩不够明晰，款识也写得不如其他器物上的好。然而，它的确是毋庸置疑的成化时期作品。

青花器

“成化时期的青花不是苏泥勃青”，中国的文献如是记载，因此被视为品质较次。宣德时期浓艳的青花十分适合鲜明的图案，但是在成化时期，柔和色调的青花同样适合柔和的画面。青花的色调在很大程度上取决于烧成。具有相同装饰、造型和款识的器物，在青花发色的强度和色度上可能会有很大的不同。

至于文献所述的“青花纸薄酒盏”，目前尚无确知的器物。有些康熙时期的酒杯带有成化款识，用浅色青花饰以虫草。这些可能是成化杯的仿品，其款识是以小号字精工细作写就的风格。

盘碟

盘碟的数量不如碗杯那样众多。就笔者所知，只有四种图样。

第一种，也是最美的一种，以浅色雾状青花绘制的山谷百合花为饰，其款识与碗杯以及其他盘碟上的相似。第二种的内壁以松树、李树、竹子和灵芝为饰，外壁绘仕女们烛下赏花。另一种的内外壁均以莲托八宝为饰。最缺乏趣味的一种则内表素白，外壁以青花绘制双龙纹。此外，还有一些箸碟，与斗彩装饰的同类器物相似。

其中，大部分器物的釉面肥厚莹润，青花发色从深翠鸟色到浅灰色不等。

碗

宫碗[16]可能为宫廷中的饮食器具，见图版26。它们的装饰图案通常是瓜果或花卉，但绝不会是龙纹。有一种类型外壁绘有莲花，内表无纹饰，底部双方框内书六字款。其他的则以甜瓜或木槿为饰，并在底部双圈内书款识。还有三种不同类型的、内外壁均饰折枝百合花的碗，这些碗都在双圈内书有类似的款识。其中一种在康熙时期烧制的软质瓷上仿制过，这很可能是为了模仿成化时期的均匀色调。其画面试图与第一种碗保持一致，但在绘制时却犹豫不决。百合花的茎部由短笔画连接而成，与宣德时期的单划线不同；然而，仅是画工上的失败并不一定意味着软质瓷器物就不是成化时期作品，其他许多毫无疑问属于这一时期的碗也具有同样的不确定画法。但软质瓷碗上的款识却与其他成化器物上的不同，笔法倒与一些最好的康熙仿品相似，见图版44。不管怎样，康熙时期的陶工和画工似乎能够很好地仿制成化作品，以致其差别难以察觉。因此，如果我们欣赏所有的成化时期作品，也就应该学会欣赏康熙时期的器物。不过，最好的成化作品是个例外，尽管它在整体中所占的比例很小，但确是时不时让人“心跳加速，眼前一亮”的佳器。

靶杯

绝大多数的成化靶杯都是用斗彩装饰的，虽然这些器物十分少见，但用青花装饰的就更加稀少。笔者只知道三种类型：第一种是以淡色青花绘出美丽的花鸟纹，并有一个外撇的足和口沿。第二种是以均匀色调的灰蓝青花在杯身绘饰一圈八宝纹，见图版30a。其造型与第一个杯子的不同之处在于它的口沿没有外撇。这两种靶杯的款识都写在柄内近足处，均为淡色青花所书的六字款。

第三种形体较大，甚至显得有点笨拙。其柄部中空，近似圆柱，杯身大而宽，与深度成正比，口沿不外撇。杯身饰双龙，龙尾为流线形、羽状。无款识。

还有许多其他不同造型和大小的器物。其中就有小型渣斗，可能不一定用于与其名称相关的用途，见图版30b。它们外形可爱，以浅色青花绘藤蔓或瓜类图案。这些器物均无款识。还有出戟花瓶，敞口，釉面有裂纹[17]，也无款识。一般以暗淡的青花或釉里红装饰，有时还会添加釉上五彩。

黄釉器

成化时期的黄釉瓷器十分稀少[18]，大多数御用瓷器无疑都以青花为饰。有些底部无釉的大盘，以黄釉为地，以青花绘饰百合花或木槿花，与宣德式样一致。

其款识通常是以单行青花写于口沿之下。画面轮廓简单，留白较多。黄釉不遮盖青花。也有内外均施素黄釉的盘碟，其款识是以惯常的风格用淡色青花书于白色的底部。

编译者注：

[1] 明英宗被蒙古人放返的时间为土木堡事变发生的一年之后，而不是七年之后。明英宗在被放返的七年之后，重新执掌皇位，改年号为“天顺”。

[2] 这段文字出自万历版《江西省大志》卷七《陶书·建置》，其对应的原文为：“宣德中，以营缮所丞专督工匠，正统初罢。天顺丁丑（1457年），仍委中官烧造。”

[3] 经查明代郭子章的《豫章大事记》，其对应的原文为：“景泰五年（1454年）五月，减饶州岁造瓷器三分之一。”通过对比不难发现，其文本意与作者引用的表述有差别。

[4] 应时用，明代中期官员，曾于成化年间担任武臣后卫仓副使一职，并向皇帝谏言停烧御窑瓷器。据《明宪宗实录》卷二三一记载，成化十八年（1482年）闰八月壬申，“武臣后卫仓副使应时用建言六

事……又谓饶州烧造御器，必命内臣监督，自后宜止降式，委诸有司，以免供给之费”。《明史·宪宗本纪》亦载，成化十八年（1482年）闰八月壬申，“仓副使应时用请罢饶州烧造御器”。

[5] 臧应选，清代康熙时期的知名督陶官，其督陶时间为康熙二十二年至康熙二十七年左右。他督陶时期的景德镇御窑厂，被后世誉称“臧窑”。清代蓝浦在《景德镇陶录》卷五《景德镇历代窑考》中概括总结了“臧窑”的主要成就：“康熙年臧窑，厂器也，为督理官臧应选所造。土埴腻，质莹薄，诸色兼备，有蛇皮绿、鳝鱼黄、吉翠、黄斑点四种尤佳，其浇黄、浇紫、浇绿、吹红、吹青者亦美。迨后有唐窑（指清代乾隆时期唐英督陶期间的景德镇御窑厂），犹仿其釉色。唐公《风火神传》载：臧公督陶，每见神指画呵护于窑火中，则其器宜精矣。”

[6] 年希尧，清代雍正时期的知名督陶官，其督陶时间为雍正四年至雍正十三年。他督陶时期的景德镇御窑厂，被后世誉称“年窑”。清代蓝浦在《景德镇陶录》卷五《景德镇历代窑考》中概括总结了“年窑”的主要成就：“雍正年年窑，厂器也，督理淮安板闸关年希尧管镇厂窑务，选料奉造，极其精雅。驻厂协理官每月于初二、十六两期解送色样至关，呈请岁领关帑。琢器多卵色，圆类莹素如银，皆兼青、彩，或描锥、暗花、玲珑诸巧样，仿古创新，实基于此。”

[7] 编译者目前尚未见到这种“第一次烧制之后再罩一层釉”的实物标本。

[8] 这首诗文见于清代蓝浦的《景德镇陶录》卷八《陶说杂编上》，转引自《爱日堂抄》。这首诗文尚缺头两句，即“来典陶工简命膺，火林环视一栏凭”。原诗中的最后一句“谁识朝臣独立冰”，被英文原版编排在后面一段，今为了保持诗文的完整性，将其合并在一起。

[9] 这首诗文的原题为《成窑鸡缸歌》，由清代诗人高士奇（号江村）所撰，最初收录于他的诗集《城北集》卷七中。为了保持诗文的完整性，将英文原版分成的六个段落合并在一起编排。此外，经过编者认真核查诗文原文，发现此处引用漏掉了四句诗文，其中两句“留与人间作秘珍，什袭真堪琬琰比”，应放在“尤其著者推鸡缸”之前；另外两句“梅郎老翁称解事，错道宣宗制此器”，应放在“此器繇来见者稀”之前。

[10] 这三则文献均出自明代高濂的《遵生八笺》卷十四《燕闲清赏笺上·清赏诸论·论饶器新窑古窑》。

[11] 这段文献出自清代蓝浦的《景德镇陶录》卷五《景德镇历代窑考·明·成窑》。引文中的唐氏《肆考》，是指清代唐秉钧的《文房肆考图说》，该书卷三中有专门论述古代名窑名器的“古窑器考”篇目。

[12] 斗彩是一种釉下青花和釉上彩绘结合装饰的瓷器品类。古代又称“逗彩”，取釉下青花和釉上彩绘争奇斗艳之意，另有“青花填彩”“青花点彩”“青花加彩”等诸多称谓。其制作工序是：先用青花料勾勒出图案的轮廓，然后罩以透明釉，入窑高温烧成后，再在釉上青花轮廓内填涂各种彩料，以完成彩色部分的图案，最后入烤花炉低温烘烤而成。尽管斗彩在古代十分有名，但“斗彩”一词出现较晚，目前最早见载于清代文献《南窑笔记》“彩色”条中：“先于坯上用青料画花鸟半体，复入彩料凑其全体，名曰‘斗彩’。”根据编者的考证，《南窑笔记》很可能是由清代学者张九钺于乾隆四十二年（1777年）编撰而成，具体可参阅陈宁：《清代陶瓷文献学论纲》，北京：中国轻工业出版社，2017年，第143—146页。这一定义虽名曰“斗彩”，但其实并不符合今人对“斗彩”的认识，而更符合今人所言的“青花五彩”。如今，学界已对斗彩和青花五彩作了明确区分，这主要体现在釉下青花装饰的作用上：斗彩的釉下青花装饰起到的是一个主导或者说一个骨架的作用，青花装饰本身已构成整个图案的架构，或者说是白描的样稿，其本身就是一件图案完整的淡描青花器；而青花五彩的釉下青花装饰则不同，它只是整个图案的一部分，只是将图案的蓝色部分先用青花的形式表现出来，同时为釉上彩绘起到一个定位的作用。根据今人的理解，《南窑笔记》中录载的“填彩”，即“青料双钩花鸟、人物之类于坯胎，成后复入彩炉，填入五色，名曰‘填彩’”，似乎才更符合今人理解的“斗彩”定义。根据目前的考古发现，斗彩瓷萌发于明代宣德时期，发展于正统时期，成熟于成化时期，以成化斗彩最为有名。

[13]《历代名瓷图谱》，相传由明代著名鉴藏家项元汴编绘。全书不分卷，共罗列了宋元明时期的名窑

名器83种，图文并茂，精美异常。根据英国卜士礼译本的“前言”记载，该书原稿曾于清代初期就收藏在怡亲王府，到了清代末年流入民间，后被卜士礼购藏并带回英国。但不幸的是，该书原稿于1887年毁于怀特利仓库的一场火灾中。随后，卜士礼又通过其他渠道获得了该书原稿的摹本，并于1908年完成全书的英译工作，在英国出版了线装英译本。1931年，郭葆昌、福开森等人又在该英译本的基础上参校其他摹本，对其进行了文字校对和内容注释，还对部分图版进行了重新着色处理，然后以特制纸张刊印出版，题名为《校注项氏历代名瓷图谱》。该书所编绘的第55种瓷器，即是本文所言的“成化葡萄纹靶杯”，其文云：“明成窑五彩蒲桃靶杯，杯制与上杯仿佛，而杯口微夑，高低大小如图。釉色粉白，而蒲桃茎叶翠碧蒙茸，蒲桃果实如紫英宝石，累累下垂。五彩陆离，描画之工，细入毫发，真异物也。栗文隐起，淡淡穆穆，古色可餐，宪庙窑器中之极品，毋怪其价值之昂也。此杯存金沙王损斋家，伊云以大锭十金购之于宣城余刺使家。”但是，根据目前传世品及出土物来看，该书编绘的83种瓷器几乎没有一件可以找到对应实物，因此从20世纪30年代开始，就有不少学者认为该书乃是清人托古之作，是一部伪书，其内容不足采信。

[14] 清高宗爱新觉罗·弘历（1711—1799年），25岁登基称帝，取年号“乾隆”，在位时间60年，即公元1736—1795年。因此，文中记述的时间范围有误。清高宗十分推崇成化斗彩鸡缸杯，曾作《成窑鸡缸歌》以赞美之，其诗文云：“李唐越器人间无，赵朱官窑晨星看。殷周鼎彝世颇多，坚脆之质于焉辨。坚朴脆巧久暂分，立德践行义可玩。朱明去此弗甚遥，宣成雅具时犹见。寒芒秀采总称珍，就中鸡缸最为冠。牡丹丽日春风和，牝鸡逐队雄鸡绚。金尾铁距首昂藏，怒势如听贾昌唤。良工物态肖无遗，趋华风气随时变。我独警心在齐诗，不敢耽安兴以晏。”

[15] 成化斗彩鸡缸杯上所用的青花料，为江西乐平所产的平等青（又称“陂塘青”）。

[16] 宫碗，明代宣德时期景德镇御器厂创烧的一种碗式。造型精巧，口沿微微外撇，腹部深而宽阔，多以青花为饰，专供宫廷使用，故名。宣德以后，历朝均有烧制，景德镇民窑亦有仿烧。

[17] 裂纹，即开片，是指瓷器釉面上呈现出的不规则纹路，而胎体本身并没有裂开。这是由于釉的膨胀系数大于胎的膨胀系数，釉面在冷却阶段冷却过快所致。它本来是瓷器制作中的一种缺陷，后来工匠却巧妙地加以利用，化丑为美，将之演变成瓷器上的一种特殊装饰。

[18] 从目前传世品及出土物来看，成化时期烧制的黄釉瓷器其实并不少，尤其是相较永乐、宣德两朝而言，其产量和质量都有明显提高。成化黄釉瓷器的造型主要是盘、碗、小罐之类，装饰方法主要有通体施黄釉者、内白釉外黄釉者、黄釉青花者等，黄釉釉面匀净细润，色泽娇嫩透亮，已经十分接近弘治娇黄釉的呈色效果。

图版24

罐，青花斗彩装饰，成化时期，高9.3厘米，大维德收藏

图版24A

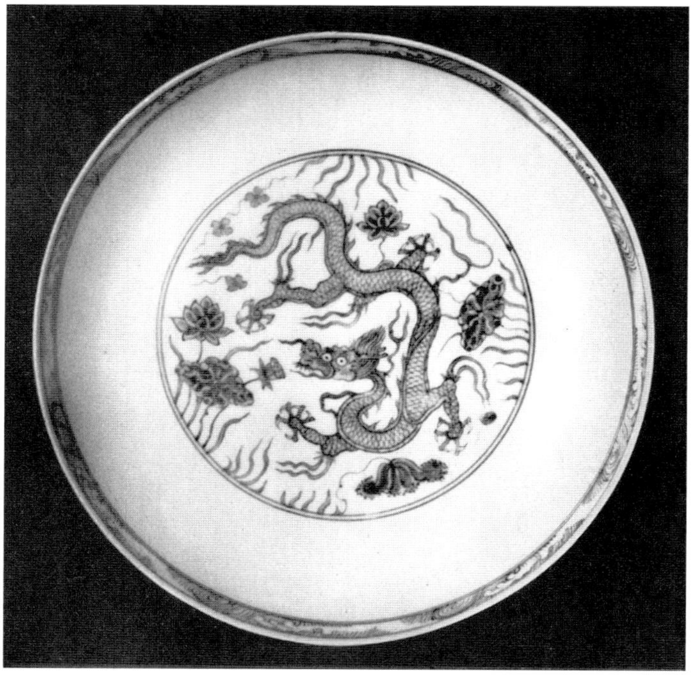

青花莲龙纹盘，无暗花纹饰，可与图版1的宣德原作画法对比，弘治时期款识，口径21厘米，大维德收藏，托马斯·福尔摄影

图版25

（b）

（a）

（d）

（c）

成化款识，这些款识对应图版26的碗a、b、c、d

图版26

（a）

（b）

（c）

（d）

成化青花宫碗

（a）口径15.6厘米，尤摩弗帕洛斯收藏

（b）口径15.3厘米

（c）口径15厘米

（d）口径15.3厘米

图版27

（a）

（b）

（c）

青花斗彩酒杯

（a）以红彩、苹果绿和黄彩绘团螭龙纹，款识参见图版28a，口径7.3厘米，成化时期。大维德收藏

（b）以紫彩、苹果绿、黄彩和红彩绘葡萄藤和甜瓜纹。款识参见图版28b，口径7.6厘米，大维德收藏

（c）靶杯，以红彩、苹果绿和黄彩绘团莲纹，单行六字款识书于靶足内壁，靶足有裂纹，很可能是高温所致，高7.8厘米，成化时期。大维德收藏

图版28

（a）

（b）

（c）

（d）

成化款识

（a）图版27a款识

（b）图版27b款识

（c）斗彩箸碟，饰有红、绿、黄彩，口径8.2厘米

（d）斗彩五供杯，饰有红、绿、黄彩，口径7.1厘米，高2.8厘米

图版29

（a）

（b）

鸡缸杯，以釉上红、绿、黄彩和釉下青花装饰，成化时期，口径8.2厘米，塞奇威克收藏

图版30

（a）靶杯，以浅灰蓝色青花绘八宝纹，书单行成化六字款识于中空的靶足内壁，高8厘米

（b）渣斗，以青花装饰，无款识，成化时期，口径13.5厘米，尤摩弗帕洛斯收藏

图版31

（a）盘，在以红彩勾勒轮廓的龙纹内填黄彩，弘治时期款识，口径21.5厘米，皮特·布德收藏于伦敦

（b）碗，以青花装饰，弘治时期款识，口径20厘米，包崔才（音译）收藏于北京

图版32

（a）

（b）

碗，以青花细勾线条后，以淡色青花渲染，宣德时期款识，口径10.7厘米，奥本海姆收藏

图版33

（a）

（b）

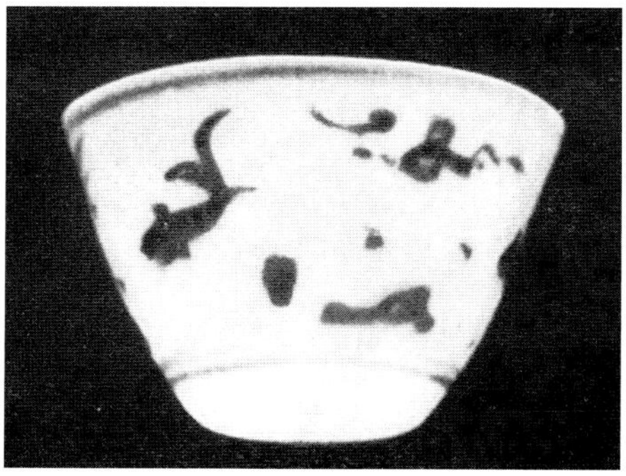

（c）

（d）

（e）

湘湖窑或湖田窑类型
（a）碗，永乐款识，明代
（b）碗，成化时期
（c）酒杯，14世纪，湘湖窑或湖田窑类型
（d）酒杯，14世纪
（e）靶杯，14世纪

第四章

弘治时期

（1488—1505年）

中国文献并未谈及弘治时期的官窑[1]。它从各个方面来说，都是成化时期的延续，也是对绘画和式样的娴熟掌控开始衰落的时期。因为16世纪的式样和绘画比我们前述的那些要草率和直白，并且几乎没有任何重要的创新。

这一时期，宫廷用瓷似乎在很大程度上是以黄釉瓷器为主。

带有弘治款识的青花瓷器十分稀少，许多质量上乘的瓷器都没有款识，只能通过对北来鉴别。

其成型工艺和使用的原料都很好。碗和盘都很薄，胎体透亮，敲击声清脆。底部通常外凸，给人的印象是胎体过薄，以至于在烧制过程中，黏土再次变得可塑，进而无法支撑自身的重量致使底部塌陷[2]。

有两类款识，一类用六个小巧雅致、间距较大的汉字书写，另一类用较大的、惯常的汉字书写。后者非常接近于一位正德写款者的笔法，由此推测其可能是弘治后期的作品。

青花器

一些盘碟的外壁绘有双龙，内心另绘龙纹一或朵云三。弘治款识写得很好，一般在双圈内书六字款。但这些都不太令人兴奋，因其绘画变得有点过于程式化，并且往往显得相当柔弱，无法与华美的宣德龙纹盘相提并论。

龙纹大碗的成型工艺精良，胎体敲击声洪亮。釉面薄而硬，底部表面光滑，隐有浅窝。见图版31。

在那些无款的器物中，饰有婴戏纹的大碗也许品相最佳。青花的色调从深翠鸟色到暗灰色不等，这完全取决于烧成。其釉面肥厚，如同糖浆光滑的表面。在有些碗上，除了偶尔从釉中渗出的斑点外，青花基本呈灰色调。在这些斑点上，青花料被恰当地还原成预期的蓝色。在其他色调发灰的部位，釉层则可能太厚，阻碍了氧化钴还原成蓝色钴硅酸盐的过程。其画工很好，由于被过厚的釉层覆盖，从而带有令人愉悦的朦胧感。

具有类似釉质和青花发色的，是内饰一条五爪龙、外饰四条线状小龙的盘子。这些同样没有款识，但却具有御用品质。

还有其他的一些品类，如饰龙穿缠枝莲花纹的渣斗，以及具有类似装饰的盘碟。

珐琅彩龙纹碗盘

笔者所知的最好的一件弘治瓷器，收藏在维多利亚和阿尔伯特博物馆。这是一只刻花后加绘珐琅彩的五爪龙纹碗。

这一技法似乎是成化后期和弘治时期的一个创新，因为不曾见之前的作品有使用过这种装饰。

在碗和盘上进行装饰，其通常的工艺流程是：先在坯体上刻划龙纹，然后在其周围刻上云纹或海浪纹。施釉时避开龙纹和某些云纹，使这些部位在第一次烧制之后仍为素胎。倘若这次烧成之后没有瑕疵，那么就在素胎部位施上彩色珐琅。倘若第一次烧成之后就出现了瑕疵，那么这件作品就要直接被废弃了，也无须再加彩。因此，龙纹在粉红色的素胎上呈未施釉状态，且不见龙爪，因其爪子通常刻于釉下。

这些上等的窑业废品显然曾被作为日用品和随葬品进行过售卖，因为最近在中国北方的墓葬中有所发现。给这些器物涂饰红色、黄色或茄紫色的珐琅，已经成为中国商人最爱用的伎俩，从而为毫无戒心的收藏家创造了新的品类，其效果往往是非常令人满意的。

不幸的是，这使得判断哪些是弘治时期用黄釉和其他彩料装饰的龙纹变得非常困难，因为在已经刻好纹饰轮廓的素胎上，可以很容易地加上色釉。无须彩绘，只要釉面没有开裂，几乎不太可能说清楚为什么这是后来添加的。

在已装饰的器物中，有原始火裂纹或缺陷的也许会被立即废弃，以求完美。但正是那些有着小瑕疵的东西，让弘治时期的瓷器变得更加有趣。

前不久在北京，有位古董商手中有一件素面带弘治款的白釉大碗。这位商人是一个有进取心的人，认为这件作品不足以传留后人，正好当时他约见了一位著名的收藏家，于是决定对这件碗进行改良。

经过一番讨价还价，古董商以250美元的价格与人达成了协议，用黄釉龙纹来对这只碗进行装饰。这一切都是“秘密”进行的，但由于北京几乎没有什么真正的秘密，其他绝大多数古董商都怀着极大的兴趣等待着结果。当碗在炉子里开裂时，那些不敢冒险做这种试验的人感到高兴，而那些不屑一试的人则感到自鸣得意。之后，受此试验的启发，一位拥有一只类似的碗的古董商与人达成了保证不破裂的加工协议。于是，人们在复火烧制这件碗时格外小心，避免了温度的快速变化。这件器物从炉子里出来时毫发无损，但黄色的珐琅却以泪滴的形状流到了碗足。接下来就有了关于赔付的激烈争执，因为原作完好无损，合同确实得到了字面意义上的完成。其他人则从这些灾难中获利，一些装饰有黄龙或黄地的碗出现了，其效果对于那些敢于加工它们的人来说，毫不掉价。

但是，维多利亚和阿尔伯特博物馆收藏的那件碗和彼得·博德（Peter Boode）先生借给伦敦中国展的用红色珐琅勾勒轮廓的华丽的黄彩龙纹盘，确是无可争议的原作，它们标志着一个精美绘画被鲜艳色彩所取替的时代。

黄釉器

这些可能比其他任何15世纪的类型都要多，有各种形状的盘子和大大小小的碗。

使用的釉料显然与宣德、成化时期的黄釉成分相同。没有裂纹，色泽清亮透明，色调从深黄色到淡黄色不等，这可能与釉料施涂的厚度有关。

在中国官方收藏中，有一件引人注目的黄地绿彩刻龙纹靶杯，弘治款识刻于杯子内心，上覆绿釉。黄釉似乎是施于素胎之上的，龙纹快刀刻就，活灵活现。

在大维德收藏中，有一件渣斗的装饰方式与此完全相同，只是它的底部以青花书有正德款识。

编译者注：

[1] 事实上并非如此。中国明代文献如《国朝典汇》《万历重修会典》《广舆记》等，清代文献如《明史》《陶说》《南窑笔记》《匋雅》等，均有谈及明代弘治时期官窑瓷器生产的相关事宜。

[2] 这里指胎体玻璃相过多，从而导致其软化甚或变形。

结　语

除了这些公认的器物种类外，还有一些游离于档案簿记之外的“惊鸿游龙”。

如宣德的孔雀绿釉盘、成化的黑鱼莲花纹盘以及弘治的洒蓝地孔雀绿釉龙纹盘。

此外，民窑产品的一些碗，有的绘着闹哄哄地吹着喇叭、放着风筝或欢蹦乱跳的婴戏场景；也有的绘着诗人高士在山林之间骑行，后随一位携琴载酒的仆从的画面。

所有这些都需静心品鉴，个中魅力实在难以言传。

第二部分

第一章

浮梁地区与窑场

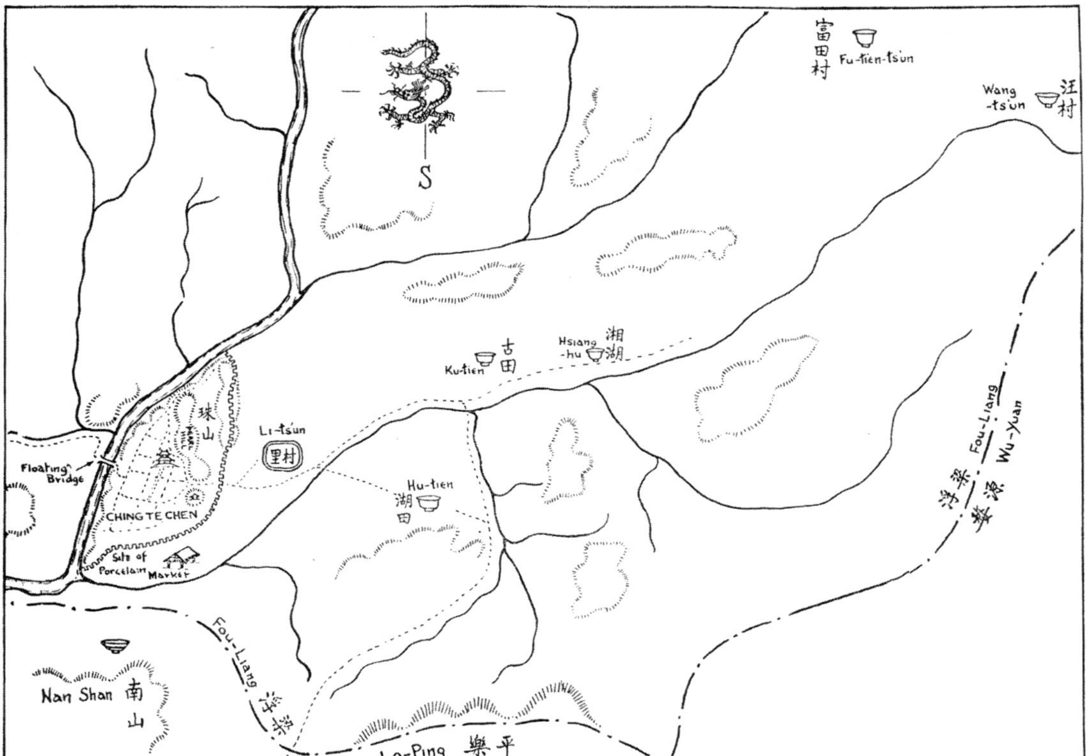

景德镇和浮梁窑场分布示意图

景德镇位于浮梁县境内，如地图所示，其镇区两侧有河流屏障，第三侧则被大致南北向的城墙护卫[1]。

这一地区的历史始于公元7世纪。据《饶州府志》记载，唐武德四年（621年），在当地土著东迁的过程中形成了新平县，为州级政府所辖。开元四年（716年），改名为新昌。天宝元年（742年），又更名为浮梁，意即“浮动的桥梁”。由于河水频繁上涨，景德镇至今仍沿用浮桥。宋景德年间（1004—1007年），该镇首次被称为景德镇。

毋庸置疑，这座城镇的发展是与瓷业并驾齐驱的。唐武德二年，政府首次向景德镇派遣了官员。最初的窑场多散布在山间，以便靠近黏土矿。湘湖、湖田和南山的窑场很可能肇始于唐代[2]。早期的瓷胎是灰色的，明显是用从山谷里挖来的未经清洗的天然黏土制成。时代疑似唐代的瓷釉是浅橄榄绿色的，釉层薄，且有多种裂纹，与浙江省九岩或上林湖的越窑产品基本相似，圈足同样为砂底。由于越窑的发端可能早至东汉，且确信不晚于六朝，景德镇窑在创始阶段很可能是出于对越窑的模仿。或许，也有可能是来自浙江省的陶工在窑炉建造和器物制作方面给予了指导。

据《饶州府志》记载：“公元1004—1007年的宋代景德年间，随着御贡瓷器的生产，一个全新市场得以开辟。官方开始派遣提领督陶。”但是，似乎朝廷的订单在这一时期是断断续续的，因为它接下来记述：“在明代，每年都有瓷器运往宫廷。专门的御器厂设立于宣德年间，并以营缮所丞督陶。”

《浮梁县志》则更详细地介绍了御器厂的情况，其中言道：“这座建筑位于珠山以南，始建于洪武二年（1369年），以便生产数量更多、品质更精的御用瓷器。此后，御器厂的规模不断扩大，周长约达五里（近两英里）①。”

“永乐年间，一位名叫祁鸿的官员来到景德镇督陶，同时建造了秉成堂。洪熙元年（1425年），秉节堂竣工。天顺年间（1457—1464年），朝天阁建成于珠山。这些建筑如今已不复存在，但瓷器依然在同一地点生产着。”[3]

“珠山是景德镇的最高峰，高达数十仞（八英尺为一仞）②。其四周小山环抱，绵亘数里，在唐代被称为‘五龙’。”注：五龙戏珠。

“元代末年，流寇于光以珠山为据点，称其为‘蟠龙山’，意即地龙之山。明代，它被称为‘纛山’，意即皇旗之山。后更名为‘镇山’，意即镇北之山。”[4]

当今景德镇的大多数陶工都熟知御窑遗址所在。最近，在该遗址新建道路的过程中，大量残片被挖出，陶工们急切地从中找寻永乐、宣德和成化时期的瓷片，以便模仿它们的款识和釉色。笔者曾参观过现场，虽然最好的已被取走，但依然看到了带有宣德和正德款识的具有皇家品质的瓷片，这些瓷片为御窑遗址就在其极近之处提供了明证。

---

① 圆括弧内的文字为该著原作者所加。

② 圆括弧内的文字为该著原作者所加。

然而，除非挖个探坑，否则难以估量景德镇这个城镇所占压的废墟和窑业废弃物的深度。珠山在今天已经不是特别明显的地标，这可能是由于这个区域的居住区海拔上升了许多。笔者曾不遗余力地观察景德镇地表上的每一个可疑地洞，毫无例外地都发现其内有瓷器。

镇区之外，有几百个大大小小的窑址。最重要的是在湖田、南山和湘湖一带。这一地区仍然受到土匪的青睐，他们成群结队地在山间游荡，袭击村庄，有时甚至敢闯入景德镇。有传言说湘湖和南山不安全，笔者被告诫不要前往。幸运的是，最重要的窑址是在景德镇以东约四英里的湖田，那里安全无虞。因此，1937年6月晴朗的一天，笔者在顾玉山（音译）和陈浩云（音译）的陪同下，参观了湖田。“湖田”的意思是“湖之田野”，之所以这么叫，也许是因为那里有个生长着莲花的沼泽地。遗址附近只有少量的农家房屋，除了一堆堆的废弃物外，窑场什么也没剩下。这些废弃物从西向东延绵约半英里长，堆积的深度和宽度差别很大。小路、河床和田野上散落着碎片，土堆里也全是破瓷片和匣钵。

青花瓷器只在遗址的西边可以见到，并与零星的影青瓷和素白瓷散落在一起。继续向东探寻，青花瓷和白瓷就变得越来越稀少，而更精细的影青瓷则越来越多。最东侧有一个大约30英尺高的陡坡，那里只见有最精美的刻花影青瓷。因此，该窑址似乎是大致由东向西变迁的。

在浅层地表所见的最早产品是中国人和欧洲人都喜爱的宋代瓷器。有些青花瓷器也许是在宋代生产的，但我们对此缺乏断代依据，所以该窑场更有可能晚至元代才使用钴料装饰器物。在遗址东端的一个土墩上，可见素白瓷和青花瓷混杂在一起，这些素白瓷都具有早于明代的各种外观；而青花瓷中有几种类型，从其总体风格和外观来看，会被欧洲收藏家公认为是明初产品。这些青花瓷的装饰十分自由活泼，如狮子戏球、奔腾的马、骑行在奇幻的山峦和云朵之间的男子以及婴戏图等。在笔者看来，它们都属于14世纪的类型，至于时代是元是明，其实无关紧要。整个遗址上唯一有款识的是发现于河床上的一枚宣德瓷片。这证实了这样一个推测：即在宣德以前，青花瓷上很少使用款识。除了上述类型外，还有带有巧克力色釉的粗灰胎高足杯和碗。不过这些十分少见，似乎是由未经提炼的黏土制成的；它们可能早于宋代影青瓷，也可能是晚期的粗瓷品种。

遗址上可见两种类型的匣钵，本书中有其相关图片和描述。第一种，烧制宋代影青盘碟的瓷质匣钵（线图17）；第二种，来自遗址西端，时代可能是14世纪，由粗糙的红土制成的匣钵（线图18）。由此可见，白色黏土和红土的储量在宋代似乎一样丰富，不过到了15世纪，就要到别处寻找匣钵原料了。这或许也标志着原料从天然易熔的白色黏土转变成了高岭土和白墩子[5]的混合物，后面的章节会对此做进一步说明。

该遗址废弃的原因，有如下两种可能：一是正统年间（1436—1449年）窑场的大量倒闭和普遍萧条；二是景德镇在宣德时期御器厂设立后的窑业集中化。

虽然笔者未能前往南山和湘湖，但是陶工陈浩云从这两个窑址处帮我获取了一批出色和可靠的残片标本。

南山窑址同样出产影青瓷，但品质要比湖田窑粗糙。该窑址也有素面或以模具浅印花瓣纹、漩涡纹和乳钉纹的白釉器物。这些类型在湘湖窑也有发现。但显然为南山窑所独有的是一些施淡青色、半透明釉的印花瓷器，该类瓷器如《格古要论》所述，被公认为是元代枢府瓷或宫廷用瓷。南山窑址未见带有款识的瓷片。

生产御用带款识瓷器的景德镇镇区也有民窑窑址。类似产品中，有莲子大碗、小足盘和高足杯。器物足部无釉，并且通常因氧化而呈现似三文鱼肉般的粉红色。施釉处的釉层肥厚，半透明，呈浅青绿色。内壁模印的纹饰一般为花卉纹或凤纹。最上乘的器物是在内壁对应两侧的花卉图案中分别印有“枢”和“府”字样的瓷盘。一些碗类器物的外壁有少许刻花装饰，并且有些内壁印有“福”“禄”“寿”等吉祥文字。高足杯通常内壁印有龙纹，并加绘青花纹饰。笔者既没有获得授权和许可，也没有足够的精力去在景德镇的窑业废墟上发掘，以探寻元代御窑遗址。即便存在，其遗存也应当深埋地下。没有中国人会去扰动它们，遗址因而得以留存，以待后人。

湘湖有若干不同种类的器物遗存。影青瓷在其中占据主流，不过釉色有差别，有些开片细密，表面光亮；另一些则朴实粗糙。此外，还发现有极少数与湖田窑相似的青花瓷。

湘湖最早的品类是一种灰胎薄釉瓷，其釉色呈深橄榄色，表面坚致光亮，部分有细密开片。如前文提及，笔者认为此类器物是对越窑产品的直接仿制。

综上所述，尽管每个窑址曾经各具特色，但是它们似乎都可随时根据当时的订单和流行式样进行定制生产。当地至今还存有许多家庭作坊式的小窑场，它们很可能定期将货物运至景德镇，以便在专门的瓷器市场上出售。

然而，对景德镇的每个窑址和所有器类进行列举，可是一件既无聊又不靠谱的事情，这样的苦差事就实在非笔者所愿了。

编译者注：

[1] 目前景德镇尚未发现有护卫的城墙遗址。

[2] 从目前考古发现来看，这三处古代窑场中，只有辖属今浮梁县湘湖镇境内的兰田窑场的瓷器生产最早可追溯到唐代，其他两处窑场的瓷器生产目前最早只能追溯到五代时期。

[3] 以上两段引文出自乾隆版《浮梁县志》卷二《建置·衙署》，其对应的原文为：“御器厂建于里仁都珠山之南，明洪武二年设厂制陶，以供尚方之用。规制既宏，迨后基益扩，垣周五里许。永乐间，部使祁鸿莅事至厂，建堂曰‘秉成’。立门四，东曰熙春，南曰阜安，西曰登川，北曰待诏。洪熙元年，建秉节制度坊于南门。天顺间，珠峰建阁，曰‘朝天’，北门废……考以上名迹，半就湮废，惟厂署规制如旧。”

[4] 以上两段引文出自《昌南历记》，收录于乾隆版《浮梁县志》卷一《疆域下·山》中，其对应的原文为："珠山在景德[镇]之中独起一峰，高数十仞，绵亘数里，峰峦遥列，俯视四境。相传秦时番君登此，谓立马山。至唐，因地绕五龙为珠山。元末，于光据之为行台，号蟠龙山。明称纛山，后为御器厂镇山。"

[5] 白墩子，这里是根据原著作"词汇表"中的对应英文单词"pai-tun-tzŭ (petuntse)"的翻译直接参引而来，今人常写作"白不子"。瓷土经过淘洗之后，会制成砖形土块，以便存放和运输。景德镇当地人把这些砖形土块称作"白墩子"。

图版34

（a）景德镇，戏台

（b）景德镇，从东向西北拍摄

（c）顾玉山和笔者在湖田

（d）湖田，白墩子水碓

图版35

（a）湖田的停驻点

（b）从湖田外运釉果

（c）往景德镇运送白墩子（白砖）

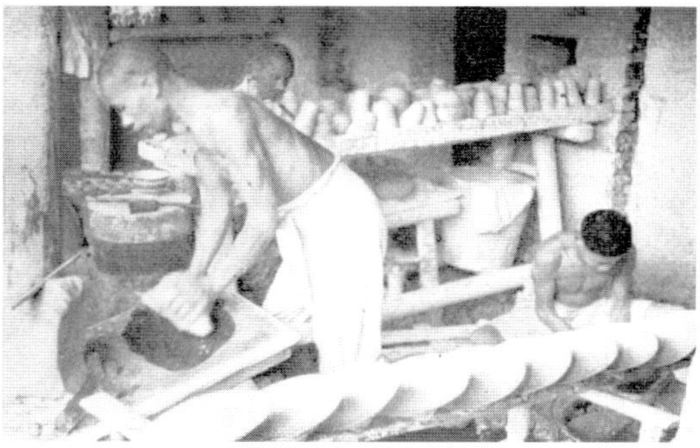

（d）揉泥

图版36

（a）从瓷土到杯子

（b）晾坯

图版37

（a）施釉

（b）青花绘画

第二章

陶瓷烧造技术

你的本质是什么？你从何而来？
为何你身下有无数奇怪的影子？

在相当长的时期内，瓷器的制造都曾经是一门隐秘的艺术。欧洲人对此困惑不已，并试图以玻璃吹制的方法来破解这个神话。即便在中国，制瓷秘诀从最初的流传到成为千百年来千家万户的共有财富的过程中，向神灵进行祷告和献祭依然不可或缺。

早在15世纪，师主就被奉为神祇。他曾以赵慨[1]之名，作为凡人生活在东晋（六朝之一）时期，因道通仙秘，法济生灵，而被皇帝尊封为“万硕爵”（取“万般尊崇”之意）①。

他凭借呼风唤雨，能洞悉沉睡岩石之过往；他熟谙世间万物，能行腐朽和重生之神迹。他取石以捣，混以微秘，将可塑黏土制成容器和珍玩；他通晓火性，使山丘碎石蜕变成易碎之碗，供世人享用。

但是，就实际而言，瓷碗也不过是巧夺天工的花岗岩石。

因形成于地球深处的炽热区域，“火成岩”故而得名。它们的晶体结构缘于从熔融态到固态转变的漫长过程。石英、正长石和斜长石历经悠长岁月得以分离，并成长为相互交织的晶体形态，从而构成火成岩。

经过风吹日晒和雨水冲刷，这些岩石中的不稳定成分得以溶解。从而，长石、正长石和斜长石逐渐被还原成由氧化铝和二氧化硅构成的微晶颗粒状的粉末。这种粉末被雨水从山坡冲刷到山谷，然后成熟为高岭土，也称瓷土。石英晶体在其中以更加稳定的形态得以留存。简而言之，高岭土就是一种降解后的、去除了游离态石英的火成岩。

白墩子是同一种岩石，采集于降解的早期阶段。之后，其内的石英和长石经由人工进行分离、捣碎和淘洗。因此，它与高岭土的成分基本相同，只是游离态的二氧化硅较多，从而硬度更高，结构也更稳定。

高岭土和白墩子需要混合使用，因为前者使黏土的可塑性增强，而后者使其可熔。它们是阴和阳，也即雌性和雄性元素在自然界的完美例证。

在烧制过程中，这些黏土会部分回归到它们之前的熔融状态——与熔岩石相比，只是欠差更高点的温度、少量的石英和些许的杂质。短时间的冷却过程不会使得矿物质分离，也不会生成肉眼可见的多种晶状物。然而，若在显微镜下观察，瓷胎呈现的确是紧密交织的结晶体。

釉是器物上唯一可被液态化或熔化的部分，由于其白墩子和石灰的组合中含有更多的石英，因此釉更像玻璃，也更加易熔。

要完成这一蜕变，这种复合黏土的烧造温度需要达到1400～1500 ℃。加热时间要长，冷却过程要慢。

---

① 圆括弧内的文字为该著原作者所加。

原料加工

泥与水的产物

景德镇当今的制瓷工艺似乎在所有要素上都与我们对明代的料想一样。而18世纪出版的《陶录》一书，无论是从木版插图来看，还是从文字描述来看，都与当代工艺几无区别。

本书收录的有关制瓷工艺照片拍摄于1937年6月的景德镇，与《陶录》中的插图或大英博物馆收藏的相关绘画都可资比对。

制瓷首先要考虑的是黏土。众所周知，黏土在景德镇有两种：一种叫“高岭土”，属于天然黏土；另一种叫“白墩子”，或称白砖。这两个名称目前在景德镇似乎都不再使用。但由于欧洲在很多年前就采用了这两个词，为避免不必要的困惑，在此就不对它们的拼写和发音做任何改变。

浙江的越窑产品似乎是由一种挖自山谷的、天然的、未经混合的可塑性黏土制成。因此，当景德镇最初烧制瓷器时，可能使用的是一种单一的、可在中等温度下成瓷的天然黏土。换言之，当时既无须掺入强筋料以使黏土可塑，也不必添加助熔剂以使黏土易熔。

当这种矿藏枯竭后，就有必要寻找其他原料。当时人们很可能注意到，那些部分降解的岩石中含有的一些白色黏土与山谷中发现的相同。于是，这些岩石被粉碎，产生的粉末被淘洗、晾干并制成白砖。

因此，白墩子是一种对部分降解的火成岩（霏细岩或硅质岩）进行加工制成的黏土，含有大约等比例成分的长石（正长石或斜长石）、白色黏土和二氧化硅。

斜长石的成分以三种中间类型在钠长石和钙长石之间变化；钠长石的熔点为1200℃，而钙长石的熔点在1500℃左右。因此，可熔融性部分取决于斜长石的类型。

白墩子尽管在1300～1400℃下即可熔融，但其塑性还不足以在不添加高岭土的情况下被置于拉坯机上进行加工[2]。

高岭土是一种铝硅酸盐，纯净状态下的分子式为$Al_2O_3 \cdot 2SiO_2 \cdot 2H_2O$。它是一种天然的、可塑的白色黏土，由大约45%～50%的二氧化硅、30%～40%的氧化铝以及水和杂质（如铁和锰）组成。它是长英石质岩石的降解产物，得名于景德镇城东北20多英里处的一个名叫高岭的山区，该山区在唐宋时期曾是土匪的据点。

高岭土在1740℃左右才可以熔化，这个温度对于实际用途来说过高。由于更高的烧成温度会增加燃料成本和烧窑的事故率，因此有必要使用白墩子作为助熔剂，以将其熔融温度降低到1400～1500℃。

由此可见，这两种原料单独而言，对陶工用处不大；但是，混合在一起，就形成了一种理想的组合。高岭土使白墩子更具可塑性和可加工性；反之，白墩子也使高岭土在较低温度下可熔融。

这两种原料根据所需瓷器品质的不同，其配比不同。据说，最上乘品质的瓷器需用等量的配比；而一份高岭土和三份白墩子的配比则适用于最粗劣的瓷器。但是，由于岩石和黏土的本身成分差异很大，确切的配比恐怕并不可得。

在当今的景德镇，白墩子来自镇外的几个不同地区。在湖田附近就有适合的石矿，而在距离宋代窑址不远的地方，就有人制作白砖。碎石场采用的是最原始的工艺。岩石碎片被放置在几乎和地洞没有任何区别的粗糙的碓坑中，木锤通过水力升降，直到岩石被捣碎成粉末（图版34）。粉末加水混合后，便在水槽中搅拌，然后使其沉淀。沉淀液的上部被取出并模制成砖块状，之后晾干，最后用手推车运至景德镇。这实在是一个缓慢而乏味的过程（图版35）。

高岭土大多由船运至景德镇，呈粗糙的块状。它在作坊里经淘洗后与白墩子混合。

釉料由白墩子、少量石灰和草木灰组成，加水后混合成乳状液体。

工艺方法

瓷器制作过程中的每一道工序都需要长期的实践和相当的技巧，完全独自一人进行规模化的生产是不现实的。最主要的是整个链条耗时过长，从经济上看完全不合算；除非是无家可依的穷苦之人，否则实在是毫无考虑的必要。

著名的工匠，如16世纪的吴为[3]和周丹泉[4]，在必要的情况下完全有能力对瓷器的成型和装饰亲力亲为，但他们大多时候应该是雇用熟练工匠，令其按照要求进行生产。

黏土按照上述方法混合后，将尽可能长时间地进行陈腐。在明代，黏土须经数年陈腐之后，才能用于制作皇家瓷器。但如今，则经常使用新配制的泥料。

泥料须经拍打和揉捏，以使其塑性均匀、气泡消除。之后，泥料被制成泥团，传送给坐在

线图11

线图12

陶车旁的陶工（图版35）。陶工先以木棍旋转，然后将一块泥团拍至陶车中心。陶工以令人惊叹的技艺，接二连三地拉制出形状和大小相同的杯子或碗（图版36）。他把这些泥坯放在一块长木板上，然后交给第二位陶工，后者负责把泥坯置于模具上拍打整形。

成型后的泥坯要干燥至少一天，使其失去可塑性，具备如饼干般的坚实度。之后，泥坯被传送给第三位陶工，他在陶车上用刀具将其修利得厚薄适宜。之后，泥坯须用稀泥浆刷洗[5]，以探测其可能存在的缺陷，同时也为青花彩绘做好器表的清理（图版38）。当泥坯被再次干燥后，它将被转送到专门从事装饰的部门，或雕刻，或彩绘（图版37、图版39）。

釉下青花

氧化钴是一种黑色矿物颜料，以开采后的原生状态被运至作坊，使用前需要磨成细粉。它加水调匀后，以毛笔蘸取施画。

用氧化钴绘画，可与在吸墨纸上用墨水写字相类比。如果笔法迟疑，结果就是一滩污渍；如果笔触太快，则了无痕迹。明代画工都是善以精准和技巧描绘自身情怀的艺术家，对这种难以驾驭的材质的掌控力着实令人钦佩。在款识书写方面，其笔法也是毫不迟滞，后来的仿品则通常难以企及（图版12）。

目前，景德镇的画工基本上都是劳工。他们的作品显然费工，但却从中欣赏不到任何的创造和思考。他们的笔法短促而细致，与其说是绘画，不如说像是刺绣。

线图13

线图14

圈足

圈足的修整是上釉前的最后一道工序。泥坯再次被放在陶车上，然后用刀具将足部修整成所需的确切形状和尺寸。这种刀是双刃的，较宽的凿形刃用于简单的切割，较尖锐的刀刃适于最后的修整。测量方面，则完全依靠眼力（图版41）。

笔者曾有机会测量和细勘过几个系列的碗盘圈足，每个系列中的碗盘都具有相同的装饰、形状、大小和时代特征。测勘结果证实了上述工艺与明代相似的观点。明代器物中的圈足差别悬殊，大多数内缘竖直，部分底切，部分则向内倾斜。但其外缘很少变化，并以一条平滑的曲线与口沿相连。

陶工用刀修整边缘以后，会用一支又厚又湿的笔把坯体表面刷平，把锋利的边缘磨圆。这似乎是康熙时期的一项创新，也是区分明清两代瓷器的一个细节。

这一细节判断也有例外，许多时候甚至要用高倍放大镜，才能发现其中的差异；不过它对于解决早期单色釉瓷的断代问题，通常能够起到决定性的作用。对于带有图案的器物来说，这就是次要的鉴定法则了，特别是该器物如果在其他方面确真无虞，那这个细节就更加可以忽略。

我们以一组可资比较的圈足剖面图来做说明。这些均以橡皮泥模具复刻瓷片而得，并且颇具代表性。

永乐时期的圈足通常比宣德时期的更平，并且边角更接近方形。其内缘大多数是垂直的，但很少底切。宣德时期的圈足内缘则一般都是垂直的。永乐、宣德时期的器足大多数看上去似乎底切，尤其是足底微凸时，但检测的话，却发现是垂直的。

成化时期的盘在总体设计上沿袭宣德样式，其圈足一般较前代深，边缘较尖。其酒杯有精致利落的圈足，内外边缘都呈柔和的圆形。仅凭圈足，是很难辨认出成化酒杯的，因为它实在是没什么可看的；更何况其釉面要比这重要得多，一旦看见过和触摸过，就令人无法忘怀。

弘治时期的器物不仅在时代上，而且在风格和技术上都紧随成化，在此就不予赘述。

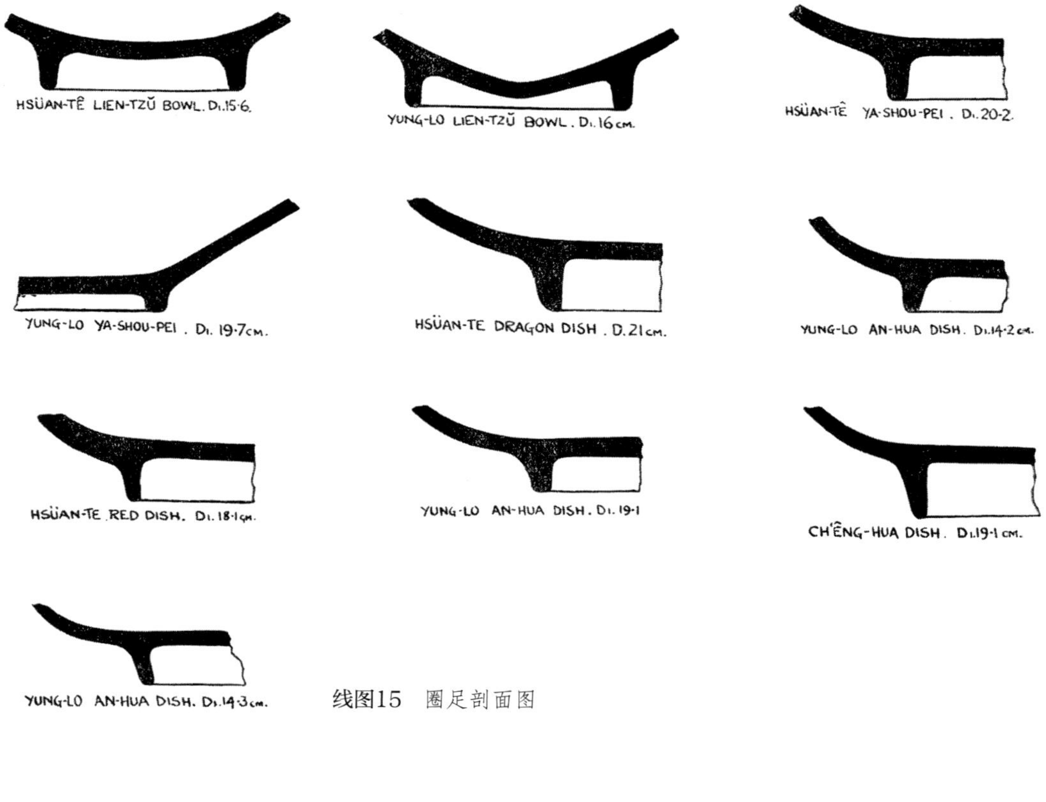

线图15 圈足剖面图

釉料

如前所述，釉料是一种往白墩子中添加了少量石灰和草木灰的奶油状溶液。对小型器物的外壁施釉时，以弯曲小棍支撑其底部后浸入釉中，直至釉与口沿平齐（图版37）[6]。内壁则通过倒入釉料后旋转，然后再倒出的方式上釉[7]。底部施釉放在最后，可以用软毛大笔刷釉[8]，或者用勺子浇釉[9]。无论是在明代还是在当代，浇釉似乎是最常见的方法。然而，在永乐时期，刷釉似乎经常被使用。这种情况下的釉面较薄，会氧化成金黄色，有时还能看到刷痕。在成化或其他时期的精细瓷器上，在第一次烧制之后还经常会施第二道釉。

吹釉[10]是用中空的、一端包裹纱布的竹节制成的吹管施釉。包裹纱布的一端在盆装的釉料里蘸过后，陶工通过对着吹管吹气的方式，向器物喷上一层均匀的釉（图版40）。

用这种方法涂施的釉料有蓝釉、孔雀绿釉、黄釉和铜红釉。一些15世纪的无色釉料可能也是这样施涂的。尤其是有暗花的永乐碗盘，以及更精致的带有橘皮釉的宣德器物，都应该采用了这种施釉方法。事实上，在检视精美的“脱胎”永乐瓷器时，人们想象不出其他的施釉方法。其胎体如此之薄，在未烧制的状态下，很难经受住液态釉的浸泡。

烧制

另两样是，些微的空气和明净的火

倘若窑炉掌控不当的话，陶工的心血和设计师的情怀可能在一夜之间融化成一堆扭曲的黏土和玻璃。在所有废弃的窑址上最显眼的，同时也往往是硕果仅存的，就是那一堆堆由破碎的匣钵、扭曲的碗，以及不成型的黏土和泥土块构成的窑业垃圾。

为了追求新的效果，中国人使用了反复试验的烧制方法，有时还能从失败中收获一些奇巧技艺。这些方法当然有其科学原理，但中国人更看重方法本身。如果有兴趣，外国人倒是可能会去做更深入的研究。

窑炉由砖砌而成，从剖面上看，在10英尺高的地基上形成了抬高约20英尺的椭圆形穹拱。窑的长度通常约为30英尺；在距离窑门最远的烟囱末端，高度降至大约15英尺。图版42展示了一座已拆除烟囱、正在重建中的窑炉的内景。

窑门又高又窄，其宽度只容一个个在窑内堆成高柱的匣钵出入。图版42的照片摄于开窑后不久，从中可见窑门和窑内的匣钵柱。

线图16

匣钵的必要性体现在保护瓷器免受烟熏和使其受热均匀上。现如今，它们是由粗焙红土或黏土制

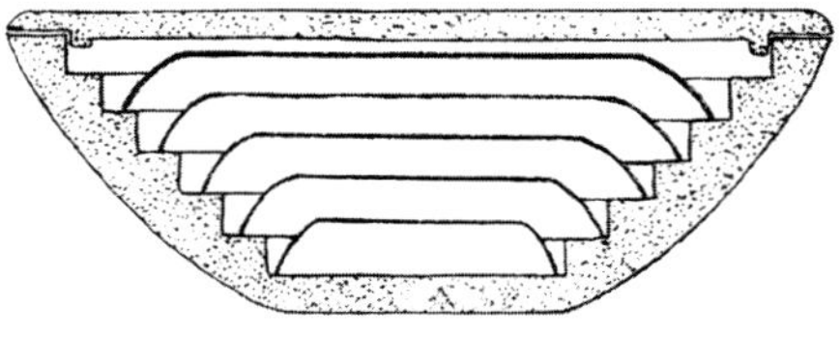

线图17

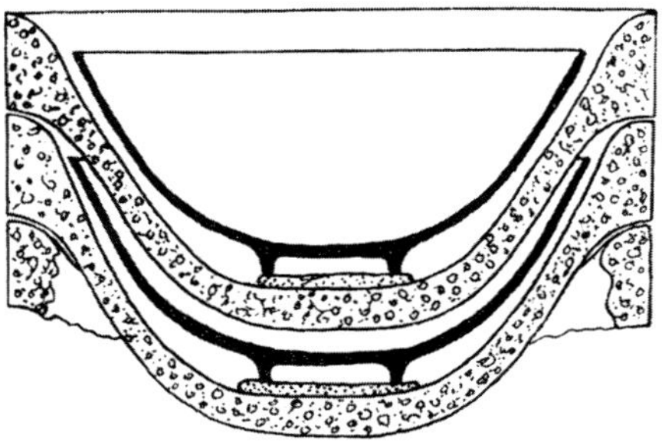

线图18

成，呈圆柱形，平底。由于叠摞在一起，盖子的使用就不是很必要。为了防止与匣钵粘连，器物被放在砂土制成的小垫饼上。根据器物大小的不同，当前所用匣钵的直径长约1英尺到2英尺不等。单个匣钵有时可装5～6件器物。

如线图17和线图18所示，在湖田可见两类匣钵。第一类，用于烧制影青盘碟的瓷质匣钵，放置其内的器物以剖面图所示的方式排列。碗的烧制方式与此相似，只不过使用了圆形支圈。这种烧制方式可以解释早期影青瓷口沿无釉和无毛刺痕迹的成因。定窑和其他一些北方窑口的瓷器似乎也以类似的方式烧制。这类匣钵在早期影青瓷的残片堆中可见。第二类，如线图18所示，元明时期的瓷器似以粗黏土制成的匣钵装烧，并因此口沿有釉。人们在此时仍然十分注意节约窑炉的空间，但我们看到瓷土好像不再充足，因为用于制作第二类匣钵的粗黏土不可能制成如线图17所示的那种精细匣钵。其变化的原因可能是，要么瓷土变得比空间和木柴更有价值，要么只是因为口沿施釉的产品更受欢迎。

在窑内，匣钵被堆成高高的柱子，每柱周围留有2～3英寸的空隙，以利空气和烟气流通。两侧的地面空间完全被木柴填满，窑门用砖封严，只在地面留下一个通风口和一个添柴口，之后窑火方始点燃（图版42）。

人们需要24小时不间断地给窑炉添加柴火，然后冷却2天，方可将入口处的窑砖拆除。此时窑内的温度很高，匣钵依然红热，要再等1天才可搬运。器物因此要在窑内待上4天；而从白泥砖到青花碗，则需历时14天左右。

釉下颜色变化

当用釉下青花或釉下红彩对器物进行装饰时，窑炉气氛起着重要作用。

釉下青花或穆罕默德青花（又称回青），是以钴料发色的；鲜红则是以铜料发色的。它们的色彩完全取决于对窑炉气氛控制的成功与否。

柴烟含有细小的一氧化碳颗粒[11]。作为一种强还原剂，一氧化碳能从任何与之接触的矿物中窃取氧气。因此，如果木柴燃烧，空气隔绝，则窑内必定会发生还原反应。如果希望这种情况发生，窑的开口只应刚好吸入足够的空气来燃烧燃料，并且匣钵不宜多孔。反而言之，如果需要的是氧化气氛，就必须尽可能多地吸入空气，以便窑内的矿物能够吸收超量的氧气，而匣钵应该具有一定的孔隙，以使空气能够渗入到其内的器物。

以黑色粉末状的氧化钴绘制器物，然后在其表面罩上一层釉。

为了生成蓝色，就必须将氧化钴转化为钴硅酸盐；或者换句话说，将其氧气去除。这样的话，窑炉要有还原气氛和隔绝多余的氧气。因此，窑炉必须保持密封状态，直至窑温降至氧化反应的临界温度以下。

釉下红彩的制作方法与之完全相同。红棕色或黑色的氧化铜被还原成金属形态的游离铜，从而生成鲜艳的红色。从大量发色不佳的产品来看，铜似乎对氧气有更强的亲和力，因此必须非常小心地将空气隔绝在窑炉之外[12]。

由于这些色彩是有意添加和小心控制的矿物质所生成的，很明显，如果釉料或坯体中含有杂质，在某些烧制条件下可能会得到一些奇特的结果。因此，从这个角度来考察早期釉料的一些特点是很有价值的。

据观察，永乐白釉暗花瓷器常呈乳白色，且釉薄处呈淡金黄色。与之相反的是，清代仿品呈现的是冷色调的白垩色或脱脂牛奶色。

对瓷土的分析结果几乎全都表明，铁以杂质的形式存在其中，但是只有在其氧化状态下才可以辨识。因此，当我们在瓷器釉面或胎体上看到黄色或铁锈色的痕迹时，我们首先应该意识到铁的存在，其次是明白它在窑炉内已被氧化。

因此，永乐时期的御窑似乎经常在窑温尚处于氧化温度时开窑。如果这点属实，我们在青花器物中也应发现类似的现象。在烧造过程中，通过去除氧气，并使之与釉中的氧化硅结合，黑色的氧化钴就会被还原成蓝色的钴硅酸盐。但是，如果之后导入一股空气，使得窑内氧气富余，钴硅酸盐就会重新转化成黑色的氧化钴，釉中的铁就会变成铁锈，也即氧化铁。

《格古要论》中记载的青黑色纹饰器物和笔者之前断为永乐时期的器物，都具有上述的所有特征。

宣德时期的青花仍有黑色斑点，但其绘画和烧制掌控得更好。

氧化钴在釉料中能起到助熔剂的作用，也就是说，它降低了玻化的起始温度。因此，当永乐时期的画工施以过量的钴料时，就会造成两种现象。一是最靠近钴料的部分釉料首先玻化，在其他釉料熔化之前开始沿着器表下流；于是，在达到最高温度后，当窑门洞开、气流涌入时，这些泪滴状的钴料和釉料在其他釉料凝固后，仍然保持熔融状态，从而成为器物上唯一被重新氧化的部分。

这些特性在今天可以重现，而与当年所使用的氧化钴品种的属性无关。

在成化时期，氧化钴似乎已经被非常精细地研磨和精炼。它被以淡描方式施涂，并罩以一层以上的厚釉，所以钴很少被再次氧化。弘治时期的画工有时会比较随意地施用青料，但也使用非常厚的釉，所以再次氧化只发生在钴料渗透到釉面的一些不规律的斑点上。

16世纪和17世纪的青花瓷似乎一直在还原窑炉中烧制，人们很少发现它有氧化现象。到了18世纪，显然已经形成了一个既定规则，即在瓷器冷却到玻化温度以下之前，不应开窑。因此，为了仿制早期的瓷器，人们会点涂额外的青料。但是，由于这些青料没有被再次氧化，其结果便是完全的败笔，徒然使得画面比同时期的一般水平更显糟糕（图版43）。

编译者注：

[1] 关于景德镇窑工供奉的师主赵慨的生平事迹，主要见于明末詹珊撰写的《重建勅封万硕师主佑陶庙碑记》。该文最早收录于康熙版《浮梁县志》卷八中，后来乾隆版《浮梁县志》卷四《典礼·群祀》中亦有抄录。这段有关师主赵慨的引文所对应的原文为："至我朝洪武末，始建御器厂，督以中官。洪熙间，少监张善始祀佑陶之神，建庙厂内。曰师主者，姓赵名慨，字叔朋。尝任晋朝，道通仙秘，法济生灵，故秩封万硕，爵视侯王，以其神异，足以显赫今古也。"

[2] 这里描述不够准确。白墩子即瓷石，无须添加高岭土，亦可加工成瓷。

[3] 吴为，又名吴十九、昊十九、吴昊十九，号壶隐道人，明代万历年间景德镇制瓷名家，以流霞盏、卵幕杯两种制品最佳，亦最有名。据明代李日华的《紫桃轩杂缀》记载："万历年间浮梁人昊十九者，能吟，书逼赵吴兴。隐陶轮间，与众作息，所制精瓷，妙绝人巧。尝作卵幕杯，薄如鸡卵之幕，莹白可爱，一枚重半铢。又杂作宣、永二窑，俱逼真者。而性不嗜利，家索然席门瓮牖也。余以意造五采流霞不定之色，要十九为之，贻之诗曰：'为觅丹砂到市廛，松声云影自壶天。凭君点出流霞盏，去泛兰亭九曲泉。'樊御史玉衡亦与之游，寄诗云：'宣窑薄甚永窑厚，天下驰名昊十九。更有小诗清动人，匡庐山下重回首。'"而清代蓝浦的《景德镇陶录》卷五《景德镇历代窑考》中则直接单列"壶公窑"，即"神庙时烧造者，号壶隐道人。其色料精美，诸器皆佳。有流霞盏、卵幕杯两种最著。盏色明如朱砂，杯极莹白可爱，一枚才重半铢，四方不惜重价求之。亦雅制壶类，色淡青，如官、哥器，无冰纹。其紫金壶带朱色，皆仿宜兴时、陈样壶，底款为'壶隐老人'四字。相传为昊十九，而籍不可知矣。"

[4] 周丹泉，名时臣，字时道，号丹泉，又号清乾居士，江苏吴门（今苏州）人，明代隆庆、万历年间景德镇制瓷名家。据明代陈继儒的《妮古录》记载："吴门丹泉周子，能烧陶印。以垩土刻印文，或辟邪、龟、象、连环、瓦纽，皆由火范而成，色如白定，而文亦古。"而清代徐树丕的《识小录》卷二中有"周丹泉传"，即"周丹泉，名时臣，少无赖，有所假冒于淮北，官司捕之，急逃之废寺。感寺僧之不拒，与谋兴造……其造作窑器及一切铜漆对象，皆能逼真，而妆塑尤精……年九十三而终，末年尚有龙阳之好，亦奇人也。"清代蓝浦的《景德镇陶录》卷五《景德镇历代窑考》中则直接单列"周窑"，即"隆、万中人，名丹泉，本吴门籍，来昌南造器，为当时名手，尤精仿古器。每一名品出，四方竞重购之，周亦居奇自喜。恒携之苏、松、常、镇间，售于博古家，虽善鉴别者亦为所惑。有手仿定鼎及定器文王鼎炉与兽面戟耳彝，皆逼真无双，千金争市，迄今犹传述云。"

[5] 这里描述的是瓷坯补水工艺，但是不够准确。瓷坯补水应当用清水刷洗，而不是用稀泥浆刷洗。不过清水经过多次刷洗之后，会有一定的混浊泥浆，这让该著作者误认为它是用稀泥浆刷洗的。这种补水工艺的操作目的主要是为了清理瓷坯表面的泥屑，修补一些利坯的痕迹，探测可能存在的缺陷，防止施釉之后出现缩釉现象等。

[6] 这里描述的是景德镇陶工常用的施釉之法"蘸釉法"。所谓蘸釉法，又称"浸釉法"，其操作方法是

将陶瓷坯体浸入釉浆中，片刻后取出，借助坯体的吸水性，将釉浆均匀地吸附在坯体的表面。使用此法时，应根据色釉釉层厚度的要求，灵活地掌握釉浆的浓度和浸渍的时间。此法一般多适用于厚胎及盘、碗、杯、碟等小型圆器制品。

[7] 这里描述的是景德镇陶工针对器物内壁常用的施釉之法“荡釉法”。所谓荡釉法，又称“荡内釉法”，其操作方法是先将釉浆灌注于陶瓷坯体内部，再将坯体上下左右地振荡，使釉浆布满整个坯体内部，然后倒出多余的釉浆。此时将坯体继续回转，使坯体口部不留残釉。根据不同的需求，也有荡两次釉的，但最多不能超过两次，否则很容易产生气泡。此法一般多适用于瓶、罐、壶之类的小口大腹制品。

[8] 所谓刷釉法，又称“拓釉法”“涂釉法”，其操作方法是用毛笔或刷子蘸取釉浆，均匀地拓在陶瓷坯体的表面。清代龚鉽的《景德镇陶歌》中曾把陶工拓釉之过程形象地比作唐代张旭写草书：“如椽大笔用羊毫，颠旭能书莫漫操。看他含釉如含墨，一样临池起雪涛。”此法一般多适用于长方有棱角或局部（如底部）上釉、补釉的制品，亦适合于同一坯体上涂施多种不同色釉的制品。清代督陶官唐英的《陶冶图说》将此法称作“上釉古制”或“上釉旧法”，即“古制将琢器之方长棱角者，用毛笔拓釉，弊每失于不匀”。

[9] 所谓浇釉法，其传统操作方法是在盆中架一木板，将陶瓷坯体放在木板之上，用碗或勺舀取釉浆浇于坯体表面。此法一般多适用于较大型制品，亦适用于一面施釉制品。如果坯体过大，还可两人共同操作完成，不过要求两人手法必须完全一致，否则很难做到施釉均匀。从传世品来看，浇釉制品的釉面多不均匀，多会留有“棕眼”微瑕。正如《景德镇陶歌》中言：“浇釉看来似易皴，一般团转总均匀。倘留棕眼兼鱼子，却使微瘢玷美人。”自注云：“浇釉难于均匀，有针尖未到，即露沙眼。”

[10] 所谓吹釉法，其传统操作方法是先截取一小段竹筒，将竹筒的一端蒙上细纱，蘸取釉浆，对准陶瓷坯体要施釉的部位，用嘴吹竹筒的另一端，釉浆通过细纱孔便黏附于坯体表面，如此反复进行，即可达到厚度适宜的釉层。根据制品的大小和釉质的不同，吹的遍数亦有不同，少则三四遍，多则十七八遍。清人龚鉽曾将吹釉生动地比作吹箫：“看他吹釉似吹箫，小管蒙纱蘸不浇。坯上周遮无椮漏，此中元气要人调。”其特点是施釉均匀，但比较费力耗气，一般多适用于薄胎及大型制品，目前仍在使用。蘸釉法和吹釉法是我国古代最常使用的两种施釉方法，古人常将两者联系在一起描述，品评优劣。如清代督陶官唐英的《陶冶图说》中就有言：“大小圆器及浑圆之琢器，俱在缸内蘸釉，其弊又失于体重多破，故全器倍为难得。今圆器之小者，仍于缸内蘸釉，其琢器与圆器大件俱用吹釉法。以径寸竹筒截长七寸，头蒙细纱，蘸釉以吹，俱视坯之大小与釉之等类，别其吹之，遍数有自三四遍至十七八遍者。此吹、蘸所由分也。”

[11] 这里描述不够准确。因为一氧化碳是气体，不可能呈颗粒状，这里所说的应该是“柴烟中含有一氧化碳气体和细小的炭颗粒”。

[12] 这里描述不够准确。倘若将空气隔绝在窑炉之外，窑火将无法持续地燃烧，那么如何将窑内的瓷坯烧成瓷器呢？其实，这里作者想要表达的很可能是，由于釉里红的烧制对窑内气氛要求非常高，稍有不慎，就会将鲜艳的红色烧成暗红色甚或灰黑色，因此要在高温烧制过程中尽可能地保持窑内的还原气氛，但绝不是要将空气完全隔绝在窑炉之外。

图版38

（a）以稀泥浆刷坯[1]

（b）模具整形[2]

（c）用刀具修利杯子外壁

编译者注：

[1] 这里实际上应是“以清水刷坯”。

[2] 模具整形，即印坯工艺，景德镇当地俗称“拍死人头”。这种工艺的操作目的主要是为了将之前拉好的雏形瓷坯定型。由于刚拉好的瓷坯壁厚难以均匀，并有一定程度的变形，因此必须在具有一定规格标准的模具上进行印坯定型，以达到符合器型规格尺寸的要求。因其模具形似“盔帽”，景德镇当地人称之为“死人头”，故将印坯工艺亦称之为“拍死人头”。瓷坯在印坯定型之前要求晾干到泥坯不粘手为宜，太干则不适合矫揉整形，太湿则印坯后还会变形。印坯工艺一般需要两次印坯才算最终完成，其具体的操作步骤是：先将模具放在一平整的石板上，将合适干度的雏形瓷坯覆扣在模具上定位，然后用双手拍打瓷坯外壁，一边拍打，一边微许转动瓷坯，尽量做到用力均匀，使瓷坯紧贴模具，使瓷坯的壁厚均匀一致，如此完成第一次印坯。稍加晾坯之后，当瓷坯尚未干透时，即瓷坯还有微弱的可塑性时，再用第一次印坯的步骤和方法，完成第二次印坯，如此印坯定型才告完成。

图版39

（a）雕刻盘子

（b）研磨钴料

（c）青花绘画

图版40

（a）吹孔雀绿釉

（b）壶的拉坯成型

（c）粘壶嘴和壶把

图版41

（a）以刀具修利圈足

（b）切足

（c）湿笔清表

图版42

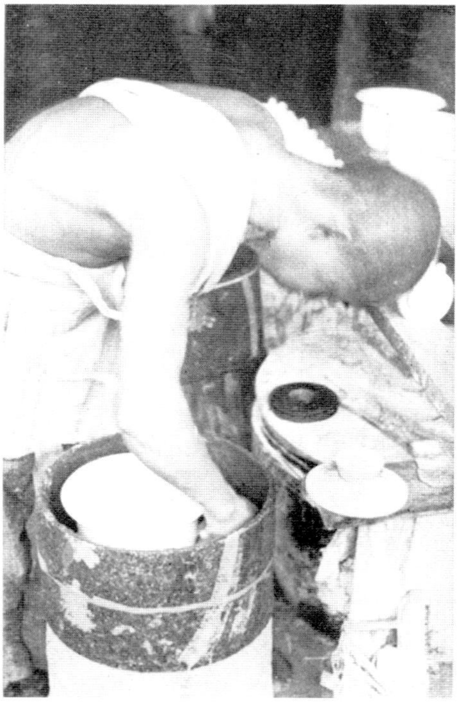

（a）堆叠匣钵

（b）重建中的窑炉

（c）添加柴火

（d）开窑

图版43

（a）

（b）

（a）图所示是15世纪的原作，青花因再次氧化产生了黑斑

（b）图所示是18世纪的仿品，为了仿制早期的黑色斑点，人们会点涂额外的青花料，从而制造了一种新的装饰效果，从反光上，可以看到橘皮釉模仿得非常成功

图版44

（a）

（b）

（c）

（d）

（a、b图）为同一位写款者所书宣德时期和成化时期款识，这些都是最为精美的明代仿品，很可能是17世纪后期臧应选督陶时所造

（c、d图）为莲子碗的清代仿品，参见图版7

图版45

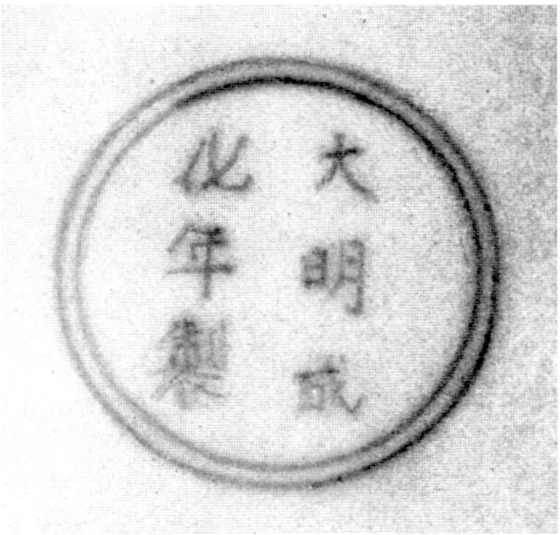

款识，18世纪的同一位写款者所书，很可能是年希尧督陶时所造

右上图和左上图，以红彩、两种色调的绿彩和釉下青花装饰的盘

左下图，珐琅彩婴戏纹盘。

右下图，珐琅彩鸳鸯水草纹碗，雍正时期的典型作品

原书图版说明

所有尺寸均以厘米为单位

图版

1.— 盘，内外壁均以青花绘穿莲龙，内弧壁另有以泥浆绘制的双龙，共有五龙。宣德款识。直径21厘米。另请参见图版20a。

2.—（a）压手杯，最为稳帖合手，体薄透光如脱胎。其内壁有以泥浆绘制的釉下双龙戏珠纹，对光可见。龙纹的样式如线图1所示，碗心的珠纹内书有“永乐年制”四字篆体款。另有同样器型绘有与线图2相似龙纹的碗。二者均为永乐时期作品。直径19.7厘米，足径6.2厘米，高6.2厘米。

（b）僧帽壶，很可能在祭祀中与压手杯和其他白釉器物搭配使用。胎体洁白，釉面肥厚；足底的釉薄处被氧化成淡淡的金黄色。壶身釉下刻缠枝莲托八宝纹（线图8）。无款识，永乐时期。高19.2厘米。

3.—（a）莲子杯，内外均以青花为饰，宣德款识，直径10.1厘米。

（b）和上述莲子杯的器型和装饰相似，但多处青花钴料氧化发黑。无款识，永乐时期，直径10厘米。

（c）馒头心碗，内外均以青花为饰，无款识。永乐时期，直径13.1厘米。

4.—（a）花浇，永乐时期，亨利·韦奇（Henri Vetch）夫人收藏于北京。

（b）印泥盒，直径19厘米，永乐时期。

5.—（a）莲子碗，内外均以青花为饰。两朵莲花之间的叶子画法值得注意。宣德款识，直径15.6厘米。

（b）和前件器型和装饰相似，但画法有所调整，以适应钴料流动和再氧化为黑色的烧成状况。直径16厘米。参见图版6。

6.—（a）图版5a的碗底，参见图版5。

（b）图版5b的碗底。

7.—（a）图版3a的碗底。宣德时期。

（b）图版3b的碗底。永乐时期。

（c）图版13d的碗底。宣德时期。

（d）永乐时期的类似碗底。

8.— 靶杯，宣德时期，以青花或釉里红为饰，另有釉下暗刻花装饰。靶杯的柄部中空，封底。内书青花款识，如图版12所示。直径10厘米，高8.7厘米。

（a）饰青花缠枝莲纹，吴赉熙收藏。

（b）饰青花海水留白五龙纹，龙鳞和龙眼暗刻而成。

（c）饰青花海水双飞象纹，大维德收藏。

（d）饰青花缠枝莲纹，大维德收藏。

（e）饰釉里红三鱼纹，尤摩弗帕洛斯收藏，维多利亚和阿尔伯特博物馆，伦敦。还有一些器型和大小类似的龙纹凤纹靶杯。

9.—（a）带盖靶杯，也称净水碗，饰青花缠枝花卉纹。宣德款识，高约14厘米，塞奇威克（Sedgwick）收藏。

（b）靶杯，饰青花缠枝莲纹；口沿书四字宣德款识。高约12.5厘米。

10.— 靶杯，宣德时期，以青花釉里红和暗刻花装饰，杯心双圈内书款识，靶足中空不封底。

（a）碗内壁以泥浆饰双龙纹，外壁与靶足以暗刻花和青花釉里红饰海水龙纹，外壁双龙，靶足一龙。无款识。宣德时期。直径15厘米。大维德收藏。

（b）饰青花海水留白暗刻九海兽纹，直径15.5厘米。

（c）碗内外壁分别以泥浆和青花绘龙纹。直径约15厘米。据说现藏于瑞典。

（d）碗外壁以青花绘缠枝花卉纹，碗内心书宣德款识，外围一圈莲瓣纹。款识见图版12a。直径12.4厘米，高11.1厘米。

11.— 压手杯型的碗，内外壁分别以泥浆和青花饰缠枝牡丹纹。口径20.2厘米，底径7厘米，高6.8厘米。参见图版12。

（a）上述碗的底部。

（b）上述碗的一件仿品的底部；试比较其花卉的画法、叶子的附着形态以及款识的写法。

12.— 宣德时期款识，参见图版11。

（a）图版10d的靶杯内心。

（b）图版22a的壶底足。

（c）图版16b的碗。

（d）图版21b的青花凤纹盘。

（e）图版8b的靶杯。

（f）白釉靶杯。尤摩弗帕勒斯收藏。

（g）饰青花八宝纹碗的内心。

13.— 宣德时期青花碗，足底双圈内书有六字款识。

（a）传说故事题材，饰一云山驾鹤的仙女。碗内素面。口径19.5厘米。塞奇威克收藏。参见图版14。

（b）内外壁均饰缠枝花卉纹。尤摩弗帕洛斯收藏。口径19.5厘米。参见图版14。

（c）内壁绘缠枝花卉纹，外壁绘莲瓣纹。口径21.1厘米。

（d）内外壁分别饰程式化的花卉纹和莲瓣纹。口径16.1厘米。

14. — 盆，外壁以青花饰松竹梅纹和宣德款识。底足和盆内素面。口径29.5厘米。大维德收藏。参见图版13。

15. — 葫芦瓶，饰青花缠枝花卉纹和程式化的开光花卉纹。瓶颈处书宣德款识。高26厘米。大维德收藏。参见图版16。

16. —（a）平底广口盖碗，绘以釉里红龙纹和青花边饰。碗内和盖中均以青花书宣德款识。口径17.5厘米。中国官方收藏。参见图版15。

（b）碗，无盖，与上述盖碗的装饰和款识相似，但红色更亮更透。青花边饰颜色更深，且局部有再次氧化形成的黑斑。口径17.2厘米。大维德收藏。参见图版15。

对比这两件器物上龙的画法，注意其矫健程度不一。笔者认为，第一件碗是康熙时期对第二件碗的仿品。

17. — 盘，内心和外壁绘腾跃于淡色青花海浪间的猛龙，内弧壁则以泥浆另绘双龙，共饰五龙。参见图版20b。宣德时期，有款识。口径17.7厘米，足径11厘米。侯时塔（W.Hochstadter）收藏于北京。参见图版18。

18. — 靶杯，饰有五条深色青花猛龙腾跃于淡色青花海浪之间，画法与图版17所示的瓷盘相似，很可能是同一绘龙高手所作。二者也很可能成套用于祭祀场合。靶足中空，内施釉。碗心双圈内书六字款识，宣德时期。口径16.8厘米，高11厘米。参见图版17。

18A. — 碗，花瓣形壁，外壁以青花饰十组团龙纹，碗内绘一龙纹。口径约20厘米。阿尔弗雷德·克拉克（Alfred Clark）夫妇收藏。参见图版19。

19. — 深腹盘，葵瓣形口，饰深色青花鱼藻纹和莲纹。这种造型的盘子一般用作笔洗，也很可能用于献祭。画法与卷首插图所示瓷盘上的貌似出自同一人之手，甚至和图版17的盘和图版18的靶杯的绘者相同。宣德款识以常见方式书于底足。口径18厘米。阿尔弗雷德·克拉克夫妇收藏。参见图版18A。

20. —（a）卷首盘的背面，宣德时期，有款识。

（b）图版17盘的背面，宣德时期，有款识。

21. —（a）盘，饰有青花缠枝莲龙纹；其中外弧壁绘双龙，共绘五龙。与图版17、图版18和卷首插图的画法可作比对。宣德时期，有款识。口径19.3厘米，足径11.6厘米。参见图版 22。

（b）深腹盘，花瓣形壁，盘心以青花绘五尾凤和单卷尾凰各一，间以朵云。外壁绘十组团凤纹。宣德款识书于底足，如图版12d所示。口径16.1厘米，足径12.7厘米，高4.1厘米。塞奇威克收藏。参见图版 22。

22. —（a）壶，很可能用于盛酒或水，以青花饰五狮戏球。因“五狮”与“五世”谐音，有“五世同堂”的吉祥寓意。宣德时期，款识书于底足，如图版12b所示。高10厘米。尤摩弗帕勒斯收藏。参见图版 21。

（b）净水碗，用于佛教仪式，以青花饰缠枝花卉纹。宣德时期，有款识。高7.2厘米。

23. — 瓶，以青花绘鸟栖花枝纹。带斑点，青花发色从烟熏黑到翠绿色不等。无款识。15世纪早期，高33厘米。吴赉熙收藏于北京。

24. — 罐，缺盖，青花斗彩装饰，釉上有红、绿、黄、紫等色，绘有石纹、植物纹和昆虫纹。以青花书成化款识于底部。成化时期。高9.3厘米。大维德收藏。

24A. — 青花莲龙纹盘。弘治时期款识。口径21厘米。大维德收藏。

25. — 成化款识，可能是同一写款者所书。字体构造非常接近，使用了厚毛笔和稀释的钴料。参见图版26。款识a、b、c、d对应图版26a、b、c、d的碗。

26. — 成化青花宫碗。参见图版 25。

（a）内外壁饰有青花缠枝百合花。口径15.3厘米。

（b）内外壁饰有青花缠枝芙蓉花。口径15.3厘米。

（c）内外壁饰有青花桂花纹。口径15厘米。

（d）外壁绘程式化缠枝莲纹，碗内素面。口径15.3厘米。

图版26a来自尤摩弗帕勒斯收藏。

27. —（a）青花斗彩酒杯，以红彩、苹果绿、黄彩和釉下青花绘团龙纹。款识如图版28a所示。成化时期。口径7.3厘米。参见图版 28。

（b）青花斗彩酒杯，以红彩、苹果绿、紫彩、黄彩和釉下青花绘葡萄藤和甜瓜纹。款识如图版28b所示。口径7.6厘米。参见图版 28。

（c）青花斗彩靶杯，以红彩、苹果绿、黄彩和釉下青花绘团莲纹。靶足内书单行六字款识。成化时期。高7.8厘米。大维德收藏。参见图版 28。

28. — 成化款识。参见图版 27。

（a）图版27a的酒杯款识。

（b）图版27b的酒杯款识。

（c）斗彩箸碟，以釉上红、绿、黄彩和釉下青花绘灵芝纹。成化时期。口径8.2厘米。

（d）五供杯，以釉上红、绿、黄彩和釉下青花绘五种祭品。成化时期。口径7.1厘米，高2.8厘米。

29. — 鸡缸杯，以青花斗彩绘公鸡、母鸡、小鸡和牡丹花纹。成化时期。口径8.2厘米，塞奇威克收藏。值得注意的是，款识的书写与图版 28a、c、d的相似。参见图版 30。

30. —（a）靶杯，以浅灰蓝色青花绘八宝纹。书单行成化六字款识于中空的靶足内壁。高8厘米。参见图版 29。

（b）渣斗，形似计量谷物的斗，颈部绘有蕉叶纹，腹部绘有缠枝花卉葫芦纹。无款识，成化时期。口径13.5厘米。参见图版 29。尤摩弗帕洛斯收藏。

31. —（a）盘，以红珐琅彩勾勒出龙纹的轮廓线，再填黄彩。弘治时期款识。口径21.5厘米。皮特·布德（Peter Boode）收藏于伦敦。

（b）碗，饰青花云龙纹。弘治时期款识。口径20厘米。包崔才（音译）收藏于北京。

32. — 青花碗，细绘一骑驴高士，后有仆从相随。宣德时期款识。口径10.7厘米。奥本海姆（H. J. Oppenheim）收藏。此碗或许烧造于宣德时期的民窑。

33. —（a）碗，青花绘苏东坡偕友泛舟图，并附诗一首。底足无釉，永乐款识书于碗内。明代。

（b）碗，饰青花婴戏纹。成化时期，有款识。

（c）和（d）酒杯，以青花绘鱼纹和马纹。采集于湘湖窑，湖田窑可能也有生产。14世纪。

（e）靶杯，青花绘林中高士。湖田窑类型。14世纪。

34. — 景德镇和湖田。

35. — 运往景德镇的原料。

36. —（a）在陶车上拉坯制杯。

（b）拉坯成型和模具整形后晾坯。

37. — 施釉和青花绘画。

38. — 模具整形、利坯、装饰前清理器表。

39. — 雕刻、研磨钴料、青花绘画。

40. — 制作茶壶和吹孔雀绿釉。

41. — 圈足修整。

42. — 装匣和烧制。

43. — 对比15世纪和18世纪两件器物的画法。参见图版44。

44. — 清代仿明代款识。参见图版43。

45. — 雍正仿成化时期款识。

附录一　龙与凤

龙者，水之善灵，生之本源，作为装饰图案出现已逾三千年之久。凤者，吉祥之鸟，与龙无疑同样古老。

龙凤纹饰在商代的青铜器上已有出现（见上图），尽管彼时其名存疑，是否同属亦不可考，但与龙凤存在着某种关联，却是不容置喙的。

商代青铜器的其他纹饰还包括公牛、公羊和雄鹿，这些很可能属于彼时生殖崇拜仪式上的牺牲品。而龙从一开始就被认为具有神奇玄秘的繁殖力量，尤其是作用于帝王降生一事。

明代式样的龙，可能是商兽和一条鳄鱼相结合的产物。同时，阿拉伯传说中的凤凰，也许曾经喜欢的是一只商鸟，而不是斑鸠。

据记载，在三百六十种有鳞的动物中，龙居其首。真龙能显能隐，能微能巨，能短能长。呼风唤雨，春分登天，秋分潜渊。

龙生九子，子子不同：

Pei-hsi赑屃，性好负重，用载石柱石碑。

Chih-wen螭吻，性喜张望，常居殿宇屋脊。

P’u-lao蒲牢，性好鸣吼，使令钟声大音。

P’i-kan狴犴，狰狞有威，置之虎视狱门。

Tao-t’ieh饕餮，贪于饮食，常饰青铜器皿。

Pa-hsia蚣蝮，性善好水，以令镇于桥墩。

Ya-tzu睚眦，嗜杀喜斗，使饰刀剑之柄。

Suan-ni狻猊，喜好烟火，故而踞坐香炉。

Chiao-tu椒图，性惰好闭，惟用衔环于门。

龙有多种族属：

有鳞者谓蛟龙，有翼者称应龙，有角者名虬龙，无角者曰螭龙。蛰伏在地而未升天者为蟠龙。

庄子曾云："河上有家贫恃纬萧而食者，其子没于渊，得千金之珠。其父谓其子曰：'取石来锻之！夫千金之珠，必在九重之渊而骊龙颔下。子能得珠者，必遭其睡也。使骊龙而寤，子尚奚微之有哉！'"[1]

陆佃曰："龙珠在颔，蛇珠在口，螭珠在足，鱼珠在眼，蚌珠在腹。"[2]

有羽之虫三百六十，而凤凰为之长。雄者称"凤"，雌者曰"凰"，为太平之祥瑞。

凤之象也，麟前鹿后，蛇头鱼尾，龙文龟背，燕颔鸡喙，五色备举。见则明君治世，天下大宁。

五爪神龙上天入地，呼风唤雨，很可能自宋代起便成为皇权象征。在开封的宫殿里，至今仍保存着一块据说是支撑宋徽宗（在位于1101—1125年）御座的方形支石。石块的四侧雕刻有十六条腾云驾雾的五爪龙，形态与明代的龙纹相仿。

天子布德，将致太平，则麟凤龟龙，合以呈祥。因此，凤也被奉为皇后的象征。

编译者注：

[1] 这段文字出自《庄子·列御寇篇》。

[2] 这段文字出自宋代陆佃的《埤雅》卷一《释鱼·蛟》，其对应的原文为："龙珠在颔，蛟珠在皮，蛇珠在口，鳖珠在足，鱼珠在眼，蚌珠在腹。"此处引文漏"蛟珠在皮"四字，"鳖"字误引为"螭"字。

附录二　主要器型及其尺寸

永乐时期

表Ⅰ–a. — 莲子碗。或以暗花装饰，外壁刻花，内壁以泥浆绘画；或以青花装饰。无款识。

两种尺寸：

（i）口径16厘米，高8.6厘米，足径4.6厘米。

（ii）口径10厘米，高6.0厘米，足径3.1厘米。

表Ⅰ–b. — 压手杯。以泥浆绘饰暗花。以刻划或泥浆方式书款识于器内。

两种尺寸：

（i）口径20厘米，高6.2厘米，足径6.2厘米。

（ii）口径9厘米，高3.3厘米，足径3厘米。

表Ⅰ–c. — 碗。或以暗花装饰，外壁刻花，内壁以泥浆绘画，饰莲瓣和花卉纹；或以青花装饰。口径21厘米，高10厘米，足径7.3厘米。

表Ⅰ–d. — 茶壶。无纹饰。高11.1厘米。

表Ⅰ–e. — 靶杯。以泥浆饰暗花龙纹，罩以红釉或透明釉。口径16厘米，高10.3厘米。

表Ⅰ–f. — 靶杯。器内以泥浆饰龙纹。口径11厘米，高9.5厘米。

表Ⅰ–g. — 靶杯。外壁刻花装饰。口径11.9厘米，高12.7厘米。

表Ⅰ–h. — 僧帽壶。外壁或以刻花装饰，或仅施红釉；也可能以蓝釉装饰。高19.3厘米。

表Ⅰ–i. — 梅瓶。或以青花装饰，或以暗刻花装饰。高25厘米。

表Ⅰ–j. — 酒壶。以暗刻花装饰。高10厘米。

表Ⅰ–k. — 葫芦瓶。或以青花装饰，或以暗刻花装饰。高26厘米。

表Ⅰ

以下器型也出现在永乐时期

表Ⅱ-c. — 碗。内外均以青花装饰。口径20厘米。
表Ⅱ-i. — 馒头心浅碗。内外均以青花装饰。口径13厘米。
表Ⅳ-g. — 盘。以泥浆饰龙纹、凤纹、花卉纹或八宝纹。
两种尺寸：
（i）口径18.8厘米，足径11.7厘米。
（ii）口径14.3厘米，足径8.3厘米。

宣德时期

表Ⅱ-a. — 碗。形似压手杯。有两种装饰：第一种内外壁分别以青花和泥浆绘缠枝莲纹；第二种内壁素面，外壁以青花绘人物纹和风景纹。口径20厘米，足径7厘米。
表Ⅱ-b. — 莲子碗。内外均以青花装饰。
两种尺寸：
（i） 口径15.6厘米，足径4.1厘米，高8.7厘米。
（ii）口径9.9厘米，足径3.0厘米，高5.6厘米。
表Ⅱ-c. — 碗。内外均以青花装饰。口径19.4厘米，足径9.2厘米，高8.8厘米。
表Ⅱ-d. — 圆锥形碗。以青花装饰。口径22厘米。
表Ⅱ-e. — 净水碗。以青花装饰。带盖高度14厘米。
表Ⅱ-f. — 碗。以青花装饰，有时添加釉里红或铁红彩装饰。口径17.5厘米。
表Ⅱ-g. — 酒壶。红釉或蓝釉下刻莲瓣纹。高10.6厘米。
表Ⅱ-h. — 靶杯。花形杯身，竹节形杯柄，以青花装饰。口径16.8厘米，高11.2厘米。
表Ⅱ-i. — 馒头心浅碗。内外均以青花装饰。口径13厘米，高5厘米。
表Ⅱ-j. — 净水碗。以青花装饰，用于佛教仪式。高7.2厘米。
表Ⅱ-k. — 花浇。用于仪式场合，以青花装饰。高14厘米。
表Ⅱ-l. — 靶杯。以青花或釉里红装饰。口径12厘米，高11厘米。
表Ⅱ-m.— 靶杯。以青花或釉里红装饰，有时以化妆土打底。口径10厘米，高9厘米。
表Ⅱ-n. — 靶杯。以青花或釉里红装饰，或二者兼具。口径15.5厘米，高10.2厘米。

表Ⅱ

表Ⅲ–a. — 盖罐。以青花装饰。高29厘米。

表Ⅲ–b. — 壶。以釉里红或青花装饰。高32厘米。

表Ⅲ–c. — 渣斗。造型类似计量谷物的斗，以青花装饰。口径16厘米，高15厘米。

表Ⅲ–d. — 瓶。以青花或釉里红装饰。高34厘米。

表Ⅲ–e. — 扁壶。以青花装饰。高22厘米。

以下器型也出现在宣德时期

表Ⅰ–c. — 碗。内外均以青花或以泥浆和刻花饰花卉纹。

表Ⅰ–g. — 靶杯。以青花装饰，书四字款识于外口沿处。

表Ⅰ–h. — 僧帽壶。以蓝釉或红釉装饰。

表Ⅰ–i. — 梅瓶。以青花装饰。

表Ⅰ–j. — 酒壶。以青花装饰。高10厘米。

表Ⅰ–k. — 葫芦瓶。以青花装饰。高25.5厘米。

表Ⅳ–e. — 盘。以青花装饰，或仅饰红釉或蓝釉；也有的饰黄地青花花卉纹。

四种尺寸：

（i） 口径19.3厘米，足径11.6厘米。

（ii） 口径18.1厘米，足径11.3厘米。

（iii）口径17.3厘米，足径10.2厘米。

（iv）口径17.5厘米，足径11.1厘米。

表Ⅳ–f. — 盘。或以青花装饰；或内外均饰蓝釉；或内外均饰红釉；或内素白釉外壁饰青花，或外壁饰孔雀绿釉。这一类型通常以泥浆在内壁绘暗龙纹。口径21.7厘米、21厘米等。这种造型的盘有的还以黄地青花花卉纹为饰。

表Ⅲ

成化时期

表Ⅳ–a. — 渣斗。以青花装饰。口径13.5厘米，高9.4厘米。

表Ⅳ–b. — 盖罐。以斗彩装饰。高9.4厘米。

表Ⅳ–d. — 碗。或内外均以青花装饰，或只有外壁以青花装饰。口径15.6厘米。

表Ⅳ–e. — 盘。或内外均以青花装饰，或仅以黄釉装饰。

两种尺寸：

（i） 口径19厘米，足径15.6厘米。

（ii）口径24.5厘米。

表Ⅳ–g. — 酒杯。以斗彩装饰。口径7.3厘米。

表Ⅳ–h. — 鸡缸杯。以斗彩装饰。口径8.1厘米。

表Ⅳ–i. — 酒杯。口沿微侈，以斗彩装饰。口径7.6厘米。

表Ⅳ–j. — 靶杯。以青花装饰。口径7.5厘米。高8厘米。

表Ⅳ–k. — 靶杯。以斗彩装饰。口径6.2厘米。高7.8厘米。

表Ⅳ–l. — 靶杯。口沿微侈，以斗彩装饰。

两种尺寸：

（i） 口径6.7厘米，高7.8厘米。

（ii）口径6.0厘米，高7.6厘米。

弘治时期

表Ⅳ–c. — 碗。以青花装饰。

两种尺寸：

（i） 口径22.7厘米，高12厘米。

（ii）口径21.8厘米，高10.5厘米。

表Ⅳ–f. — 盘。或以青花装饰，或以珐琅彩装饰，或仅饰黄釉。口径18厘米。

以下早期器型也被弘治时期沿用

表Ⅳ–a. — 渣斗。以黄绿彩装饰。口径15.2厘米。

表Ⅳ–e. — 盘。口沿微侈，或以珐琅彩装饰，或仅饰黄釉。口径20.6厘米等。

表Ⅱ–c. — 碗。或以青花装饰，或以珐琅彩装饰，或仅饰黄釉。

两种尺寸：

（i） 口径17.8厘米。

（ii）口径20厘米。

表Ⅰ–e. — 靶杯。以黄绿彩装饰。口径15.6厘米。

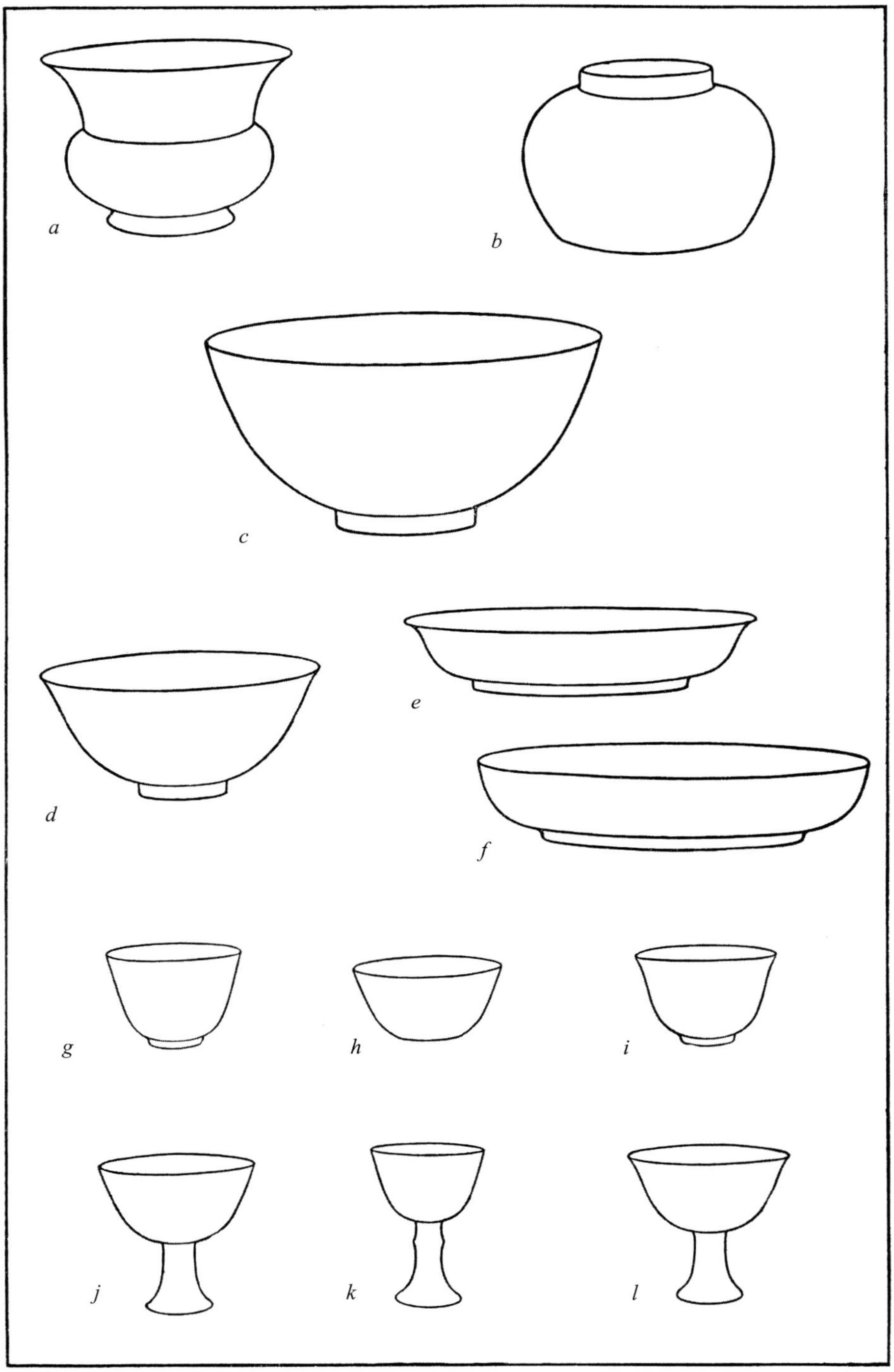

表IV

附录三　中国著名陶瓷产地

直隶

定州—白胎瓷器，有印花或刻花装饰，施透明釉或其他釉。宋代。

巨鹿县、磁州和清河县地区—白胎，施白色、浅黄色、巧克力色或火焰色釉。宋代。

河南

郑州—无与伦比的柴窑，有“雨后天青色，薄如纸，声如磬”等美誉。五代。

汝州—灰褐胎，施青蓝色或淡紫蓝色釉，部分釉面有开片，北宋御贡。厚胎厚釉者有如钧瓷；灰褐胎，刻花或印花装饰，施透明橄榄绿釉者，人称“北方青瓷”。宋元时期。参见：大维德爵士，《论汝窑》，载于《东方陶瓷学会会刊》第14卷。

钧州（今禹州）—灰褐胎，釉厚，呈不透明蓝色，部分掺杂有紫色。宋元时期。

陕西

大概在西安附近—灰胎，刻花装饰，施透明淡橄榄绿釉，人称“北方青瓷”。宋元时期。

四川

大邑—白胎瓷器，刻花装饰，施海绿色、白色或褐色釉。宋代至明代。参见：贝德福特，《中国杂志》，1936年。

江苏

宜兴—红褐胎，无釉，茶壶与杯，同样模仿钧瓷。明代至今。

浙江

杭州—南宋官窑。灰黑胎、淡灰胎或黄褐胎，施灰色、蓝灰色或青色釉。参见：霍布逊，各类著作。

九岩—灰胎，釉薄，呈透明橄榄绿色，戳印或模印图案。或许是最早的越窑瓷器。东汉至六朝时期。参见：白兰士敦，1937年。

上林湖—灰胎，釉薄，呈橄榄绿或青绿色，刻花或模印装饰。越窑瓷器。唐代至宋代早期。参见：普卢默（J. M. Plumer），1936年；白兰士敦，1937年。

龙泉—灰胎或白胎，施典型“青瓷”青绿釉、橄榄绿釉或金褐色釉，部分釉面有开片。宋代及其以后。参见：陈万里，各类著作。

江西

景德镇—白色半透明胎体，多种透明釉色，青花、珐琅彩等多种装饰。唐代至今。

吉安府，古称吉州—窑址在城南永和镇。白胎，施仿定窑的透明无色釉；浅黄胎，施不透明褐色釉或兔毫釉。白胎瓷器有黑褐色装饰。宋元时期。参见：白兰士敦，1937年。

福建

建阳—黑褐胎或黑胎，施红褐色厚釉或兔毫釉。宋代及其以后。参见：普卢默，《伦敦图片新闻》，1935年10月26日。

德化—白色半透明胎体，施透明无色釉，以刻花、印花或青花装饰。明代至今。参见：马尔科姆·法利。

漳州—浅黄白色胎体，釉呈奶油色，有细密开片，有的模仿定窑，有的模仿德化窑。明代。参见：马尔科姆·法利。

广东

佛山和石湾—淡黄色砂胎，施不透明厚釉，模仿钧窑、官窑、吉州窑和其他窑口。宋代至今。

上面的窑址清单并不全面，只是根据到访过这些窑址或生产地的人所提供的资料，列出了一些知名窑场的主要产品。

原版英文

ACKNOWLEDGMENT

If these writings appear to be a disconnected series of notes, the writer makes his apologies in adding one more, perhaps the most necessary of all.

The debt to the writers of works included in the bibliography may be judged by any who read those works. Equally important, but less obvious, are the several favours of collectors, connoisseurs and dealers in England and in China.

In particular the writer is indebted to Mr. W. W. Winkworth, Mr. Leigh Ashton and Mr. H. R. N. Norton for their introductions to these wares, to Mr. George Eumorfopoulos and Sir Percival David for their kind help and encouragement, and to Mr. R. L. Hobson, for his freely given opinions during the International Exhibition of Chinese Art, in London, at which the writer was privileged to assist.

In Peking, Dr. J. C. Ferguson and Mr. Wu Lai-hsi have generously given advice and exchanged criticisms. Finally, Mr. Lee Hung-ching of the National Palace Museum has given most valuable assistance in finding Chinese texts and in their translation.

The author wishes to thank Mr. Henri Vetch for the pains which he has taken in reading the text, his valuable suggestions and editorship of the series of notes and translations which make up this volume.

In Shanghai Mr. T. D. Davy has, with great patience and skill, produced a book which flatters its contents.

CONTENTS

APPENDIX I—THE PHOENIX AND THE DRAGON

APPENDIX II—CHINESE DYNASTIES AND PERIODS

APPENDIX III—A SELECTED NUMBER OF SHAPES AND SIZES

APPENDIX IV—SELECTED BIBLIOGRAPHY

GLOSSARY—CHINESE WORDS AND NAMES IN THE TEXT CERAMIC MAP OF CHINA

DESCRIPTION OF PLATES

All dimensions are in centimetres

Plate

1. — DISH, with decoration in blue of dragons among lotus flowers inside and out; there are two dragons in slip around the curved edge inside. So that the total number of dragons is five. Mark and period of Hsüan-tê. Dia. 21 cm. See also plate 20a.

2. — (*a*) *Ya-shou-pei* (press hand cup), which is most easily carried on the palm of the hand. These are described as *t'o-t'ai* (bodiless) on account of their extreme thinness and translucency. The decoration of two dragons pursuing a flaming pearl, is painted in slip (liquid clay) inside the bowl and is seen when the bowl is held towards the light. The dragons are as shown on figure 1 and the pearl is in the centre of the bowl. The mark is written in four archaic characters "*Yung-lo nien-chih*" inside the pearl. There are also bowls of this shape with dragons similar to that of figure 2. Both types are of the Yung-lo period. Dia. 19.7, foot dia. 6.2, ht. 6.2 cm.

(*b*) *Sêng-mao-hu* (monk's cap jug), probably used in ritual with the *ya-shou-pei* and other white wares. The body is pure white and the glaze thick and lustrous; under the base the glaze, where thin, is oxidized to a faint golden yellow. The body of the jug is decorated with lotus scrolls supporting the Eight Buddhist Emblems (fig. 8) incised in the paste under the glaze. Unmarked but Yung-lo period. Ht. 19.2 cm.

3. — (*a*) CUP of *lien-tzŭ* lotus form, with blue decoration inside and out. Mark and period of Hsüan-tê. Dia. 10.1.

(*b*) CUP of similar shape and decoration but with cobalt re-oxidized to black in many places. Unmarked. Yung-lo period. Dia. 10 cm.

(*c*) BOWL with *man-t'ou-hsin* (loaf centre) and blue decoration inside and out. Unmarked. Yung-lo period. Dia. 13.1.

4. — (*a*) TANKARD. Yung-lo period. Mrs. Henri Vetch, Peking.

(*b*) BOX, for seal vermilion. Dia. 19cm. Yung-lo period.

5. — (*a*) BOWL of *lien-tzŭ*, lotus form, with blue decoration inside and out. Note the drawing of the leaf between the two lotus flowers. Mark and period of Hsüan-tê. Dia. 15.6 cm.

(*b*) BOWL, similar in form and decoration to the above but with drawing modified to suit the firing conditions which cause the cobalt blue to drift and become re-oxidized to black. Unmarked. Yung-lo period. Dia. 16 cm. PLATE 6.

6. — (*a*) Base of bowl shown on 5*a*. PLATE 5.

(*b*) Base of bowl shown on 5*b*.

7. — (*a*) Base of bowl illustrated on 3*a*. Hsüan-tê period.

(*b*) Base of bowl illustrated on 3*b*. Yung-lo period.

(*c*) Base of bowl illustrated on 13*d*. Hsüan-tê period.

(*d*) Base of a similar bowl of the Yung-lo period.

8. — STEMCUPS, Hsüan-tê period, with decoration in underglaze blue or red and incised in the paste under the glaze. The stems are hollow but covered over at the base and the marks are written in blue inside as shown on Plate 12. Dia. 10 cm. Ht. 8.7 cm.

(*a*) Decorated with lotus scrolls in blue. Wu Lai-hsi Collection.

(*b*) Decorated with five white dragons, with scales and eyes incised, among blue waves.

(*c*) Decorated with two flying elephants among clouds and waves in blue. David Collection.

(*d*) Decorated with lotus scrolls in blue. David Collection.

(*e*) Decorated with three fishes in underglaze red. Eumorfopoulos Collection. Victoria and Albert Museum, London.

There are also stemcups of similar shape and size with dragons and with phoenixes.

9. — (*a*) STEMCUP, with cover, decorated with flower scrolls in blue. Type known as *ching-shui-wan* (clear water bowl). Mark and period of Hsüan-tê. Ht. about 14 cm. Sedgwick Collection.

(*b*) STEMCUP, decorated with flower scrolls in blue; mark of Hsüan-tê in four characters on lip. Ht. about 12.5 cm.

10. — STEMCUPS, Hsüan-tê period, with decoration in underglaze blue and red, and incised in the paste under the glaze. The marks are written inside the bowl within a double circle, the stems are hollow and open.

(*a*) Decorated with two dragons in slip inside, outside with two on the bowl and the fifth around the stem incised in the paste and covered with underglaze red among blue sea waves. Unmarked. Hsüan-tê period. Dia. 15 cm. David Collection.

(*b*) Decorated with nine white sea-monsters incised among blue sea waves. Dia. 15.5 cm.

(*c*) Decorated with dragons in blue outside and in slip inside the bowl. Dia. about 15 cm. Said to be in Sweden.

(*d*) Decorated outside with flower scrolls in blue, and inside with the Hsüan-tê mark in a lotus petal border. See plate 12*a* for mark. Dia. 12.4. Ht. 11.1 cm.

11. — BOWL of *ya-shou-pei* (press hand cup) shape, decorated with peony scrolls outside in blue and inside in slip. Hsüan-tê period. Dia. 20.2 cm., ft. dia. 7 cm., ht. 6.8 cm. PLATE 12.

(*a*) The base of the bowl described above.

(*b*) The base of a copy of the above described bowl; compare the drawing of the flowers, the attachment of the leaves to the stem and the writing of marks.

12. — MARKS of the Hsüan-tê period. PLATE 11.

(*a*) Inside the stemcup of Plate 10*d*.

(*b*) The base of the ewer of Plate 22*a*.

(*c*) The bowl on Plate 16*b*.

(*d*) The phoenix dish of Plate 21*b*.

(*e*) The stemcup of Plate 8*b*.

(*f*) White stemcup. Eumorfopoulos Collection.

(*g*) Inside a bowl decorated with the Eight Buddhist Emblems in blue.

13. — BLUE-DECORATED BOWLS of the Hsüan-tê period, marked under their bases in six characters inscribed in double circles.

(*a*) Decorated with a legendary subject, a lady riding a crane among cloudy mountains. Plain white inside. Dia. 19.5 cm. Sedgwick Collection. PLATE 14.

(*b*) Decorated with flower scrolls inside and outside. Eumorfopoulos Collection. Dia. 19.4 cm. PLATE 14.

(*c*) Decorated with flower scrolls inside and petals outside. Dia. 21.1 cm.

(*d*) Decorated with stylized flower motifs inside and petal design outside. Dia. 16.1 cm.

14. — BASIN, decorated outside with pine, prunus and bamboo and the Hsüan-tê mark in blue. The base and inside are undecorated. Dia. 29.5 cm. David Collection. PLATE 13.

15. — *Hu-lu-p'ing*, GOURD BOTTLE, with decoration of flower scrolls and a stylized medallion in blue. Hsüan-tê mark around neck. Ht. 26 cm. David Collection. PLATE 16.

16. — (*a*) COVERED BOWL, decorated with dragons in red and borders in blue, under the glaze. The Hsüan-tê mark is written inside the bowl and lid in blue. Dia. 17.5 cm. Chinese Government Collection. (See below) PLATE 15.

(*b*) BOWL, lacking cover, with similar decoration and mark to the above but in a brighter and more translucent red. The blue of the borders is deeper and is re-oxidized to black in parts. Dia. 17.2 cm. David Collection. PLATE 15.

Compare the drawing of the dragons on these pieces, and note the difference in their speed. In the writer's opinion the first bowl is a K'ang-hsi copy of the second.

17. — DISH, with decoration inside and on the back of blue dragons leaping and rushing among pale blue waves. Around the inside curved edge there are two dragons painted in slip, so the dragons are five in number. See also plate 20b. Mark and period of Hsüan-tê. Dia. 17.7, foot dia. 11 cm. W. Hochstadter, Peking. PLATE 18.

18. — STEMCUP, with decoration of five dragons in deep blue among pale blue waves. The drawing

is similar to that of the dish of plate 17 and is probably the work of the same master dragon painter. These two pieces were probably used together in ritual in the same set. The stem is hollow and glazed inside; the mark is in the centre of the bowl in six characters in a double circle. Period of Hsüan-tê. Dia. 16.8 cm. Ht. 11 cm. PLATE 17.

18A. — BOWL, with foliate sides and decoration in blue of ten dragon medallions outside and one inside. Dia. about 20 cm. Collection of Mr. and Mrs. Alfred Clark. PLATE 19.

19. — DEEP DISH, with foliate edge and decoration in deep blue of fishes, lotus flowers and water-weeds. Dishes of this shape were often used as brush-washers, but probably were also used in ritual. Compare the drawing with that of the frontispiece, these also appear to be the work of one man, perhaps the same who decorated the dish and stemcup of plates 17 and 18. The Hsüan-tê mark is written in the usual manner on the base. Dia. 18 cm. Collection of Mr. and Mrs. Alfred Clark. PLATE 18A.

20. — (*a*) Back of dish illustrated on frontispiece. Mark and period of Hsüan-tê.

(*b*) Back of dish illustrated on plate 17. Mark and period of Hsüan-tê.

21. — (*a*) DISH, with decoration in blue of dragons among lotus scrolls; on the back are two dragons around the curved edge, so there are five dragons altogether. Compare the drawing with pl. 17, 18 and the frontispiece. Mark and period of Hsüan-tê. Dia. 19.3 cm., ft. dia. 11.6 cm. PLATE 22.

(*b*) DEEP DISH, with foliate edge and decoration in blue of the phoenixes *fêng* with five feathered tail and *huang* with a curling tail, flying among clouds. Around the outside edge are ten medallions of phoenixes. The mark of Hsüan-tê is written on the base and is illustrated on plate 12*d*. Dia. 16.1 cm., foot dia. 12.7 cm., ht. 4.1 cm. Sedgwick Collection. PLATE 22.

22. — (*a*) EWER, probably used for wine or water, with blue decoration of five lions playing with threaded balls. Five lions, *wu-shih*, is a rebus for five descendants, so the meaning to be conveyed is a wish for five living descendants under one roof, *wu-shih-t'ung-chü*. The Hsüan-tê mark is written on the base and is illustrated on plate 12*b*. Height 10 cm. Eumorfopoulos Collection. PLATE 21.

(*b*) BOWL of form known as *ching-shui-wan* (clear water bowl), used in Buddhist ritual, decorated with flower scrolls in blue. Mark and period of Hsüan-tê. Ht. 7.2 cm.

23. — BOTTLE, decorated in blue with birds sitting on a bough of blossom. The blue is mottled and varies from smoky black to deep-kingfisher. Unmarked. Early 15th century. Ht. 33 cm. Wu Lai-hsi Collection, Peking.

24. — JAR, lacking cover, decorated in *tou-ts'ai* (clashing colours) of overglaze red, green, yellow

and aubergine enamels and underglaze blue, with rocks, plants and insects. The mark is written in blue on the base and is illustrated under the jar. Ch'êng-hua period. Ht. 9.3 cm. David Collection.

24A. — DISH with decoration of dragons among lotus flowers in blue. Mark and period of Hung-chih. Dia. 21 cm. David Collection.

25. — CH'ENG-HUA MARKS, perhaps written by a single calligrapher. It will be noticed that the formation of the characters corresponds very closely: a thick brush and diluted cobalt were used. PLATE 26.

The marks *a*, *b*, *c* and *d* are those of the bowls of plate 26 *a*, *b*, *c* and *d*.

26. — PALACE BOWLS, of the Ch'êng-hua period with decoration in blue. PLATE 25.

(*a*) of lily scrolls inside and out. Dia. 15.6 cm.

(*b*) of hibiscus scrolls inside and out. Dia. 15.3 cm.

(*c*) of *kuei* flowers inside and out. Dia. 15 cm.

(*d*) of stylized lotus scrolls outside, plain inside. Dia. 15.3 cm. 26*a* is in the Eumorfopoulos Collection.

27. — (*a*) WINECUP with decoration of flowing-tailed dragon medallions in *tou-ts'ai* red, apple-green and yellow enamel colours and underglaze blue. The mark is illustrated on plate 28*a*. Period of Ch'êng-hua. Dia. 7.3 cm. PLATE 28.

(*b*) WINECUP with decoration of grape-vine and melons in *tou-ts'ai* red, apple-green, aubergine and yellow enamel colours and underglaze blue. The mark is illustrated on plate 28*b*. Dia. 7.6 cm. PLATE 28.

(*c*) STEMCUP with decoration of lotus medallions in *tou-ts'ai* red, apple-green and yellow enamel colours and underglaze blue. The mark is written in six characters in a single line inside the foot. Period of Ch'êng-hua, Ht. 7.8 cm. David Collection. PLATE 28.

28. — CH'ENG-HUA MARKS. PLATE 27.

(*a*) The mark of the winecup 27*a*.

(*b*) The mark of the winecup 27*b*.

(*c*) Dish on which to rest chopsticks, decorated with *ling-chih*, magic fungus, in *tou-ts'ai* red, green and yellow enamel colours and underglaze blue. Ch'êng-hua period. Dia. 8.2 cm.

(*d*) *Wu-kung-pei*, shallow winecup decorated with the five sacrificial offerings in *tou-ts'ai* red, yellow and green enamel colours and underglaze blue. Ch'êng-hua period. Dia. 7.1, ht. 2.8 cm.

29. — CHICKEN CUP, *chi-kang*, decorated with cocks, hens, chickens and peony flowers in *tou-ts'ai* enamel colours. Ch'êng-hua period. Dia. 8.2 cm., Sedgwick Collection. Note that the

writing of the mark is similar to that of Plate 28*a*, *c* and *d*. PLATE 30.

30. — (*a*) STEMCUP, decorated with the Eight Precious Objects in pale grey-blue. The Ch'êng-hua mark is written in a single line inside the hollow foot. Ht. 8 cm. PLATE 29.

(*b*) *Cha-tou*, LEYS JAR, of grain-measure shape, decorated with scrolls of flowers and gourds under a border of banana leaves. Unmarked, Ch'êng-hua period. Dia. 13.5 cm. Eumorfopoulos Collection. PLATE 29.

31. — (*a*) DISH, decorated in enamel colours with yellow dragons in red outline. Mark and period of Hung-chih. Dia. 21.5 cm. Peter Boode, London.

(*b*) BOWL, decorated with dragons among clouds in blue. Mark and period of Hung-chih. Dia. 20 cm. Pao Tsui Chai, Peking.

32. — BOWL, with finely pencilled decoration of a man riding a donkey followed by an attendant. Mark of Hsüan-tê period. Dia. 10.7 cm. H. J. Oppenheim Collection. This piece was perhaps made at one of the private kilns during the Hsüan-têperiod.

33. — (*a*) BOWL, with decoration in blue of Su Tung-p'o and his friends in a boat, also inscribed with a poem. The base is unglazed and the Yung-lo mark is written inside the bowl. Ming dynasty.

(*b*) BOWL, decorated in blue with children. Mark and period of Ch'êng-hua.

(*c*) and(*d*). WINECUPS, decorated in blue with fishes and horses. Type found at Hsiang-hu, perhaps also made at Hu-t'ien. 14th century.

(*e*) STEMCUP, decorated in blue with a sage among trees. Hu-t'ien type. 14th century.

34. — Chingtechen and Hu-t'ien.

35. — The materials come to Chingtechen.

36. — (*a*) Throwing cups on the wheel.

(*b*) Drying bowls after throwing and moulding.

37. — Decorating with cobalt and glazing.

38. — Moulding, trimming and preparing the surface for decoration.

39. — Cobalt grinding and decoration. Engraving.

40. — Making teapots and spraying with turquoise glaze.

41. — Trimming and finishing the foot-rim.

42. — Placing in seggars and firing.

43. — A comparison between 15th and 18th century drawing. PLATE 44.

44. — Ch'ing copies of Ming marks. PLATE 43.

45. — Yung-chêng copies of Ch'êng-hua marks.

INTRODUCTION

THE APOLOGY

Buried in the dustiest corner of the library among forgotten poets, histories and travels, are the labours of those who seek to express in words what is felt by the fingers and seen with the eyes. For true feeling is more often communicated by touch and sight than by the sound of words, and "those who do not feel do not count."

So, before we start upon these words and analyses, which weigh and consider the opinions of long since buried men, the writer gives warning by quoting passages from the *Gentle Art of Making Enemies* by Whistler, which nearly saved much ink and paper and hours among the lotus flowers:

"Careful in scrutiny are they, and conscientious of judgment—establishing, with due weight, unimportant reputations—discovering the picture, by the stain on the back—testing the torso, by the leg that is missing—filling folios with doubts on the way of that limb—disputatious and dictatorial, concerning the birthplace of inferior persons—speculating, in much writing, upon the great worth of a bad work.

"True clerks of the collection, they mix memoranda with ambition, and reducing Art to statistics, they 'file' the fifteenth century, and 'pigeon-hole' the antique!"

And again—

"Art, the cruel jade, cares not, and hardens her heart, and hies her off to the East, to find, among the opium-eaters of Nankin, a favourite with whom she lingers fondly—caressing his blue porcelain, and painting his coy maidens, and marking his plates with her six marks of choice—indifferent in her companionship with him, and all to save the virtue of his refinement. He it is who calls her—he who holds her!

"And again to the West, that her next lover may bring together the Gallery at Madrid, and show to the world how the Master towers above all; and in their intimacy they revel, he and she, in this knowledge, and he knows the happiness untasted by other mortal.

"She is proud of her comrade, and promises that in after years others shall pass that way, and understand."

These words were directed against Ruskin and the general run of nineteenth century painters: they fitted the present case so well that the writer hesitated to reflect a little. But was Whistler aware of the fifteenth century porcelain which had then escaped tabulation?

For those with "her six marks of choice" which Whistler enjoyed were, with little doubt, late pieces, and bore nearly the same relationship to their fifteenth century originals as nineteenth century painters bore to his beloved Velasquez. Although Whistler admired what is good in Chinese porcelain he could never have seen the best or known in this case, "how the Master towers above all." So this book was written that " others shall pass that way and understand."

If it fails in this and is too wordy about what, at times, has threatened to become an obsession, there can be no other justification than the indulgence of a fancy.

Eyes

" What good eyes you have" says the dealer after removing the first piece of trumpery and producing an older, more battered, relic. "Not quite good enough! So! Let us go to the room beyond the courtyard and drink tea while my assistant finds something worthy of your regard."

If eyes may be acquired at all, for they are not saleable commodities, it is by constant handling and daily use of fine objects, whether they be bronzes, jades, paintings or porcelain.

To test the potentialities, drink tea each day from different cups; if possible, one should be of the fifteenth century and the others of various later periods. Then, after two weeks, if no particular piece has asserted itself, one may be assured that the interest in porcelain was formed only in order to create a diversion and to occupy time and space, so a change over to stamps or coins would be recommended.

The Scope of the Argument

Porcelain of the periods here discussed is, in the writer's opinion, the summit of attainment in potters' art at Chingtechen. In Yung-lo the lotus has budded, in Hsüan-tê the flower has opened in all its freshness, and by Ch'êng-hua the leaves begin to tremble in the breeze. The only wares to stand beside them in comparison are the finest engraved *Ting* and the cups and bowls of *Yüeh* whose perfection is only to be guessed at by handling fragments from Shang-lin-hu.

Just as Shang bronzes stand out in excellence of form and design above those of Chou and Han, fifteenth century porcelain has been the model and ideal of Chingtechen potters from the sixteenth century to the present day. Reasons for the decline are many, perhaps the best of all is that in the sixteenth century porcelain was no longer considered a precious material, bowls were ordered in tens of thousands, so hundreds of workmen laboured to provide the palace kitchens with decorated wares.

We see in sixteenth century the work of artisans in feverish haste, the day of the artist was almost done. He survived in some of the eddys of the seventeenth century, but was later carried away by necessity to make trick vases with double revolving walls, and monsters with decoration in rose and gold for the amusement of an emperor.

Ming *san-ts'ai* (three colour) wares have been avoided because nothing of importance can be added to Mr. Hobson's writings on that subject. Blue decorated wares were made at several places outside the Fou-liang district. Mr. Malcolm Farley has found large quantities of wasters at the kiln sites of Tê-hua in Fukien; so, lacking full information on these and other sites, the wares of lesser kilns have been approached with caution.

TRANSLATIONS FROM THE CHINESE

The first books attempted by the writer were the *T'ao-lu* and the *Ku-tung-chih*, both published in the Ch'ing dynasty. These seemed satisfactory enough until a copy of the *Tsun-shêng-pa-chien* was examined. This proved to be one of the sources of the *Ku-tung-chih*, and is identical except for a few variations which are easily accounted for by the carelessness of the copyist.* Further search showed that the *T'ao-lu* was also pirated. So it was decided to omit most of the Ch'ing writings and to use their sources. In this way, many difficult passages have become clear and the writer has more confidence in the general accuracy of the observations.

In order to avoid a series of disconnected phrases the writer has tried to string together the various translations which refer to the period under discussion. After each extract the character for the surname of the author is inserted. The surnames and original works may be traced in Appendix IV, which contains a Chinese bibliography.

*See *Transactions of the Oriental Ceramic Society*. 1936-37. A Commentary on Ju Ware, by Sir Percival David, Bart., p. 27.

PART I
CHAPTER I THE YUNG-LO PERIOD (1403—1424)

Porcelain of the Ming dynasty begins a new phase in ceramic history, we need not look very far backward to find the origins of these wares. For the origin of porcelain is an old story, most of its details are confused and forgotten. If some of the vessels of the Shang dynasty from Anyang had been fired at a higher temperature, porcelain might have been invented three thousand years ago.

These Ming wares have leaped a gap of five hundred years and hold the stored-up energy of those who made them. There is no trace or flavour of decay about them: their makers found in porcelain a true elixir of life. Yet, to-day, their use and true meaning are lost, our eyes may see and perhaps a shadow of purpose is felt. There is a timelessness about them which reduces dates to numbers and words to words.

Porcelain was made in Chingtechen during the T'ang dynasty and perhaps earlier still. Wares were decorated with blue during the Yüan and possibly during the Sung dynasty, but it was not until the Ming dynasty that an Imperial factory was established in Chingtechen and wares were sent each year to the Emperor. So we find that they rise to prominence in the early fifteenth century. The *Ko-ku-yao-lun* by Ts'ao Chao which was first published in the 21st year of the Hung-wu period, 1388, says: "At the present time the best porcelain made in Chingtechen is white and brilliant. There are also wares with blue-black or golden decoration, winepots and cups, greatly admired."

These need not necessarily have been Imperial wares. The *Fou-liang-hsien-chih* says that an Imperial factory was built to the south of Chu Shan, Pearl Hill, in Chingtechen in the second year of Hung-wu, 1369, but the *Kiang-si-tung-chih* says that the date was the 35th year of Hung-wu, 1402, which is in reality the last year of Chien-wên. For, although Hung-wu only reigned for thirty-one years, Chien-wên is sometimes ignored altogether and his reign is spoken of as Hung-wu. In any case, it is most unlikely that any Imperial porcelain of that period exists to-day.

So the transition from Yüan dynasty *shu-fu*樞府dishes for official use, to the wonderful *t'o-t'ai* 脫胎, bodiless, Yung-lo bowls can only be traced in the wares which were made for the people and imperfect pieces which were buried with the dead.

There are plain white cups with everted lips, iron mouth rims and moulded decoration inside of dragons, horses, or birds among lotus flowers; stemcups with moulded dragons inside and blue decoration outside, and other cups and bowls with decoration painted in slip. None of these is known to be marked.

The Emperor T'ai Tsu, whose reign-period was called Hung-wu, managed his affairs from Nanking and lived there in his palace until his death in 1398. His grandson, Hui Ti, succeeded him and the reign was called Chien-wên. He kept court in Nanking and was a scholarly person who evidently allowed his subordinates too much power and took little interest in outside affairs. His uncle, the Prince of Yen, who commanded a powerful army in Peiping, was aware both of the strength of the Mongols and the weakness of Hui Ti. So, in order to control the whole of China, he attacked Nanking, and completely destroyed the palace.

It was announced that Hui Ti and his empress had perished in the flames, and an official funeral was given for their human remains; but there is a legend that the Emperor escaped through an underground tunnel and lived as a wandering monk among the mountains in Kwangsi and Ssuch'uan. When he revealed his identity in the year 1440, it is said that he was given quarters in Peking until he died.

So if there ever was any Imperial Hung-wu or Chien-wên porcelain it is unlikely that any survived the destruction of the palace. Perhaps Hung-wu keeps the secret in his tomb near Nanking.

The Prince of Yen became the Emperor Ch'êng Tsu and his reign title was Yung-lo. He established his capital in Peking in order to watch the Mongols, and built new palaces, towers and walls. He was more than a great strategist, and justified the first bloody years of his reign by the period of prosperity and reconstruction which followed. Only a man of great vision and powerful will could have conceived and built the Imperial city of Peking, so we may look into his fine and fragile ritual bowls and see darkly the fierce rampant dragon which symbolized this emperor.

Porcelain for imperial use was, in most cases, made according to the wishes of the emperor himself. In it, therefore, we may hope to see reflected some indication of the nature of the man and his personal taste. The results of a comparison between this image and that of historical records are interesting and surprisingly alike, though too nebulous to pin on paper.

The practice of marking Imperial porcelain with the reign name in which it was made did not become general until the Hsüan-tê period. Although many of the Yung-lo white wares have marks either incised or in slip, blue decorated wares of Imperial quality with marks are unknown. We are left, therefore, to judge those with blue decoration by comparing them with the white wares and their Hsüan-tê counterparts. The Chinese books confirm some of the attributions, although it is doubtful whether any pieces could have been identified from the descriptions alone.

TEXTS

This is what the Chinese writers say of the period: "In our Yung-lo period were made *ya-shou-pei*壓手杯 (press hand cups) with everted lips and curved bodies, sandy foot and smooth base. In the centre are drawn two lions playing with a ball. In the ball is written永樂年製 '*Yung-lo-nien-chih*' in four archaic characters, as fine as grains of rice. These are of the finest quality. Those with yüan-yang

鴛鴦centre are second and then come those with flowers inside. The cups with decoration outside of deep kingfisher blue are of exquisite shape. They also will survive and throughout the world be prized most highly." —Kao高.

"There are blue decorated cups with finely written marks." —Chang 張.

"As for the recent imitations, the shape and workmanship are rough and thick, the base and foot are over fired, they resemble the originals only slightly and are not really worth looking at." —Kao高

"Yung-lo wares of *hsien-hung* 鮮紅 (fresh red) are greatly prized." —Lan藍.

"At the present time the best porcelain made in Chingtechen is white and brilliant. There are also winepots and cups decorated with blue-black or gold, which are greatly admired." —First published in A.D. 1388 by Ts'ao曹.

Sacrificial Vessels with *An-hua*

Ya-shou-pei (press hand cups) are most conveniently held on the palm of the hand. Plate 2. They are among the most interesting and wonderful of Ming wares and are described as *t'o-t'ai*, bodiless, indeed marvels of skill and fine potting.

Although the *Tsun-shêng-pa-chien* does not state that the *ya-shou-pei* was decorated in *an-hua*暗花 (secret or hidden decoration), it is almost certain that the decoration was either incised or painted in slip, a solution of clay and water. There are several bowls which are with little doubt of the type described but none is known with two lions in the centre. They are decorated with dragons or eight lotus flowers supporting the Buddhist Emblems or Precious Objects, finely painted in slip.

The most famous of these is in the Franks Collection in the British Museum. The dragons are of the type shown in figure 1, and the mark is incised in four archaic characters in the centre which forms the pearl. Mr. Eumorfopoulos owns a bowl, similar in every respect except that the mark is in slip. It should be noted that the dragons are drawn full face and have manes; unless examined carefully under a strong light they might easily be mistaken for lions, and likewise the pearl for a ball.

The proportions of bowls of this type vary only slightly, the height is nearly equal to the diameter of the foot, and the mouth diameter is nearly thrice the height. In later copies the size of the foot is often smaller in proportion, but in the K'ang-hsi period excellent reproductions were made, it is only by the drawing, the glaze on the base and the foot-rim that some of these can be identified. However, when one compares the K'ang-hsi piece together with the Yung-lo original, in sunlight if possible, there can be little doubt which is the finer. The glaze of the K'ang-hsi piece is smooth and regular, the body is exactly moulded to shape, and the colour chalk white.

The Yung-lo piece carries more of the character of the man who made it. The body undulates slightly, the glaze is thicker in some parts than others and is of a solid rich texture; the colour varies in different specimens from cream-white to an icy blue-grey tone, according to the firing conditions. Under the foot the glaze where thin is oxidized to a faint golden yellow, while the base of the K'ang-hsi piece is of a uniform white. The foot-rim of the Ming piece is almost invariably finished with a knife, that is, cut to leave a flat surface, neither wedge-shaped nor rounded. The Ch'ing potters preferred a rounded foot-rim which appears to have been smoothed with the finger or a brush while the paste was still soft.

Of this shape and size there are bowls with two dragons pursuing a pearl, drawn in two styles. The mark is written in four archaic characters in the pearl.

The first, illustrated on figure 1, is the work of a master, the reproduction gives some idea of the sureness of line and form with which it is drawn in so difficult a medium. His work is also recognizable on the stemcup of *hsien-hung* (fresh red) in the Chinese Government Collection and on a white stemcup in the Oppenheim Collection. The phoenixes illustrated in figures 5 and 6 which were copied from dishes of the period, may also be the work of this man. The second type of dragon on figure 2, is taken from another bowl in the Eumorfopoulos Collection which is probably of the Ming dynasty if not of the Yung-lo period.

Those with the Buddhist Emblems are of a quality similar to the last, that is, slightly inferior to the first type with dragons. There is also a type with five dragon medallions, but these appear to be a later Ming or early Ch'ing version of the same form.

All of the *ya-shou-pei* described above are approximately 20 centimetres in diameter. There is another type about 10 centimetres in diameter and of the same shape and proportions. These are more difficult to judge, for the writer has seen no piece which appears, without doubt, to be of this period.

These are decorated with dragons or with flowers, which are illustrated on figures 3 and 4. The lotus flowers are drawn in slip and the mark is incised in the paste with a needle. This piece seems to be too refined in its finish, particularly in the base, for a Yung-lo cup, yet it does not fit in exactly with the Ch'ing copies. Perhaps it is a sixteenth century piece. The other cup decorated with dragons, drawn much more clearly, in thick slip, is modern. Its mark is also in slip and can be read without difficulty. This, and other types, were made recently in Chingtechen.

Lotus form Bowls

The other two varieties described in the Chinese books are more difficult to identify. They may be of a different shape. The writer has never seen or even heard of a piece with a duck and drake drawn inside. While it is by no means impossible that such existed and may still survive to-day, it may be that we have to look among other types for them. If the Chinese writers were consistent in grouping their descriptions, we would have to accept that the bowls were also *ya-shou-pei* and that the birds were drawn in slip inside. But it is possible that another shape is referred to.

Yüan-yang, besides meaning a duck and drake can mean male and female or even be stretched to mean odd and even. So, while not offering such as an explanation, it might be that the type of bowl whose shape is known as *lien-tzŭ*蓮子, lotus seed or lotus form, is the one described; for the centre is concave inside and convex underneath. In the David Collection there is such a bowl with decoration in slip inside and incised outside. This latter bowl has all the characteristics of the Yung-lo period. The base is of a form very rarely found in Hsüan-tê pieces. The foot-rim is similar, in the way in which it is cut, to the *ya-shou-pei* and other pieces to be described. The paste is fine and the glaze where thin oxidized to a golden yellow. The design, in *an-hua*, both inside and out, corresponds exactly to that on the blue decorated bowl illustrated on plate 7*d*, which is attributed to Yung-lo. The marked Hsüan-tê version is also shown on plates 7*c* and 13*d*. Other instances of the same designs being used in these two periods are illustrated among the blue decorated wares.

There are several other varieties of this group which, with little doubt, are of the Yung-lo period.

Dishes

A key piece to the dishes is illustrated in figure 5, the design in slip has much in common with the *ya-shou-pei* with dragons. The feathers of the phoenix and the scales of the dragons are suggested by rows of dots and the style of drawing is similar. The glaze is of the same tone as that of the bowl and of a brilliant surface with minute depressions caused by bubbles. Around the mouth rim, which is sharp and smooth, the glaze has turned faintly yellow and on the base there are similar patches where the glaze is thin.

The Yung-lo mark was incised in the glaze before firing and so only appears as a depression in the glaze. It cannot be seen by holding the dish against the light. It is believed that this method of marking dishes and bowls was used during the Sung dynasty, but not in Ming except during the Yung-lo period. The greater part of the dishes with *an-hua* are unmarked, the reason may be, that if a certain temperature was exceeded, the glaze became too fluid and the mark disappeared.

Having the same characteristics as the phoenix dish, but unmarked, are dishes decorated with dragons in clouds, phoenixes in clouds, and with flowers (figures 6 and 7.) The dragons are of the same type as those of the large *ya-shou-pei* except that they are not shown full face. The two phoenixes are male and female, *fêng*鳳 and *huang*凰, for their tails are different, compare (figures 5 and 6.) These dishes are usually decorated with three clouds incised in the paste, near the centre.

The *Sêng-mao-hu* or Monk's Cap Jug

There are white jugs of this form with incised decoration and also pieces with *hsien-hung* (fresh red) glaze which will be discussed later. These have previously been attributed to the Hsüan-tê period.

The white jugs have everything in common with other Yung-lo pieces and there is no reason why they should be separated from them. Their shape is satisfying and they are pleasant to handle. Their use was almost certainly ceremonial, probably in Buddhist worship, for the only two decorative motifs seen by the writer are the Eight Buddhist Emblems supported on lotus flowers (figure 8), and a Sanskrit inscription together with formal decoration of lotus petals and scrolls. A piece in the Eumorfopoulos Collection is decorated in the latter manner. These vessels are so called because the mouth is made to resemble the cap of a Buddhist priest.

Of the same family as the *sêng-mao-hu*僧帽壶are the teapot and jar with three fastening loops in the Chinese Government Collection. Neither of these pieces is marked, but each has the unmistakable characteristics of the group. It is understood that there are written records in the Palace which confirm the attribution. The large white *mei-p'ing*梅瓶（blossom vase）with incised lotus scrolls, in the Chinese Government Collection, and the vary dainty little ewers, also with incised decoration, are also of this family.

STEMCUPS

Yung-lo stemcups vary both in shape and size. There are large ones with deep, bell-shaped, bowls, others of medium size with shallow bowls and smaller ones of intermediate shape. These are illustrated together among other Yung-lo wares; all three types have hollow stems, glazed inside.

The first type I*g* was represented in the Exhibition at Burlington House by two pieces from the Chinese Government Collection. One cup is decorated with the Eight Buddhist Emblems and the other with the Eight Precious Objects incised in the paste under a cream coloured glaze on the outside of the bowl. The mark, in four archaic characters, is incised inside. These could be used together with the *sêng-mao-hu* in perfect harmony.

Of the next shape I*e*, three are known to the writer. The first is in the Oppenheim Collection and is decorated inside with two dragons painted in slip in identical style to those of the *ya-shou-pei*. The mark, also in slip, is written in a cartouche on the side. The writer possesses another piece, identical in form and decoration, except that the mark is incised in four archaic characters in a flaming pearl inside, as shown on figure 1. The third piece, in the Chinese Government Collection, is identical to the latter except that the glaze is of *hsien-hung* (fresh red), an old rose colour.

The third type I*f* is smaller and the piece in the Chinese Government Collection is the only one known to the writer. The decoration of two dragons in slip inside the bowl is similar to that of the second type of *ya-shou-pei* (figure 2) and the mark is in slip inside.

There is an undecorated white piece in the Eumorfopoulos Collection of exactly the same size, shape and other characteristics as second type. It bears the Hsüan-tê mark in blue inside, see plate 12*f*. This piece cannot be separated widely in date from the others which, one may suppose, were made at the latter end of the Yung-lo period.

Blue Decorated Wares

It is evident that Mahomedan blue or *su-ni-p'o ch'ing*蘇泥渤青 was used in China at the beginning of the fifteenth century. However, it appears that some years elapsed before the art of controlling this colour was fully mastered. All of the pieces known to the writer, which can be of this period, are of a blue varying in tone from 'deep kingfisher' to smoky black.

The Yung-lo and Hsüan-tê bowls illustrated on plates 3 and 5, are excellent examples of this group. The decorative motifs are exactly the same, but the blue is entirely different; the drawing on the Yung-lo pieces has had to be slightly modified to suit the firing and the nature of the cobalt, which drifts like smoke into the glaze.

The Yung-lo bowls have the same type of conical base as the white bowl already described, one is illustrated on plate 7*c*. The glaze also is oxidized to a golden yellow where thin and the paste is pure white. The foot-rim is cut with a knife and similar to that of the other bowl. The Yung-lo piece is thinner than the Hsüan-tê version and the glaze is more brilliant. The cobalt is a smoky black where the glaze is thin, and vivid blue where the glaze is thick.

The smaller bowl or cup has the same characteristics as the latter, inside in the centre there is a deep depression: which in contrast to the shallow bowl illustrated on plate 3*c* has a raised centre and no foot-rim. The glaze, paste and blue are identical to those of the other bowls. Of this shape with raised centres, sometimes known as *man-t'ou-hsin*饅頭心 (loaf centre), there are marked Hsüan-tê pieces with the same decoration, and also sixteenth century pieces with other motifs.

There are other types which bear the Yung-lo mark, notably those dishes and bowls with phoenixes outside and the mark inside, they have unglazed bases. There are conical cups with scholars reading in the shade of pine and willow trees, which also have the mark inside and unglazed bases. Sometimes these have the mark of Yung-chêng, so that we can only suspect that there was a Yung-lo original of this type. There is a large bowl in the Palace Museum in Peking with decoration of Su Tung-p'o with his friends in a boat, and inscribed with a long poem. This type is illustrated on plate 33. The blue is of a much darker hue and the drawing bolder than one sees on most eighteenth century pieces. These are inscribed *Yung-lo nien-chih*永樂年製 inside and may be of that period; it seems improbable, judging from their quality, that they can have been an Imperial ware.

HSIEN-HUNG 鮮紅：FRESH RED

We are told in the *T'ao-lu* that Yung-lo wares of *hsien-hung* were greatly prized during the Ming dynasty, so it is not surprising that few examples are known to-day.

The only marked piece known to the writer is the stemcup in the Chinese Government Collection. There is decoration inside of two dragons, similar to that of figure 1, drawn in white slip under the glaze; the mark is incised in the flaming pearl in four archaic characters. The glaze is of an old rose colour and crackled in parts. The stem is hollow and the inside is glazed bluish white. It is in fact the exact counterpart in shape, size and decoration to the white stemcups already described.

There are dishes with similar glaze and two dragons drawn in slip around the inside curved edge, three clouds are incised in the centre. The glaze is thick, rich and slightly transparent. The dragon is visible only in parts where the glaze is thin and the white slip nearly exposed. Their bases are unglazed.

Very closely related to the above is the dish in the David Collection which has a more brilliant red and closely crackled glaze. This piece also has dragons in slip and three clouds incised, but the base is glazed.

The *sêng-mao-hu*, monk's cap jug, has been referred to among the white wares with engraved decoration. The piece in the Chinese Government Collection with pure red glaze is similar in form to the white jugs. The glaze is of a tone slightly different to the types already described. It is not so brilliant as the crackled dish nor so subdued as the stemcup. There is no incised decoration and the base is white and glazed.

CHAPTER II THE HSÜAN-TÊ PERIOD (1426—1435)

'Gainst death and all-oblivious enmity
Shall you pace forth;--

In the Yung-lo period the Emperor Ch'êng Tsu achieved peace through severe discipline and swift action; he gained complete control of the empire. His successor, Jên Tsung, was of a more benign and forgiving nature. He died after reigning under the title Hung-hsi for only one year.

So Hsüan Tsung had everything in his favour at the beginning of his reign. The empire, pacified and disciplined by Yung-lo, was in a most prosperous and contented condition. Eunuchs were under control and ministers loyal and efficient.

Shên Tê-fu says that "during the Hsüan-tê period potters were inspired by Heaven to produce works of subtle meaning and supreme artistry." In handling such pieces one must agree with him, for they have an indefinable quality, elusive as smoke, and seem to reflect scenes of a golden age that men have never known. The divine dragons stride among lotus flowers, rush through clouds or leap from the sea, their full significance has faded from the mind like a dream.

TEXTS

"At Chingtechen in Jaochow porcelain is made for the whole world. At the beginning of each year an Imperial official gives instructions to the workmen. The mark of the period is written underneath the wares.

"Only the mark of Hsüan-tê is excellent. Ever since that period, one hundred and fifty years ago, the price of such porcelain has been equal to that of Sung wares.

"Hsüan-tê wares are supreme, not only for their fine shape and mark, but also for their colour, glaze and unrivalled drawing." —Hsieh謝.

"In the Hsüan-tê period were made red fish stemcups. These were painted with the powder of red precious stones from the West. Where the fish is drawn the body is raised and the colour is a fresh red which dazzles the eye. There are purple-black coloured ones which are inferior because the heat of the furnace was out of control.

"Among those with blue decoration are, for example, the dragon, pine and prunus stemcups, and others for wine decorated with figure subjects and sea-monsters.

"There are vermilion coloured small pots, large bowls, whose colour is as red as the sun, which have white mouth rims.

"Again, for example, winepots and small pots with covers and handles in bamboo form. These objects were not made in former times." —Kao高.

"The decorations were of *pa-chi-hsiang*八吉祥, the Eight Buddhist Emblems, *wu-kung-yang*五供養, the Five Sacrificial Offerings, and Indian Lotus drawn in gold. Others were of fighting cocks, different birds, historical scenes and figure subjects." —Shên沈.

"Of the best wares suitable for daily use, only the small ones are excellent, the decoration was carefully done. Incense burners, plates and dishes were most numerous and made like ordinary wares. There were also jars with wide covers, trumpet-mouthed flower vases, bucket-shaped vessels for preserved fruit, all very beautiful and mostly decorated with five colours. Those white cups which have the character *tan*壇 in the centre are the so-called *t'an-chan*壇琖 (altar-cups). Their quality is fine and body thick, their shape is beautiful and they withstand use; indeed, excellent articles for the scholar's study.

"There are plain white teacups, less in height than the altar-cups, they have rounded body, pan-shaped bottom and thread-like foot. Their lustre is like jade. Inside, in very fine *an-hua* (secret decoration), are drawn a dragon and a phoenix. On the base the characters *Ta Ming Hsüan-tê nien-chih*大明宣德年製are written secretly. There are very faint orange-skin marks. Even *Ting* porcelain cannot compare with these. They are, indeed, the most excellent articles of the period, unfortunately few are seen outside (the palace)." —Kao高.

"The wares with ice-crackled eel's-blood decoration are almost equal to Imperial *Ju* ware." —Chang 張.

"There are barrel-shaped seats with pierced sides, decorated with five colours. Their decorations are like 'cloud' brocades. There are also pieces whose sides are not pierced, their decorations are very beautiful and dazzle the eye. These two kinds have deep-blue backgrounds, others have pale blue background, and are decorated with five colours. There are those of lapis lazuli blue with incised decoration and others of white with blue decoration, there are also ice-crackled pieces. These various forms were unknown in former periods" —Kao高.

"Among the wares from outside factories, the writer has seen a teacup, used by the Emperor, with decoration of a man striking at fireflies with a fan; the drawing is nearly as fine as paintings by Li Ssu-hsün. The cup has a box of the same shape with a nice little lock. So the works of private factories are sometimes equal to Imperial Hsüan-tê ware." —Hsieh謝.

"There are many kinds of coloured water-pots in the form of peaches, pomegranates, a pair of melons or ducks, and geese. Also there are brush-washers with decoration of fishes and water-weeds or *chih*螭dragons, hibiscus form brush-washers with steep sides, and double collared lamps." — Sun孫.

Note: *Liang-tai-têng-ch'ing*雨臺燈檠 (double table lamp-stand) has been translated as 'double collared lamp.'

In the *T'ao-shuo* it is misprinted *yü-tai-têng*雨臺燈 and so was translated by Bushell as 'rain lamps.'

"The jars of fine earth for crickets are most excellent." — Ch'ên陳.

Some Technicalities

The *Kiang-si-tung-chih*江西通志 says that an assistant from the Ying-shan-so營繕所, or Official Record Office, was appointed to be director at Chingtechen at the beginning of the reign. Although only nine years in length, this period was one of great activity.

The Mark

The practice of inscribing pieces with the reign title of this period is helpful in the identification of a great number of pieces. Although the mark was copied in later periods, from Chêng-tê in the Ming dynasty to the present day, the writing of the Hsüan-tê calligraphers is recognizable, after examining a few examples, without great difficulty.

The output of the Imperial factory cannot have been very large, and one man would almost certainly be sufficient to inscribe all the articles manufactured during one day. The handwriting of three or four different persons is recognizable during this period. Those illustrated on plate 12 are representative examples.

The writer believes that it is incorrect to call this the style of handwriting of the period, for, although this is obviously so in one sense, it is more correctly the style of handwriting of those few men selected by the director of the kiln to write the marks. Probably the style of writing favoured by the Emperor himself was chosen.

In China to-day, a child, after having been taught the elementary forms of the characters, is encouraged to follow the style of one of the famous calligraphers. So that, unless he has independent and original ideas, the style of his handwriting will be that of Mi Fei or Hui Tsung and not of the twentieth century.

The marks illustrated on plate 12 probably do not include every calligrapher of the Hsüan-tê period who worked at the Imperial kiln. But the writer believes that these, at least, are representative and authentic types.

Apart from the calligraphy, there are several forms of writing the mark. On dishes and bowls with glazed bases the mark is usually underneath in six characters enclosed in a double, rarely a single, circle. On dishes with unglazed bases the mark is sometimes written in a line under the rim on the outside. On stemcups the mark is usually written inside the bowl in the centre, on yellow glazed stemcups the mark is incised inside.

There is a scarce type of bowl in which the six character mark is written inside in a single column, enclosed in a double rectangle: Plate 12*g*. The example seen was decorated outside with the Eight Buddhist Emblems supported on lotus scrolls. The Hsüan-tê mark in four characters is rarely seen on Imperial porcelain. Those jars and bowls marked *Hsüan-tê nien-tsao*宣德年造 were apparently made for export, fragments have been found in many places on the trade route along the South China coast, and in the Philippines.

If, in the writing of the mark, any stroke which forms part of a character has been formed by two sweeps of the brush, the piece in question is with little doubt a later copy. This being so, the same fault should be found in the drawing, if in underglaze blue.

The Quality of the Blue

Chinese writers of the past and connoisseurs of the present are unanimous in praising Hsüan-tê blue decorated wares and placing them above all others. The reason for this is said to be that during the Hsüan-tê period *su-ni-p'o ch'ing*, or Mahomedan blue, was used; later, in the Ch'êng-hua period the supply was said to be exhausted. It has been stated that this blue was also available during the Yung-lo period and that there appears to have been some difficulty in its control.

The tone of the blue depends largely, if not entirely, on the firing of the individual piece. In some cases the blue is of better tone where the glaze is thin and in others where it is thick; this is probably caused by excess or lack of air in the furnace during the latter part of the firing, or because the seggars were too porous.

Pieces with identical decoration, shape and marks are known in which the tone of the blue is in most parts entirely different. So we should not speak of any tone as being of the period. On the other hand, it is easy, after comparing a few examples, to separate *su-ni-p'o ch'ing* from the native blue, however the piece has been fired.

Where the blue has been applied too thickly, or the glaze too thinly, the colour is black or dark brown. This may be seen in some of the plates. During the Ch'ing dynasty this accidental quality could not be copied even by the best imitators. To try to achieve the same result, extra blue was dabbed on. This may be seen quite clearly and was, as a rule, stupidly applied, showing too much regularity and only appearing as darker blue. The native blue is of an even grey tone and was often applied in thin washes, one very rarely finds traces of black amongst the blue, or that re-oxidization has taken place, although under certain conditions this could have happened.

Hsüan-tê blue seems to be suspended in the glaze and does not cling to the body of the ware. The reason may be that the primary coat of thin slip, which was applied in order to prepare the surface for decoration, consisted of glaze material and so the blue is encased between two layers of glaze.

The Glaze

The glaze of the Hsüan-tê period, which is described as having very faint orange-skin marks, is thick and rich. When examined through a lens, minute bubbles are seen, over each bubble there is a dimple in the surface. This gives the orange-skin texture. Bubbles may be seen in any glaze if a powerful lens is used, and although the orange-skin glaze is characteristic of Hsüan-tê and is fairly uniform in texture, it was imitated with success in several later periods.

The Drawing

It is by the drawing that Hsüan-tê blue decorated porcelain should be judged. For in that respect it surpasses any which followed it and can only be compared with the finest engraved *Yüeh* and *Ting* wares of the T'ang and Sung dynasties.

Decoration in blue came into favour for the first time during this period and so, no doubt, greater care and energy was applied to its manufacture. Designers, potters and painters engaged upon the work, had vision, skill and leisure. Their temperament was not bent to prescribed lines and the quantity demanded was not excessive. These important points appear to have been overlooked during the Ch'ing dynasty, for the Ch'ing copies， while being perfectly potted, lack the character found in the Hsüan-tê pieces, and the drawing, sometimes copied line for line, is quite lifeless.

These qualities may be compared in the two pieces shown on plate 11. The mark on the copy is as badly written as the flowers are drawn. The formation of the *ming*明characters should be compared, the *hsüan*宣character on the copy does not hang together at all. The drawing of the lotus flowers is very different, while one man knew how to paint a lotus and could control the blue, the other was able only to make a dark patch with a serrated edge: equally foolish is the way in which the leaves are stuck to the main stem which supports the flowers.

The Uses of the Vessels

There is little doubt that most of the Hsüan-tê wares were intended for ritual use. The decorative motifs are predominantly Buddhistic and the shapes of the vessels are different to those which were used for domestic purposes during other periods.

Stemcups were placed on altars and filled with clear water. The globular cups with and without stems were known as *ching-shui-wan*淨水盌 (pure water bowls) and were also filled with water and carried probably during prayers. This symbolized the purification of the heart by water.

Stemcups are sometimes inscribed with the Sanskrit *Ommani padme hum* (O! jewel in the lotus). The jewel is revealed by the opening of the lotus and Nirvana attained by the awakening of the spirit.

Sêng-mao-hu (monk's cap jug) were probably used for the pouring out of water in the same ceremony.

Many of the larger bowls and dishes were, no doubt, used for offerings in the many forms of ritual. It is probable that they were used in sets together, stemcups, dishes and bowls having similar decorative motifs. Those illustrated on plates 17 and 18 are good examples.

There are no known records which state the types of vessels used upon the several altars. One is left to imagine the glorious ceremonies at the Altar of Heaven and in the Palaces. There could be no more worthy surroundings than these. The clean marble terraces swept by an icy wind and carved with dragons and phoenixes, crowned by a brilliant tower flashing with gold and red and blue, are not of this age. Their rites have disappeared like incense smoke and so have escaped from our twentieth century affairs.

The Imperial Wares

Vessels Decorated with Underglaze Red.—The first item described by Kao Lien is easily recognizable. The red fish stemcup in the Eumorfopoulos Collection, now in the Victoria and Albert Museum, is undoubtedly one of the type described, see plate 8*e*. It agrees in every detail with the description and is surely one of the most lovely pieces of ceramic art of any time. The mark is written in blue inside the bowl, and is of the type illustrated on plate 12*e*. The cup is of the same shape and size as those decorated with blue on a slip of soft-paste which are discussed later.

This, no doubt, is *pao-shih-hung*寶石紅 (precious stone red), and appears to have been more sensitive to the heat of the furnace than the *hsien-hung* (fresh red), which was used as a monochrome glaze. Both of these colours are derived from copper.

A third type of red is simply called by Chinese connoisseurs *yu-li-hung*泑裏紅(underglaze red). This is the type in which decoration of flowers, etc., are drawn in red. It is thinly applied and is also very often spoiled in the firing; then it becomes a fourth variety *yu-li-hei* 泑裏黑 (underglaze black!).

The Chinese tradition that rubies were used for this colour has been shown to be incorrect. It has been suggested that the "precious stones from the West" were cornelian, but the writer knows nothing conclusive on the subject except that copper must have been present.

Of *hsien-hung* there were dishes and bowls large and small, *sêng-mao-hu* (monk's cap jugs), small water-pots and other articles.

The large bowls "red as the sun" are scarce; the writer knows of only three outside the Palace Collection. There are dishes of various sizes with the mark either in blue or incised in the paste, under the glaze.

The seventeenth and eighteenth century copies of these are very good; and, so far as glaze and colour are concerned, equal to the originals in many cases. The mark is written differently on the copies, many so badly written that they may be dismissed at once. The best copies err in having marks that have been too carefully written. The characters are too regular and rectangular, in the *hsüan*宣 character in particular the strokes are all either vertical or horizontal. When in blue the mark is too pale and uniform in tone.

The most striking characteristic of the Hsüan-tê dishes and bowls is that they have slightly undulating convex bases, whereas the Ch'ing copies are perfectly flat inside and underneath.

Around the raw edge of the foot-rim the paste is stained in parts to a light red colour. The Ch'ing copies have this characteristic in excess, the whole foot-rim is covered with a very fine orange coloured glaze. In both cases this was probably accidental, and, if process of manufacture is considered, appears to be the natural result.

The copper glaze would be applied outside and inside when the base was solid and before the foot-rim was formed. When the glaze had dried the piece would be put back on the wheel, the base and foot-rim trimmed with a knife and then the white glaze would be either poured into or brushed onto the base. So during this process it is most probable that touches of the outside copper glaze would stray onto the foot-rim itself. After firing, such accidents would produce occasional light red stains such as we find on Hsüan-tê wares.

In the Ch'ing dynasty the process would be the same until the base and foot-rim were trimmed. but it has been observed that Ch'ing potters preferred to finish off the foot-rim with a wet brush, as may be seen to-day in Chingtechen; so traces of the outside glaze would be evenly spread over the whole foot-rim and all knife marks in the trimming would be removed. Then, after firing, there would be an even film of very fine red glaze over the smooth, raw edge of the foot-rim.

So, if one admires a piece for its colour, there is no reason to be dissatisfied with the Ch'ing piece, which is inferior only in character and not in decorative value.

If some of the dishes of this type are examined under a powerful light, traces of *an-hua* decoration may be found. That the decoration has almost entirely disappeared is no doubt accidental. Probably a result similar to that described on the earlier pieces was aimed at; either the slip was too thin, the heat too strong, or the glaze unsuitable.

Stemcups with Blue Decoration

Some stemcups were used in Buddhist ritual, the others were for wine. These may not have been the only uses, but it is believed that the Hsüan-tê stemcups were, with very few exceptions, intended to be placed on an altar, in front of a Buddha or Bodhisattva image, and filled with clear water. In the Ch'êng-hua period stemcups were more generally used for wine, their decorations include grapes, birds and stylized lotuses.

In the Hsüan-tê period the motifs are those which one would expect in ritual vessels. This is not only true of stemcups, but of the greater part of Hsüan-tê wares. There are various forms of lotus flowers, scrolls of pomegranate flowers, phoenixes, the Eight Buddhist Emblems or Precious Objects, dragons in pairs or in groups of five or nine, and many formal designs which suggest Islamic influence.

Many stemcups are scratched and worn inside the bowl. This is either because the water only needed to be symbolically pure, or that hearts were cleansed too well. In some cases the cup may have been left to stand until the water entirely evaporated and a crust of mineral deposit or repentance was left inside the bowl; in others the ash and dust from incense sticks may have fallen into the water and precipitated around the sides. Sometimes this ash or mineral crust was not removed until it became quite thick and then a knife or sand was used; so the glaze inside the bowl became scratched where one would otherwise least expect it. In China, pieces in this condition are to be found occasionally. There is always some excitement in removing the deposit, for the Hsüan-tê mark was usually written inside and may be revealed after being, for many years, *an-hua*.

Stemcups, during the Hsüan-tê period may be divided into three groups, which are illustrated on plates 8, 9, 10 and 18. Each shape seems to have been designed according to its size and weight. They are made to fit the fingers and are a delight to handle.

The first of these is similar in shape and size to those with red fish. They have a slip of soft paste and various forms of decoration. There are several kinds of flower scrolls, dragons painted in blue on a white ground and white dragons incised among blue waves, phoenixes among flowers, and fabulous monsters among sea waves. The stem of this type is hollow and covered over at the base, the bottom being flat and unglazed. The paste under the base is fine with a matt surface and burnt to an orange colour in parts. It differs from the usual porcelain biscuit and is more smooth to the touch.

Of the larger pieces there are also several decorative designs which sometimes have slip decoration inside. These have hollow, slightly everted, open stems, glazed inside. There is a wonderful piece of this type in the Louvre and another is illustrated on plate 18, surely these are among the finest pieces ever decorated with blue. The dragons leap among the waves with fierce energy and may be the work of the same man who decorated the dish of plate 17, and the dragon and lotus dish on the frontispiece. There are cups with foliate bowls and fluted stems with decoration of medallions of fruit or of dragons and phoenixes, only a little less beautiful than those with dragons. The tall goblets with bell-shaped bowls (plate 9*b*) correspond in shape and size to those of Yung-lo which have incised decoration.

Dishes with Blue Decoration

These are of two distinct varieties. There are large thick ones with unglazed bases and smaller finely potted dishes with glazed bases and the mark written in blue.

The first type is seldom marked; if it is, six characters are written on the underside of the mouth rim in a single line. These larger dishes form a family which, by general consent, is identified as being of the early fifteenth century. Many, no doubt, were made in the Yung-lo period and others during the first few years of Hsüan-tê. The blue decoration was almost invariably dark and thickly applied, in contrast to which the 'light tone' is said by the *T'ao-lu* to have been preferred.

The decorative motifs include pine and bamboo, the two tough old friends hardened to winter who are never bare of leaves, with the blossoming prunus, a herald of spring, lotus scrolls of several varieties, grapes and other fruits. They vary in size from about twenty to more than forty centimetres in diameter and often have foliate edges.

The second variety was, with little doubt, used in religious ceremonies, perhaps in the T'ai Miao or Ancestor Temple, and at the Temple of Heaven.

Since one finds similar decorative motifs on dishes, stemcups and bowls, it is reasonable to suppose that the different shapes were used together in ritual. The stemcups would be for water or wine and the dishes and bowls for fruit or flowers. The sacrificial wares of the Yung-lo period, with *an-hua* decoration, have already been described, and these blue decorated wares of Hsüan-tê are their direct counterparts.

Among the decorative motifs on stemcups and these dishes are dragons among waves (plate 17), dragons among lotus flowers (frontispiece and plate 21*a*), probably also dragons among clouds, phoenixes among flowers or clouds, and fishes among lotus flowers (plate 19).

There are three shapes which have similar drawing, marking and colour. The dish on the frontispiece is similar to that of table IV*f* in Appendix III, the mouth rim is not everted. The dish of plate 17 has an everted mouth rim similar to IV*e*, and the deep dishes (plates 19-21*b*), sometimes used as brush-washers, have steep sides, slightly everted, with foliate edges and only a slight foot-rim.

The first two types have deep foot-rims with sharp, almost undercut inside edges as may be seen on plate 20 and fig.16. The potting is fine and strong, but it is the drawing which places these above the other wares.

The hand and influence of a master is to be seen and felt in these designs. For in no other period is seen the subtle artistry and controlled strength which is so freshly brought before our eyes.

If may have been the contemplation of these timeless glimpses of another world that created a belief that Hsüan-tê wares were made by beings above the mortal plane for the use of the Gods.

Bowls with Blue Decoration

These are of similar shapes to those of the Yung-lo period, with little variation. There are large bowls with flat bottoms, steep rounded sides and everted lips: *lien-tzŭ*, lotus form or lotus seed, bowls which have small stems and rounded bodies; their shape may be variously compared with that of an opened lotus flower, to a lotus seed cut across its middle, or to a lotus pod; they are not foliate in form but often stylized petals are drawn in blue on the outside-bowls of *ya-shou-pei* shape with blue decoration outside and *an-hua* inside. The *man-t'ou-hsin* (loaf centre) bowls are of similar shape and decoration to those described among the Yung-lo wares.

The bowl illustrated on plate 5 may be compared with the Yung-lo piece of the same design. The blue of the Hsüan-tê bowl is of a 'light tone' except in those spots where the cobalt has oozed through the glaze and been re-oxidized to a smoky black.

The decoration inside has an Islamic flavour and on the outside, above the stylized petals, are drawn four of the Eight Precious Objects, separated by four lotus flowers. The drawing of the leaf is exemplary of the period. It resembles no ordinary leaf and has been so drawn simply because the shape delighted its creator: a slight thing dancing in the wind, abstract or surrealist in form. Such a creation would have been impossible in the Ch'ing dynasty, for, then a leaf was a leaf and so should have a stem, veins and, if not sap, at least a leaflike shape.

The large bowls of *ya-shou-pei* shape are among the finest of the period and have been mentioned with reference to the lotus scrolls with which they are decorated: Plate 11. Their shape varies slightly. There are some with everted lips, similar to the Yung-lo *ya-shou-pei* and others with lips slightly turned inwards. The decoration outside is in blue of lotus flowers, very well drawn; inside there are lotus flowers in slip (figure 10) and in the centre a petal medallion in blue. On some of these the body of the bowl is raised on the outside where each flower is drawn. This was done, apparently, by pressing the sides of the bowl outwards from the inside before the paste had lost its plasticity; perhaps a mould was used. The raised flowers add little to the appearance of the bowl except perhaps to add a pleasing irregularity to its shape; but to the touch, they are both surprising and delightful. It is with little doubt that it was for this reason that they were so made. This feature has also been observed on stemcup with red fishes of the Hsüan-tê period and on several bowls and cups bearing the Ch'êng-hua mark; some of which were undoubtedly copies of the K'ang-hsi period.

In addition to these, there are wide-mouthed conical bowls decorated in blue with medallions of fruit and flowers. They have straight sides and their shape is not so pleasing as the latter type, although their quality is excellent.

Pieces Decorated with Underglaze Blue and Other Colours

The "flat-bottomed wide-covered bowls" are no doubt of the type illustrated on plate 16. These are decorated in underglaze blue and red. The Hsüan-tê mark is written both inside the bowl and the cover.

The dragons on these bowls are either in underglaze *pao-shih-hung* (precious stone red), or iron enamel of a brilliant tone, known to the Chinese as *yu-hung*油紅(oil or glaze red). There are also pieces decorated in blue only, and others in red only.

The piece in the David Collection, which lacks a cover, is undoubtedly of the period. It is illustrated in colour in the Catalogue of the latter Collection and on plate 16*b* in this book. If the dragon be compared with that of the other piece, which is in the Chinese Government Collection, and is probably a K'ang-hsi copy, some differences may be observed in the drawing. The dragon on the Hsüan-tê piece is an airy creature which rushes forward through clouds with tail and whiskers streaming pennant-like behind. But the dragons on the K'ang-hsi copies seem to be pinned to the piece, in great discomfort. their hairs droop in any direction. The red of Sir Percival David's bowl is brilliant and translucent and on the other is deep and more opaque, in this case the difference is not due to firing alone. The blue of the Chinese Government piece is of a flat uniform tone and the dark spots are made only by piling on extra pigment, also the drawing of the borders is without spirit. The mark is written in such a way that one only wonders how it could be copied with such accuracy and still lack conviction. The reason may be that each character was built stroke by stroke in imitation and was not conceived as a composite whole in the mind of the copyist. The medium is so sensitive that the slightest hesitation in the brush is at once betrayed.

There was a bowl in the possession of Mr. Wu Lai-hsi exactly similar to the first of these, except that the dragon is in brilliant red enamel. There is no question of the red being a later addition, because the dragon's eyes, surrounding clouds and borders are in blue.

Also in the David Collection, there is a remarkable stemcup with decoration under the glaze of five red dragons in blue waves, and two dragons in slip inside the bowl. Although there is no mark, the drawing is excellent and the piece must have been made early in the fifteenth century.

Miscellaneous Shapes with Decoration in Blue

It is so unusual to find two identical vessels of this period that their variety, even among those extant to-day, could hardly be enumerated. Therefore, since it would be only dull to give a long list of shapes and impossible for it to be complete, a selected number is described and illustrated.

Briefly there were double gourd vases, flat pilgrim bottles, *mei-p'ing* vases for holding branches of prunus blossom, jugs and winepots of various shapes and sizes.

There are mentioned, in the *Tsun-shêng-pa-chien*, small pots for wine or sauce. Of these, there are blue glazed and red glazed pieces in the Chinese Government Collection. Appendix III, Table IIg. Their bodies are shaped like large lotus buds with petals carved under the glaze. The base is white and the Hsüan-tê mark is written in blue.

The wine or sauce pot decorated with five lions playing with balls is of a different shape: Plate 22. Five lions, *wu shih*五獅 signify descendants; *wu-shih-t'ung-chü* 五世同居 "five descendants under one roof," is an ideal of bliss to the Chinese. This piece is probably a waster, around the mark on the base there is a fire crack which would have detracted from its usefulness; however, it was evidently considered that the dead would not object if it leaked a little and that such a small defect would pass unnoticed in the tomb.

Wares Decorated with Coloured Enamels

There are very few pieces of Imperial quality which are believed to be of this period. The writer knows of no types which are not illustrated in the Catalogue of the David Collection. There is the large marked bowl with decoration in thick enamel colours which correspond to the description in the *Tsun-shêng-pa-chien* and there are small bucket-shaped water-pots with "five colour" enamels. Of these the first is undoubtedly of the period, but its quality is not equal to that of the blue and white Imperial pieces. The blue of the mark is of a dull tone and not su-ni-p'o ch'ing, the yellow and turquoise enamels are thick and opaque and it is truly said that they cannot be compared, in delicacy, with the Ch'êng-hua enamels. Yet the bird and branch of blossom are vigorously drawn and the composition is full of vitality.

The colours on the bucket-shaped water-pot are quite different. The green is of an emerald colour and more glassy than other fifteenth century enamels, the drawing is, in some parts, outlined in dark brown. However, it would be unwise to say that these are later copies, because they appear to be in a family of their own, no nearer to sixteenth or seventeenth century pieces than to those of the fifteenth.

Yellow Glaze

Yellow glaze, applied as a monochrome over a coat of colourless glaze, was probably an innovation of the Hsüan-tê period. The colour varies between orange and lemon yellow and the glaze is clear, transparent and is usually, though perhaps not invariably, free from crackle.

It is a simple matter to add yellow glaze to any plain white piece and so re-decorated Hsüan-tê wares are not unknown. Of unquestioned authenticity there are stemcups with marks incised in the bowl and hollow stems with colourless glaze inside.

There are also dishes with underglaze blue decoration of lily, hibiscus or lotus in yellow ground; the mark is sometimes written in blue under a colourless glaze on the base.

CHAPTER III THE CH'ENG-HUA PERIOD (1465—1487)

Painting thy outward walls so costly gay?

The Emperor Hsüan Tsung died at the age of thirty-eight and was succeeded by his eldest son, who was nine years old. The child Emperor Ying Tsung reigned with the title of Chêng-t'ung under his mother's guidance for fourteen years. During that period, the eunuchs under Wang Chên gained virtual control and the court was split into contending parties. Taking advantage of this state of affairs the Mongols threatened Tatung. The Emperor, unaware of the weakness of his army, sallied out against them and was captured after a humiliating defeat. For one month the Dowager Empress continued her regency. Then Ching Ti, the younger brother of Ying Tsung, took the throne and reigned under the title Ching-t'ai. Seven years later, Ying Tsung was recovered from the Mongols and resumed the throne under the title T'ien-shun. Ying Tsung died in 1464 and was succeeded by his eldest son Hsien Tsung whose reign period was called Ch'êng-hua.

These records, extracted from the *Ming-shih* (*Pên-chi*), are inserted in order to explain the swift gain of control by the eunuchs and the interruption in the flow of fine porcelain from Chingtechen to the Palace. For a strong emperor could use the eunuchs and educate them to his wishes. But when a woman and her child succeeded him we could hardly expect a different result. The Records of Kiangsi say that the manufacture of Imperial porcelain ceased at the end of the Hsüan-tê period and was resumed in the *ting-chao* year of T'ien-shun (A.D. 1457). It is stated in the *Yü-chang-ta-shih-chi*豫章大事記 that "in the fifth month of the fifth year of Ching-t'ai (A.D. 1454) porcelain manufacture was one-third of that of former times," but it is unlikely that these were Imperial wares.

The writer has seen no piece of Imperial quality with the mark of Chêng-t'ung, Ching-t'ai or T'ien-shun. Some unmarked pieces which are classed with those of Chêng-hua may have been made during these reigns, but it seems more probable that Imperial porcelain was replaced by bronzes, either plain or with cloisonné enamel decoration, and with lacquer.

During the Ch'êng-hua period it appears that the eunuchs were in control of all affairs of importance. The emperor was, no doubt, influenced by them from childhood and was for their purposes an ideal ruler. His consort Wan Kuei-fei is said to have occupied the greater part of his attentions, and no doubt the eunuchs supplied them with all they needed to keep them happy and quiet. The Imperial factory at Chingtechen was started once more and produced marvels of delicacy and skill. The cost was so high that in 1482 a censor, Ying Shih-yung, asked for porcelain manufacture to be stopped. However, work appears to have continued until 1487 when Wan Kuei-fei died. The broken-hearted emperor died a few months later.

Chinese connoisseurs who praise Hsüan-tê blue decorated wares above all others, say with equal confidence that Ch'êng-hua coloured wares have never been surpassed or even known rivals. These conclusions were arrived at by writers during the Ming dynasty and are as true to-day as they were at that time.

The rarity of Ch'êng-hua wares, decorated with coloured enamels, have made them the most difficult of all porcelains to judge. There have been many opinions on what is Ch'êng-hua and what is not, and many hopeful guesses have been made. There is one family of gaily coloured pieces which can, with certainty, be said to be of this period. However, since Hsien Tsung reigned for twenty-two years it is hard to believe that there was only one type.

It is less difficult to imitate delicacy than strength and energy in painting. Ch'êng-hua wares are very different in character to those of Hsüan-tê. No doubt the personal taste of the emperor was responsible Hsüan-tê wares, as we have seen, are bold and vigorous of shape and design, the drawing in blue has a dragon's strength in perfect control. Most of the vessels were for ritual use and their appearance proclaimed them so.

In the Ch'êng-hua period we find more refinement and less strength, ritual vessels are in the minority. These cups we feel were playthings for the emperor and his consort Wan Kuei-fei; too refined and trifling for an altar, they would fit well the hand of a slender court beauty, jewelled and dressed in brocaded silk.

Pieces that bear the Ch'êng-hua mark are many and various. Until recently one and all were thought to be seventeenth or eighteenth century copies. When it was realized that some of these were not copies there began a search for information to enable the originals to be separated from the imitations. Many of the finest pieces were said to be Ch'êng-hua because they were believed to be too good for the K'ang-hsi or Yung-chêng periods. It is doubtful whether the technical excellence of the potters Tsang Ying-hsüan and Nien Hsi-yao of the latter periods was realized in such cases.

Many of these copies are easily recognizable, but others are so good that if it were not for the fact that some bear the K'ang-hsi mark, they would be easy claimants to the Ch'êng-hua period. For enamel colours of the Ch'êng-hua variety were applied in washes over outlines in underglaze blue, so that it would be difficult to judge a piece by the drawing. Only a little accurate draughtsmanship was required and faults are often covered by the enamel colours, which, by their brilliance, dazzle the eye and claim first attention. The colours themselves were imitated almost to perfection during the K'ang-hsi period and so in some ways the copies are nearly equal in merit to the originals. There is an interesting collection of enamel coloured pieces in the Wu Ying Tien in the Forbidden City in Peking. Among these are pieces which appear almost good enough to be Ch'êng-hua. The colours are excellent, the drawing fairly good, but the foot-rim is not quite deep enough, its edge is rounded, and the fine slip of glaze with which it is evenly covered is burned to an orange colour, the body where glazed is the colour of skimmed milk. The mark is written in pale blue and the characters are slightly elongated. This, perhaps, could be Ch'êng-hua; for one is not to suppose that all of the drawing and potting during that period was of uniform excellence. However, a few paces away, there is another bowl decorated with different enamel colours, including brown, the drawing is typical of the early eighteenth century, yet the mark is Ch'êng-hua and in the same handwriting as the mark on the other piece (see plate 45). This makes certain that the whole family which bears a mark in this writing is of that technically excellent period at the beginning of the eighteenth century, probably when the Imperial kilns were under Nien Hsi-yao. For this is not a style of handwriting, but the work of one calligrapher who worked at that time. Of this group are the dishes and bowls decorated with red berries and leaves in two shades of green, the dishes usually have *chih* dragons and phoenixes painted in slip around the curved edge inside.

The only Ch'êng-hua dishes decorated with colours, known to the writer, are the small ones on which to rest chopsticks, and none is known with decoration in slip.

The Mark

Although the Ch'êng-hua period lasted for twenty-two years, the recognizable differences in the writing of the mark are less than one would expect.

The mark was written with a brush that was thick in proportion to the size of the characters. The blue was watery and thinly applied. The characters themselves were not excellent as calligraphy but were fairly well formed and written with confidence. They were contained either in a double circle or double rectangle.

With very few exceptions the writing on the Imperial wares appears to be that of one man. This is not quite so unlikely as it sounds, since the Imperial factory may have produced only very little during the early years of the reign and many pieces, perhaps of the latter years of Ch'êng-hua or early part of Hung-chih, have no mark of any description.

The Glaze

The Hsüan-tê glaze is described as having "orange-skin" texture. Most Ch'êng-hua glazes, when correctly fired, are perfectly smooth and lustrous, deep and rich, and of a cream-white colour. After the first firing an additional coat of glaze was often applied.

TEXTS

In the Ch'êng-hua period Chu Yüan-tso朱元佐was appointed to be director of the Imperial kiln. One day he climbed to the Ping Li Pavilion in the Chao T'ien Ko on Pearl Hill and, seeing smoke and furnaces around him, wrote the following lines:

"Ten thousand *li* from the Palace gates, I live behind a scarlet door. Mountain peaks are spread around and mists appear like flowers in spring. Day and night the chimneys pour out smoke and fire. The sun rises from a purple sea and the kilns seem like a forest about me.

"Nobody knows how the Emperor's official loves to live here alone and enjoys the Ping Li T'ang!" —Quoted by Sun孫.

"The famous chicken cups of Ch'êng-hua are rare and more precious than dragon spoons or ancient vessels of bronze. Cups were used for tea and wine in former times, but Ch'êng-hua wares are of finer shape. Sung porcelain is highly prized, its body is like jade with gem-like brilliance.

"In the Yung-lo period shapes were changed, fine decoration was added during Hsüan-tê, whose blood-red dishes are as bright as the sun. The small cups were wonderfully decorated and the art of the potter improved from day to day.

"Five coloured wares were finest in Ch'êng-hua. There are cups with decoration of beautiful ladies admiring flowers by candlelight—many flowers of peace painted together—with ladies playing on swings in a garden in springtime. The cups with grapes around them are most dainty and those with children and scholars life-like to the very hairs.

"Those who have such things keep them secretly, a pair is better than the most precious jade. The chicken cups are best of all and most famous, when examined by the window their brilliance is dazzling. The insect is suspicious of the advances of the hen, who is seeking food for two or three pairs of chickens. Above them are painted *mu-tan*牡丹peonies.

"These things have always been scarce, no one knows when or why they were made, wealthy people prefer them to books or any other antiques. The best have been collected in the Palace because they are fitting gifts for an emperor.

"I have seen such pieces a few times in Peking and Tientsin, and in handling them my eyes were dazzled. When I returned home to drink wine or tea, my cups seemed to be made of earth, but if one is drunk the value of the cup does not matter." —Quoted by Sun 孫 but probably written by Kao Chiang-tsun高江村.

"Of the best Ch'êng *yao* nothing surpasses the five colour grape *pa-pei*靶杯(stemcups) with spreading mouth and flat belly. These rival the best Hsüan *yao*. Then there are the small cups with plants and creatures. Toasting cups with hens and chickens. *Lien-tzŭ* (lotus form or lotus seed), small winecups decorated with persons and things. The *wu-kung*五供 (five sacrificial offerings) shallow cups.

Blue decorated winecups as thin as paper. Five colour small chopstick dishes and perfume boxes, small jars of various forms. All these are considered to be most excellent.

"I consider that blue decorated Ch'êng *yao* is inferior to Hsüan *yao* and that five colour Hsüan *yao* is not equal to Ch'êng *yao*.

"The blue of Hsüan *yao* is *su-ni-p'o ch'ing*, after the Hsüan-tê period this colour was all finished, so in the Ch'êng-hua period the blue is of medium quality. Hsüan *yao* five colours are dark and thick and therefore not very good, but Ch'êng *yao* five colours are pale and light, very similar to those used in painting." —Kao高.

"In the *T'ang-shih-ssŭ-kao** it is said that the Emperor Shen Tsung (Wan-li) liked to drink from Ch'êng-hua cups which were priced at one hundred thousand cash for a pair (five hundred ounces of silver each). There were very few like them at the end of the Ming dynasty." —Lan 藍.

**Transactions of the Oriental Ceramic Society, Vol.14, 1936-1937, p.27.*

Tou-ts'ai Coloured Enamels

The enamel colours used during the Ch'êng-hua period on Imperial wares are known as *tou-ts'ai* 鬥彩 (clashing or fighting colours): they differ from *wu-ts'ai*五彩(five colours) which were used both during the earlier and later periods and may be distinguished without difficulty. The term *tou-ts'ai* does not appear to have been used until the seventeenth century, and the early Chinese books speak only of *wu-ts'ai*.

Tou-ts'ai enamels are pale and clear and only the red is brilliant in tone. All the colours, where the firing has been successful, are transparent and of a pure even colour. The colours are applied in washes over outlines painted in underglaze blue. Herein they differ from *wu-ts'ai* enamels, which are usually combined with underglaze blue and are often outlined in dark brown or black. *Tou-ts'ai* enamels, with the exception of the red, could not be pencilled; even the red could not be controlled in the same way as the *wu-ts'ai* red, which is duller in tone.

The pigments used in Ch'êng-hua *tou-ts'ai* were underglaze blue, apple-green, scarlet and pale pink, aubergine, clear lemon-yellow and other tones of dull yellow and olive which may have been formed by mixing.

The most characteristic colour is the apple-green, which differs entirely from the emerald green of the *wu-ts'ai*. The red varies considerably in depth and tone according to the thickness with which it was applied and the heat of the furnace in which it was baked. If the heat was too great the red was burned to a dull maroon colour, no doubt there were intermediate stages between this and geranium red. Under similar conditions the yellow lost some of its transparency and its surface became sandy, the green was only slightly affected in tone, but its surface was also damaged.

Tou-ts'ai colours seem to cling more closely to and blend more effectively with the piece which they decorate than *wu-ts'ai* colours ever do. The two varieties may be compared with brocade and embroidered silk.

In some cases *wu-ts'ai* and *tou-ts'ai* colours may have been mixed; that is, *wu-ts'ai* red may have been applied to a piece already decorated with *tou-ts'ai* yellow and green. This is sometimes seen on K'ang-hsi pieces when dragons or butterflies were to be painted entirely in red. In such a case the *tou-ts'ai* colours would be applied and fired first and then *wu-ts'ai* would be added and fired at a lower temperature.

P'u-t'ao-pa-pei or Grape-vine Stemcups

The type of cup described in the *Tsun-shêng-pa-chien* is quite evidently a stemcup and its shape was probably similar to that illustrated on plate 30*a*. The character for *pa* is 靶 which means a stem. The Ch'ing books sometimes give the character *pa* as 靶 which means a target. The latter translation has been accepted in the catalogue of the David Collection, and the description has been applied to the Kitchener bowl, which is decorated with grapes and butterflies and is nearly similar to the Yung-lo *ya-shou-pei* in shape.

The Kitchener bowl happily fits the description in the texts in having a spreading mouth and flat belly, and it could conceivably be of target shape: yet there are some points in it which differ from any other known Ch'êng-hua *tou-ts'ai* pieces. The drawing of the grapes is outlined in a neutral brownish tone, and the butterflies are finely pencilled, and under the base the colour is of an even white colour with no traces of yellow.

There are K'ang-hsi pieces of a quality equal to this, but yet it is different from most of the K'ang-hsi copies. The writing of the mark is bold and good, but it differs from every other known example and is written in a strong deep blue.

A Ch'êng-hua stemcup with grapes is described in Hsiang's Album. The writer has not yet seen a piece exactly of that description, but there is little doubt that such existed and may still survive. There is another type with grapes which is very lovely but not of Imperial quality. The stem is covered, and on the flat base the Ch'êng-hua mark is written is six characters; bunches of grapes, vine leaves and tendrils are painted on the bowl in pale enamel colours.

There are also winecups without stems, decorated with grapes and melons in enamel colours, these are of two varieties, one has touches of red only in the melons (plate 27*b*), the other has larger bunches of grapes and melons and touches of red in both.

The mark on the first variety is illustrated on plate 28*b*: it is well written in pale blue but is in a handwriting distinct from that on other Ch'êng-hua pieces. The colours are pale and clear, there are apple-green, yellow, red and aubergine; the blue is of a misty, medium tone, neither brilliant nor dull, it blends well with the other colours. The cup is beautifully potted and a miracle of delicacy, the mouth is not quite circular and one feels that the pressure of the fingers, in holding it, is enough to bend it out of shape. If this cup is of the Ch'êng-hua period, then the cup with red enamel dragons which was lent to the International Exhibition by the Chinese Government, must also be so, for the marks are identical and the potting very similar. The base has a slight rounded nipple in the centre, which can be felt by moving the finger over the surface.

The second variety which has larger bunches of grapes, some of which are coloured red and some aubergine, are, in the writer's opinion, of the early eighteenth century. Neither the paste, the drawing nor the colours are like those of Ch'êng-hua, and the mark corresponds to that on some well-known Yung-chêng copies: it is written carefully in small pale blue characters, the glaze which covers the mark lacks the mellow smoothness of Ch'êng-hua and is of too even and chalky in colour. The green is of an emerald tone and the blue too vivid. In addition to these, the drawing is inferior. The bunch of grapes is drawn by making two rows of six circles with two circles stuck to one side and one on the other. This tiresome formula is repeated on all the cups and, once noticed, detracts from the slight artistic value which they possess.

Chicken Cups

These are doubly famous, firstly they are mentioned in the Chinese books, and secondly the Emperor Kao Tsung (Ch'ien-lung, 1736-1796) so liked them that he wrote an ode in their praise. His verses were inscribed upon a specially designed wooden teapoy, fortunately not on the pieces themselves. Their fame is certainly justified, they are exquisite trifles and pleasant to handle, less fragile than the grape cups but decorated with equal delicacy and wonderful liveliness. Plate 29.

A thing is no sooner admired in China than it is imitated. It is not surprising, therefore, that there are many varieties of chicken cups. Most of these are of the K'ang-hsi, Yung-chêng and Ch'ien-lung periods, although inferior ones have been made quite recently.

The copies which were made in the K'ang-hsi period are excellent. Were it not for the mark these would often be accepted as Ming, for the colours are perfect and the drawing is good. The principal difference is in the quality of the paste and the glaze. The Ch'êng-hua cups are of a mellow ivory colour and the glaze on the base where thin is oxidized to a golden yellow. The paste where exposed at the foot is smooth and white. The K'ang-hsi pieces are of a uniform white and the exposed paste is not so smooth; sometimes the glaze shows slight traces of yellow at the edges of the foot-rim.

There are other copies of the K'ang-hsi period which bear the Ch'êng-hua mark and others of the Yung-chêng or Ch'ien-lung period which have no marks, these could not easily be confused with

Ch'êng-hua pieces, the resemblance is only superficial.

The colours on the chicken cups are more varied than one finds on other *tou-ts'ai* pieces. The peonies are painted in brilliant geranium red and the leaves are of apple-green: one cock is coloured with a wash of pale pink over which feathers are suggested by dots of darker red, its wings are yellow, also with red pencilling to suggest feathers, and its tail is of a dull olive colour. The hen is similarly treated and the chickens are either of lemon yellow or of a dull orange. So that the pigments must have been mixed and several firings were necessary.

The blue is of a clear even tone and there are no touches of black. This may have been a superior type of native blue and is similar to that on the blue decorated bowls.

Other Pieces decorated with *Tou-ts'ai*

The *wu-kung-pei*, cups decorated with the Five Sacrificial Offerings (plate 28*d*), resemble the chicken cups in every particular of glaze, paste and colours, except that only red, yellow and green enamels were used.

There are also cups decorated with flowing-tailed *chih* dragons in four medallions, their colours are very brilliant and their glaze is thick and rich. Plate 27*a*.

The small chopstick dishes are decorated outside with *ling-chih* 靈芝, magic fungus, scrolls in blue, red, and yellow and inside with a medallion formed of *ling-chih* lappets in red, yellow, green and blue. The mark is written in the same hand-writing as the chicken cups and other pieces described above. Plate 28*c*.

In the Palace Museum the writer has seen one of the "scholar cups." It is inferior to the other pieces described and is only with difficulty accepted as Ch'êng-hua. Perhaps it was one of the earliest attempts at *tou-ts'ai*. The glaze is thick with an orange-skin texture and faint smoky yellow colour. The drawing in pale grey-blue is very fine but rather too much smothered in glaze. Red, green and yellow enamels are used very sparingly and only to colour the flowers.

On one side the scholar Chou Mao-shu周茂叔 is shown sitting under a pine-tree and admiring the lotus flowers, a small boy is taking a box of books for him to read. On the other side Tao Yüan-ming陶淵明, under the bamboos, is presented with a bunch of chrysanthemums by his son. The mark is written in very pale blue in exactly the same handwriting as other *tou-ts'ai* pieces.

There are circular boxes and covered jars decorated with flowers and insects in enamel colours, these again are marked underneath in a similar handwriting to the cups and dishes: Plate 24. One of the latter was lent to the Exhibition of Chinese Art by Sir Percival David and others are in the Chinese Government Collection. There are jars with decoration of two three-clawed *chih* dragons and nine melons. The Chinese for melon is *t'ien-kua*甜瓜 and under the base is the single character *t'ien* 天

(heaven). There is little doubt that these are of the Ch'êng-hua period and were used in the worship of Heaven.

Stemcups

The stemcups of the Hsüan-tê period appear to have been used almost entirely for ritual. During the Ch'êng-hua period most of them were intended to be used for wine. This may be seen by the shape of the cup and its decoration, which is seldom of Buddhist significance. Two pieces are seldom seen of identical shape, but the difference between the Hsüan-tê and Ch'êng-hua shapes is principally that the stems of the Ch'êng-hua pieces are more slender where they join the cup and spread more rapidly at the foot, also the bowl is more often of *lien-tzŭ* or lotus form, that is, its lip is not everted. Plate 27*c*.

Some are decorated with lotus medallions, some with birds and fruit, and others, as previously described, with grapes.

The Imperial pieces, that is, a group which forms the finest quality and are all marked in a similar handwriting, have hollow stems glazed inside. The mark is written inside the stem, near the foot, in a single line of pale blue characters. The grape cup previously described is not believed to be an Imperial piece because the potting is not quite so fine, nor are the colours so clear as might be expected. The mark is not so well written as those on the other pieces. Nevertheless, it is with little doubt of the Ch'êng-hua period.

Porcelain decorated in Blue

"The blue of the Ch'êng-hua period was not *su-ni-po ch'ing*," so say the Chinese books, and was, therefore, inferior. The strong blue of Hsüan-tê suited well the bold designs, but in the Ch'eng-hua period the soft even-toned blue suits equally well the gentle drawing. The tone of the blue depends to a great extent upon the firing. Pieces with identical decoration, shape and marking may vary considerably in the intensity and shade of the blue.

Of the blue decorated cups as "thin as paper" nothing is known with certainty. There are winecups of the K'ang-hsi period which bear the Ch' êng-hua mark and are decorated in pale blue with insects and grasses. These may be copies of the Ch'êng-hua cups. The marks are written in small characters and in a slow, laboured style.

Dishes

These are not so numerous as the bowls and cups. Only four designs are known to the writer.

The first and most beautiful is decorated with lily of the valley, drawn in pale misty blue; the mark is similar to that on the bowls, cups and other dishes. The next type is decorated with pine, prunus, bamboo and *ling-chih* fungus inside, and outside with ladies looking at flowers (? cydonia) by candlelight. Another is decorated with the Eight Buddhist Emblems supported on lotus flowers both inside and outside. Then, least interesting of all, are the dishes with plain white inside and two dragons in blue outside. There are also small chopstick dishes similar to those with *tou-ts'ai* decoration.

The glaze on most of these is thick and brilliant with a smooth surface, the blue varies from a massed deep kingfisher to a pale greyish tone.

Bowls

The "Palace bowls" may have been used by the Court for food and drink: Plate 26. Their decorative motifs are generally of fruit or flowers and never of dragons. There is a type with stylized lotus outside, undecorated inside, and the six character mark in a double square underneath. Others are decorated with melons or hibiscus scrolls and are marked underneath within double circles. There are three different types with lily scrolls outside and inside, these have marks similarly written, in double circles. One of these was copied during the K'ang-hsi period in soft paste procelain, probably in order to imitate the even tone of the period. The drawing attempts to be identical to that on the first bowl but wavers in its purpose. The lily stems are formed of short strokes joined together, in place of single sweeping curves of Hsüan-tê; however, the failure in the drawing alone does not necessarily mean that the soft paste piece is not Ch'êng-hua, many of the other bowls, which are undoubtedly of the period, have uncertain drawing in the same manner. But the mark on the soft paste bowl is different to that of the others, the handwriting resembles that of some of the best K'ang-hsi copies: Plate 44. In any case it appears that during the K'ang-hsi period potters and draughtsmen were able to imitate Ch'êng-hua pieces so well that little difference is noticeable. Therefore, if we admire all Ch'êng-hua pieces we should also admire those of K'ang-hsi. This is not true of the finest Ch'êng-hua which forms a very small proportion of the whole, for there are occasional pieces which make the "heart leap and the eyes flash."

Stemcups

Most of the Ch'êng-hua stemcups were decorated with *tou-ts'ai* enamel colours, and although these are rare, those decorated in blue are scarcer. Only three types are known to the writer. The first is decorated with birds and foliage beautifully drawn in pale blue, it has a spreading foot and everted lip. The second is decorated with the Eight Precious Objects around the bowl in an even-toned greyish blue: Plate 30*a*. The shape differs from the first cup only in that the lip of the bowl is not everted. The mark on both of these is written inside the stem, near the foot, in six pale blue characters.

The third variety is larger, of a rather clumsy shape. The foot is hollow and nearly cylindrical, the bowl is large and wide in proportion to its depth, and the lip is not everted. The decoration is of two dragons with flowing, feather-like, tails and there is no mark.

There are many other pieces of various shapes and sizes. Among these are the small *cha-tou*渣斗 (leys jars), which may not necessarily have been used for that purpose. Plate 30*b*. They are of lovely shape and are decorated in pale blue with vine or melon scrolls. These are unmarked. There are large baluster vases with flaring mouths and crackled glaze, also unmarked. The decoration is generally in dull underglaze blue and red. Sometimes *wu-ts'ai* enamel colours were added.

Yellow Glazed Porcelain

Porcelain with yellow glaze of the Ch'êng-hua period is scarce, no doubt the greater proportion of the Imperial wares were decorated in blue. There are large dishes with unglazed bases and blue lily or hibiscus flowers in a yellow ground, which follow the Hsüan-tê tradition.

The mark is usually written under the mouth rim in a single line in blue. The drawing is of simple outline and there is a large proportion of undecorated surface. The yellow glaze does not cover the blue. There are also dishes with plain yellow glaze inside and outside, the mark is written in pale blue on the white base in the usual style.

CHAPTER IV THE HUNG-CHIH PERIOD (1488—1505)

The Chinese books tell us nothing of the Hung-chih period. It was in every way a continuation of Ch'êng-hua and the period in which mastery of drawing and design began to fade. For the designs and drawing of the sixteenth century are hasty and less subtle than those which we have reviewed, and there were few innovations of any importance.

The demands of the court appear to have been satisfied largely by yellow glazed porcelain.

Blue decorated wares with the Hung-chih mark are scarce, many of excellent quality are unmarked and only identified by comparison.

The potting and materials used were excellent. The bowls and dishes are thin, translucent and resonant. The bases are generally convex underneath, and give the impression that the body was so thin that, in the firing, the clay became plastic once more and could not support its own weight.

There are two types of mark, one is written in six small, neat characters, widely spaced, and the other in larger, regular characters. The latter type resembles very closely the calligraphy of one of the Ch'eng-tê mark-writers and so may be late in the period.

Blue decorated Wares

There are dishes with two dragons on the back and either another dragon or three clouds in the centre. The Hung-chih mark is well written in six small characters in a double circle. These are not very exciting, the drawing has become a little over stylized and often rather weak. They cannot be compared with the splendid Hsüan-tê dragon plates.

The large bowls decorated with dragons are well potted and of a fine resonant body. The glaze is thin and hard with a smooth very faintly dimpled surface under the base. Plate 31.

Of those without marks, the large bowls decorated with playing children are perhaps the best. The tone of the blue varies from a deep kingfisher to a dull grey, depending entirely upon the firing. The glaze on these is very thick and rich, with a smooth surface like that of treacle. On some of the bowls the blue is grey in tone everywhere except in occasional spots where it has oozed through the glaze. In these spots it has been correctly reduced to the bright blue that was intended. In the other parts where it is grey in tone the glaze has probably been too thick and smothered the process of reduction of cobalt oxide to the blue cobalt silicate. The drawing is good and, being covered by such a thick glaze, is pleasantly misty and indistinct.

Of a similar glaze and blue are the dishes with one five-clawed dragon inside and four smaller thread-like dragons outside. These also are unmarked but are of Imperial quality.

There were other types such as *cha-tou*, leys jars, decorated with dragons among lotus scrolls, and, no doubt, dishes with similar decoration.

Bowls and Dishes with Dragons in Enamel Colours

The finest piece of Hung-chih porcelain known to the writer is in the Victoria and Albert Museum. It is a bowl with five-clawed dragons partly incised in the biscuit and partly in enamel colours.

This technique seems to be an innovation of the latter years of Ch' êng-hua and of the Hung-chih period, for no earlier pieces are known with such decoration.

The usual procedure on both bowls and dishes was that the dragons were firstly incised in the paste, then clouds or sea waves were incised around them. Glaze was applied everywhere except on the dragons and some of the clouds, which after the first firing alone remained in biscuit. Then, if there were no flaws, coloured enamels were applied over the biscuit. If a flaw appeared after the first firing, the piece was discarded and coloured glaze was not added; so the dragons remained unglazed in pink biscuit, usually, with no claws. For the claws were usually incised under the glaze.

These pieces, superior kiln wasters, evidently were sold for general use and burial with the dead, for several of them have recently been excavated from tombs in North China. It has become a favourite trick with Chinese dealers to apply red, yellow or aubergine enamels to such pieces, thus creating new types for the unsuspecting collector. The result is often very satisfactory.

This, unfortunately, makes it very difficult to judge which were decorated with yellow and other coloured dragons during the Hung-chih period, for the coloured glaze can be added very easily when the outline is already made for it in biscuit. There is no drawing necessary and so long as the glaze is not crazed it would be almost impossible to point out why it is a later addition.

Decorated pieces with original fire cracks or flaws may at once be discarded in favour of perfect pieces. But it is those with small flaws that make Hung-chih wares more interesting.

In Peking, recently, there was a dealer who had in his possession a large, plain white bowl with the Hung-chih mark. He, an enterprising man, did not consider the piece good enough to hand down to posterity and, since one of the well-known collectors was expected at that time, decided to improve it.

An agreement was made, after a great deal of haggling, by which a second party undertook to decorate the bowl with yellow dragons for two hundred and fifty dollars. This was all done *mi mi*, very quietly, but since there are few secrets in Peking, the result was awaited with great interest by most of the other dealers. When the bowl cracked in the furnace, there was rejoicing among those who had not dared to risk such an experiment, and self satisfaction among those who did not care to try. Then, profiting by this experience, a rival dealer, who owned a similar bowl, made an agreement in which the bowl was guaranteed not to break. So that the firing was done with greater care and a quick change of temperature was avoided. The piece came out of the furnace undamaged, but the yellow enamel had run in teardrops down to the foot. Then there were high words about payment, for the original piece was undamaged and the contract carried out to the letter. Others have profited by these disasters, and several bowls with yellow dragons or yellow ground have appeared with no loss of face to those who dared to produce them.

But the bowl in the Victoria and Albert Museum and the splendid dish decorated with yellow dragons outlined in red enamel which Mr. Peter Boode lent to the Chinese Exhibition in London, are beyond reproach and mark the period in which fine drawing was replaced by gay colours.

Wares with Yellow Glaze

These are probably more numerous than any other fifteenth century type. There are dishes of various shapes and bowls large and small.

The glaze used was evidently of the same ingredients as the Hsüan-tê and Ch'êng-hua yellow. There is no crackle and the colour is clear and translucent, it varies in tone from deep to pale yellow, probably according to the thickness with which it was applied.

In the Chinese Government Collection there is a remarkable stemcup decorated with green incised dragons in a yellow ground, the Hung-chih mark is incised inside, in the centre, and covered with green glaze. The yellow glaze appears to be applied on the biscuit and the dragons are quickly drawn and full of energy.

A *cha-tou* (leys jar) in the David Collection is decorated in exactly the same manner except that the Chêng-tê mark is in blue on the base.

AFTERTHOUGHT

There are, besides these recognized families of wares, several stray pieces and shy dragons which escape the file and fly from the pigeon-hole.

There are turquoise backed dishes of Hsüan-tê, and others with black fishes and lotus flowers of Ch'êng-hua; while of Hung-chih, there are turquoise dragons on a ground of powdered blue.

Then, from private kilns, are bowls with lively playing children, noisily blowing trumpets, flying kites or leaping with delight. Poets and sages ride among trees and mountains followed only by a page who carries the lute and wine.

All these are to be enjoyed individually, no words can aid their charm.

PART II
CHAPTER I THE DISTRICT AND KILNS OF FOU-LIANG

The town of Chingtechen, in the district of Fou-liang, is protected on two sides by rivers and on the third side by a wall which runs roughly north and south. These details may be seen on the map.

The history of the district begins early in the seventh century. The *Jao-chou-fu-chih* says that in fourth year of the Wu-tê period of the T'ang dynasty, 621, the aboriginal tribes were driven eastwards and a district called Hsin-p'ing 新平 was formed, under the control of the provincial government. In the fourth year of Kai-yüan 開元 , 716, the name was changed to Hsin-chang 新昌. Then in the first year of T'ien-pao, 742, the name was again changed to Fou-liang 浮梁, which means Floating Bridge. A pontoon bridge is still used in Chingtechen on account of frequent and excessive rises of the river. During the Ching-tê period of the Sung dynasty, 1004-1007, the town was first called Ching-tê-chen景德鎮.

There is little doubt that the town and its porcelain industry grew side by side. In the second year of Wu-tê an official was appointed to Chingtechen by the government. At first the kilns appear to have been scattered among the hills, no doubt in order to be near to the clay deposits. The Hsiang-hu湘湖, Hu-t'ien湖田and Nan Shan南山 kilns were probably started during the T'ang dynasty. The earlier wares are grey bodied and were, no doubt, made from an unwashed natural clay, dug from the valleys. The glazes which the writer believes to be of the T'ang dynasty are pale olive green thinly applied and variously crackled, almost identically similar to *Yüeh* ware from Chiu-yen九岩 or Shang-lin-hu 上林湖 in Chekiang province, with the same sandy ring under the foot-rim. Since *Yüeh* ware was possibly made during the later Han dynasty and certainly during the Six Dynasties, it is probable that the kilns of Chingtechen started to produce an imitation of *Yüeh* ware. Or, perhaps, potters from Chekiang gave advice in building the kilns and in the manufacture of the wares.

"During the Sung dynasty in the Ching-tê period, 1004-7, a market was opened and the manufacture of porcelain for the Court was started. An official 'Ti-ling' was appointed to supervise Imperial orders." So says the *Jao-chou- fu-chih*. It appears that the orders from the court were intermittent, because it continues to say that "during the Ming dynasty porcelain was sent each year to the Emperor. A factory for Imperial wares was made during the Hsüan-tê period and a 'Ying-shan-so-ch'êng'營繕所丞 was appointed to supervise the work."

The *Fou-liang-hsien-chih* tells us a little more about the Imperial factory and states that "the building was south of Chu Shan珠山, or Pearl Hill, and was built in the second year of Hung-wu, 1369, in order that Imperial wares might be made in larger numbers and of finer quality. At a later period the factory was increased in size until its circumference was about five *li* (nearly two miles).

“During the Yung-lo period an Imperial official whose name was Ch’i Hung 祁鴻 came to Chingtechen to supervise the manufacture of Imperial wares and built the Ping Ch’êng T’ang秉成堂. In the first year of Hung-hsi, 1425, the Ping Chieh T’ang秉節堂was built, and during the T’ien-shun period, 1457-1464, the Chao T’ien Ko朝天閣 was built on Pearl Hill. These buildings cannot be seen to-day, but wares are still manufactured in the same places.

“Chu Shan, is the highest peak in Chingtechen and is several tens of *jen* 仞 (eight feet) in height. There is a range of hills around it, several *li* in length, which during the T’ang dynasty was called the Five Dragons.

Note: Five Dragons pursuing the Pearl.

“At the end of the Yüan dynasty the outlaw Yu Kuang于光 took Chu Shan for his stronghold and called it Pan Lung Shan蟠龍山, ‘Mountain of the earth-bound dragon’. During the Ming dynasty it was called Tao Shan纛山, Imperial Banner Mountain, and later the name was changed to Chên Shan 鎮山which means the mountain which protects from the North.”

The site of the Imperial kilns is well known to most of the potters in Chingtechen to-day. Recently, when a new road was cut through some of the kiln waste, many fragments were exposed and potters were eager to find Yung-lo, Hsüan-tê and Ch’êng-hua pieces in order to imitate their marks and glazes. The writer saw the site after the best fragments had been removed from the surface, but was shown pieces of Imperial quality with Hsüan-tê and Ch’eng-tê marks, which provided all the evidence necessary to prove that the Imperial kiln was somewhere very near to that place.

Unless a trial pit were dug, it would be most difficult to estimate the depth of debris and kiln waste on which the town of Chingtechen is built. Pearl Hill is not a very prominent landmark at present and it may be that the habitation level has risen considerably in that area. The writer took every opportunity to look into anything like a hole in the ground at Chingtechen, and saw procelain everywhere.

Outside the town there are literally hundreds of kilns, large and small. The most important are at Hu-t’ien, Nan Shan and Hsiang-hu. The district is still favoured by *tu-fei*, or bandits, who wander in groups among the hills, raiding villages and sometimes even daring to enter the town of Chingtechen. Rumour said that Hsiang-hu and Nan Shan were unsafe, and the writer was warned not to go. Fortunately, the most important kiln site, at Hu-t’ien, about four miles east of Chingtechen, was even free from rumours, and so was visited with Ku Yu-shan and Ch’ên Hao-yun on a fine day in June, 1937. Hu-t’ien means “Lake fields” and may be so called because of the marshland where lotus is grown. There are only a few farm houses near the site and nothing remains of the kilns except the mounds of waste material. These extend from west to east for a distance of about half a mile and vary considerably in depth and width. Paths, streambeds and fields are strewn with fragments and the mounds consist of nothing else but broken porcelain and seggars.

Blue decorated wares are found only at the western edge of the site and are mixed with scattered pieces of *ying-ch'ing* 影青(shadow blue), and plain white porcelain. As one advances eastwards the blue and white becomes scarcer, and finer pieces of *ying-ch'ing* more numerous, until, at the eastern edge, there is a steep slope of about thirty feet which contains nothing else except the finest *ying-ch'ing* with engraved designs. So it appears that the work progressed roughly westwards.

The earliest pieces which are to be found near the surface are of types accepted both in China and Europe as Sung. Some of the blue decorated wares may have been made during that dynasty, but since there is no evidence to confirm that date, it is more probable that, at this kiln, wares were not decorated with cobalt until the Yüan dynasty. At one of the mounds on the eastern edge, plain white and blue decorated wares are found together, the white wares have every appearance of being earlier than Ming, and among the blue decorated pieces are several types which have been accepted as very early Ming in Europe by their style and general appearance. These are decorated in a very free and lively style with lions playing with balls, galloping horses, men riding amongst fantastic mountains and clouds, and with playing children. They all appear to the writer to be fourteenth century types, and whether Yüan or Ming, a matter for conjecture of little consequence. The only marked piece on the whole site was one of the Hsüan-tê period and found in a streambed. This confirms the supposition that marks were rarely, if ever, used on blue decorated wares before that period. In addition to the above types there are stemcups and bowls of coarse grey ware with a chocolate coloured glaze. These are scarce, and appear to have been made of unrefined clay; they may have preceded the Sung *ying-ch'ing* wares or perhaps were a coarse variety of a later date.

Two types of seggar were formed on the site, they are illustrated and described. The first, for firing *ying-ch'ing* dishes of the Sung dynasty is of porcelain: Figure 17. The second, which comes from the western edge, is probably of the fourteenth century, and is made of a coarse red earth: Figure 18. So it appears that during the Sung dynasty white clay was as plentiful as red earth and that by the fifteenth century it was necessary to look elsewhere for seggar material. This may mark the change over from natural fusible white clay to a mixture of kaolin and petuntse, which is explained later.

The abandonment of the site may have been due, either to the closing of kilns and general depression during the Cheng-t'ung period, 1436-49, or to the centralization of the industry in Chingtechen, which followed the establishment of the Imperial kilns during the Hsüan-tê period.

Although the writer was unable to go to Hsiang-hu or Nan Shan, one of the potters, Ch'ên Hao-yun, obtained an excellent and reliable selection of fragments from both places.

At Nan Shan, *ying-ch'ing* wares were also made, but apparently were of coarser quality than those of Hu-t'ien. Also there were wares with pure white glaze, either undecorated or with very slight moulded petals, dimples or nipples. These types also occur at Hsiang-hu, but, apparently unique to Nan Shan, are the wares with pale blue opaque glaze over moulded designs, which are generally accepted, on the evidence of the *Ko-ku-yao-lun*, as Yüan *Shu-fu* or Palace wares. No marked pieces were found.

There may have been other kilns in the town of Chingtechen, which made the Imperial wares so marked. Of this type, there are large *lien-tzŭ* or lotus-form bowls, dishes on small foot-rims and stemcups. The bases are unglazed and usually oxidized to a salmon-pink colour, the glaze is thick, fatty and opaque, of a pale blue-green colour. The decoration, moulded inside, is generally of flowers or phoenixes. The best pieces have the characters *shu-fu*樞府 moulded among the flowers, one on each side of the dish. Some of the bowls have a little incised decoration outside and some are marked inside with good wish characters such as *fu* 福happiness, *lu* 祿emolument, or *shou*壽longevity. The stemcups often have dragons moulded inside and additional decoration in blue. The writer had neither authority, permission or sufficient energy to dig into the kiln debris at Chingtechen in search for Imperial kilns of the Yüan dynasty. If such existed their remains lie deep among the waste. No Chinese is ever likely to disturb them, so the field lies free to next who goes.

At Hsiang-hu there are remains of several varieties of ware. *Ying-ch'ing* predominates and has several varieties of glaze; some are closely crackled and of a brilliant surface, and others are more earthy and coarse. There is slight evidence of blue decorated wares which resemble those of Hu-t'ien.

The earliest type at Hsiang-hu is of a grey porcellanous body and thin glaze of dull olive colour with a hard brilliant surface and sometimes a close crackle. It has already been mentioned that the writer believes this type is of the T'ang dynasty and imitates *Yüeh* ware.

From the above descriptions it may be gathered that, although each kiln seems to have had its speciality, all were ready to make wares to order and to whatever pattern happened to be in demand at the time. There are many small kilns, which appear to have been family affairs, and probably sent goods regularly into Chingtechen to be sold at the Porcelain Market.

To mark each kiln and to label all the Chingtechen wares would be tedious and uncertain. Such a task should only be undertaken as a penance.

CHAPTER II CERAMIC ALCHEMY

What is your substance, whereof are you made,
That millions of strange shadows on you tend?

The manufacture of porcelain was, for many years, a hidden art. Europe was baffled and sought to solve the mystery by blowing glass. Even in China, where the secret was first whispered and then became the common property of thousands of families for hundreds of years, heavenly guidance was sought and acknowledged.

Early in the fifteenth century the divinity of Shih Chu師 主was established. When a mortal, he lived in the Chin晉 (one of the Six Dynasties) by the name of Chao K'ai趙慨; the Emperor entitled him Wan Shih Chüeh萬碩爵 (ten thousand times exalted), because he knew the laws of the Gods, was all-wise and wrought great benefits for the people.

Knowing the secret ways of the winds and rains, he penetrated deep among the slumbering rocks and learned their histories. He became intimate with cosmic affairs and was able to assist the divine process of decay and rebirth. He took the rocks and pounded them; using subtle mixtures, he formed vessels and works of beauty from loaves of plastic clay. With precision he learned to blow upon the flames and so transmuted his fragments of hillside into fragile bowls for the delight and use of man.

But, to become more practical, porcelain bowls are little else than cunningly wrought granite rock.

Igneous rocks are so called because they were formed deep in the earth among the fiery regions. They owe their crystalline structure to the great length of time which elapsed between their molten and their solid state. Quartz, orthoclase and plagioclase took aeons of time to separate themselves and grow into the interwoven pattern of crystals, which form an igneous rock.

The sun, wind and rain, acting upon these rocks, dissolve the less stable ingredients. So the felspars, orthoclase and plagioclase, are gradually reduced to a powder which consists of minute crystalline particles of alumina and silica. This powder is washed by rain from the hillsides down to the valleys where it lies and matures to become kaolin, or china clay. The quartz crystals, being more stable, are left behind. So, to state the case simply, kaolin is decomposed igneous rock from which the free quartz has been removed.

Petuntse is the same rock, taken at an earlier stage of decomposition, before the quartz and felspars are separated, pounded and washed by man, and so, as one might guess, consists of the same materials as kaolin in a harder and more stable form, with the addition of some free silica.

Kaolin and petuntse are mixed because the first is necessary to make the clay plastic and the second to render it fusible. They are a perfect example of *yin*陰 and *yang*陽, the male and female elements of nature.

When these clays are fired they return part of the way to their previous molten state, and only lack greater heat, a little quartz and some impurities to become identical to a molten rock. The period of cooling is too short to allow the minerals to separate and grow visibly into their several crystal forms, but, under the microscope, porcelain appears to consist of a closely interwoven crystalline mass.

The glaze is the only part of a vessel which becomes liquefied or molten; the reason is that it consists of petuntse and lime and so contains more quartz and is more glassy and fusible.

In order to accomplish this transmutation it is necessary to raise the temperature of the composite clay to somewhere between 1400°and 1500°Centigrade. The heat must be prolonged and the cooling gradual.

The Materials and Manufacture

So much of earth and water wrought.

The present methods of manufacture at Chingtechen appear to be the same in all essentials as we may imagine they were during the Ming dynasty. There is no noticeable change since the publication of the *T'ao-lu*, in the eighteenth century, if we may judge by its woodcut illustrations, and the description in the text seems to describe almost exactly the present-day methods.

The photographs which illustrate the processes were taken in Chingtechen in June, 1937, and may be compared with the woodcuts in the *T'ao-lu* or the drawings in the British Museum.

The first matter of concern in porcelain manufacture is the clay. It is well known that two kinds were used in Chingtechen. These are kaolin, a natural clay, and petuntse, or white bricks. These two terms do not seem to be in current use in Chingtechen, but since they were adopted by Europe many years ago, it would only be confusing to alter their spelling and pronunciation.

Yüeh ware of Chekiang province seems to have been made of a natural, unmixed, plastic clay, dug from the valleys. So it is possible that when porcelain was first made at Chingtechen a natural clay was obtainable which could be used alone and fired successfully at moderate temperatures. In other words, it was neither necessary to add a stiffener to make the clay workable, nor a flux to render it fusible.

When this deposit was worked out, it became necessary to look for other materials. It was probably noticed that the partly decomposed rocks contained some of the same white clay that was found in the valleys. So these rocks were pulverized and the resulting powder was washed, dried, and made into white bricks.

So petuntse is a clay, artificially produced from partly decomposed igneous rocks, felsite or petrosilex, and contains felspar (orthoclase or plagioclase), white clay, and silica in approximately equal proportions.

Plagioclase felspar varies in its composition between Albite and Anorthite with three intermediate stages; the former fuses at 1200°C and the latter at about 1500°. So the fusibility depends partly upon the type of plagioclase present.

Although fusible at 1300°-1400°C, petuntse is not plastic enough to be worked on the wheel without the addition of kaolin.

Kaolin is an alumino-silicic acid which has the formula Al_2O_3. $2SiO_2$. $2H_2O$, if in a pure state. It is a natural, plastic, white clay which consists of about 45-50 per cent Silica, 30-40 per cent Alumina and the remainder of water and impurities, such as iron and manganese. It is a decomposition product of felspathic rocks and takes its name from Kao Ling 高嶺, a mountainous district, more than twenty miles north-east of Chingtechen, which was famous during the T'ang and Sung dynasties as a stronghold for outlaws.

Kaolin fuses at about 1740°Centigrade, a temperature which is too high for practical purposes. For a higher working temperature would increase both the cost of fuel and the number of accidents in the kiln. For that reason it is necessary to use petuntse as a flux，which lowers the fusion temperature to 1400°-1500° Centigrade.

So these two ingredients are, by themselves, of little use to the potter; but, when mixed, form an ideal combination. The kaolin makes the petuntse more plastic and workable and in turn is rendered fusible at a lower temperature.

These clays are mixed in proportions which vary according to the quality of porcelain required. It is said that equal parts were used for the best quality, and that one of kaolin were mixed with three of petuntse for the coarsest ware. But since the composition of both the rock and the clay vary considerably, exact figures are probably unobtainable.

At present, in Chingtechen, petuntse is obtained outside the town, probably in several districts. Near Hu-t'ien a suitable rock is obtainable, and bricks are made within a few yards of the Sung dynasty kiln sites. The pulverizing plant is most primitive. Fragments of rock are placed in rough mortars, which are little else than holes in the ground, and wooden hammers rise and fall by water power until the rock is crushed to powder. Plate 34. The powder is mixed with water, stirred in tanks and then allowed to settle. The top of the sludge is removed and moulded into bricks which are dried and taken into Chingtechen by wheel-barrow; a slow and tedious process. Plate 35.

The kaolin is mostly brought up the river by boat, and is in rough lumps. It is washed and mixed with the petuntze at the factory.

The glaze consists of petuntse, a little lime and wood-ash, mixed together in water until a creamy liquid is formed.

The Method

Each process in the manufacture requires long practice and considerable skill. It is most unlikely that one man ever made wares entirely by himself on a large scale. In the first place, it would take too long and be altogether uneconomical, and unless he were a very poor man with no family there would never be any necessity for him to do so.

Famous potters like Wu Wei 吳為, and Chou Tan-ch'üan 周丹泉, of the sixteenth century, in all probability could make and decorate wares themselves if necessary, but it is more than likely that they employed trained men who could produce exactly what they required.

After the clays have been mixed as described, they are matured for as long a period as possible. During the Ming dynasty clay was not used for the Imperial wares until it had been matured for several years; but to-day freshly mixed clay is often used.

The clay is pounded and kneaded until it is of an even plasticity and the air bubbles are removed. Then it is made into loaves and passed on to the potter who sits beside his wheel. Plate 35. The wheel is spun with a stick and then the loaf of clay is dumped down into its centre. The potter, with amazing skill, throws cups or bowls of identical shape and size in quick succession. Plate 36. These he places on a long plank which is then carried to a second man who presses the vessel over a mould of the exact shape required. Plate 38.

After moulding, the vessel is dried for at least one day, by which time it loses all its plasticity and has the consistency of short-bread. Then the vessel passes on to a third worker, who again places it on a wheel and trims the surface to the required thickness with a knife. Plate 38. After this it is brushed with a weak solution of slip in order to detect any flaws and to prepare the surface for decoration with cobalt. Plate 38. When the vessel has again been thoroughly dried, it is passed on to another department which specializes in decoration, either engraved or in cobalt oxide: Plates 37 and 39.

Underglaze Blue

Cobalt oxide is a black mineral which is brought to the factories in the raw state and requires to be ground to a fine powder before use. It is mixed with water and applied with a brush.

Painting with cobalt oxide may be compared with writing in ink on blotting paper, if the brush hesitates the result is a smudge, and if too quick there is no result at all. The Ming decorators were artists who drew their visions with precision and skill and so had an admirable control of this difficult medium. In the writing of the marks, there is no hesitation in the way of that limb, which one too often finds in later copies. See plate 12.

At present in Chingtechen the decorators are essentially workmen. Their work is obviously laboured and lacks pleasure either in creation or contemplation. They draw with short careful strokes which could more easily be compared with embroidery than painting.

The Foot-rim

The trimming of the foot-rim is the last process before glazing. The vessel is again placed on the wheel and the foot is trimmed with a knife to the exact shape and size required. The knife is double-ended with one wide chisel edge for simple cutting and the other more pointed for final trimming. The measurements are made entirely by eye: Plate 41.

The writer has had the opportunity to measure and carefully examine the foot-rims of several series of dishes and bowls of identical decoration, shape, size and period. The results have confirmed the opinion that the process described above is similar to that used during the Ming dynasty. Foot-rims vary considerably among Ming pieces, the majority have vertical inside edges, some are undercut and some slope inwards. But the outside edge seldom varies and continues in one smooth series of curves to the mouth rim.

After having trimmed the edge with a knife the potter uses a thick wet brush to make the surface smooth and round off the sharp edges. This appears to be an innovation of the K'ang-hsi period and is one detail which forms a dividing line between the Ming and Ch'ing dynasties.

There may be exceptions to this rule, and in many cases it is necessary to use a strong lens to detect the difference, but it is often a deciding factor when one hangs in doubt over monochromes of the early periods. With decorated pieces this should be the last test to be applied, and if the piece is satisfactory in other details, would be a trifling matter for complaint.

In order to illustrate these points, a comparative series of foot-rims is given. These are reproduced from plasticine moulds and show the variety of forms which are possible.

The Yung-lo foot-rims are usually finished flatter than those of Hsüan-tê and the corners tend to be more nearly square. The inside edge is often vertical but very rarely undercut. In the Hsüan-tê period the inner edge is usually vertical. These often appear to be undercut, particularly when the base is slightly convex, but when tested are found to be vertical.

Ch'êng-hua dishes follow those of Hsüan-tê in general design, the foot-rim is generally deeper and the edge more sharp than those of the preceding periods. The winecups have neat finely finished rims with gently rounded edges both outside and inside. It would be most difficult to identify any Ch'êng-hua winecup by its foot-rim alone, since there is so little to see; also, the glaze is very much more important and once seen and felt, cannot be forgotten.

The Hung-chih period followed that of Ch'êng-hua not only in time but in tradition and technique, and so it is unnecessary to enlarge upon it.

The Glaze

The glaze material has already been described as a creamy solution of petuntse with the addition of a little lime and wood-ashes. Small vessels are dipped in this liquid by supporting the base on a curved stick and immersing it to the mouth rim. Plate 37. The insides are glazed by pouring in glaze, swilling it around, and pouring it out again. The bases are the last to be done; the glaze is either added with a large soft brush or by pouring it on with a ladle. The latter seems to have been the most common method both during the Ming dynasty and at the present day. However, during the Yung-lo period the brush seems often to have been used. The glaze in these cases is thinner, oxidized to a golden yellow, and sometimes one can see the brush marks. On the finer wares of the Ch'êng-hua, and perhaps also of other periods, a second glaze was often added after the first firing.

Soufflé glazes are applied with a blower made from a hollow piece of bamboo with one end covered over by gauze. The covered end is dipped into a basin of glaze and then the potter blows through the tube, sending a fine spray of glaze onto the object. Plate 40.

Among the glazes applied in this way are blue, turquoise, yellow and copper red. Some of the fifteenth century colourless glazes may have been so applied. In particular the Yung-lo bowls and dishes with *an-hua* and the finer Hsüan-tê wares with orange-skin glaze suggest this method. In fact when one examines the fine "bodiless" Yung-lo wares one can think of no other way in which they could have been glazed. The body is so thin that in the unfired state it would hardly withstand immersion in liquid glaze.

The Firing

The other two, slight-air and purging fire.

The skill of the potter and vision of a designer may melt overnight into a twisted heap of clay and glass if the furnace is not kept in control. The most prominent feature at any kiln site, and often the only remaining evidence, are the mounds of waste material; broken seggars, twisted bowls and shapeless lumps of clay and earth.

The Chinese have discovered methods of firing by trial and error, sometimes learning odd tricks from the errors and always seeking for new effects. These methods, of course, have scientific reasons; but in China the method came first. Foreigners may spend their time in looking for explanations afterwards if they choose to do so.

The kiln is built of bricks and is in section an elliptical arch rising to about twenty feet on a base of ten feet. The length of the kiln is usually about thirty feet and the height decreases to about fifteen feet at the chimney end, which is farthest from the entrance. Plate 42 shows the inside of a kiln under reconstruction, after the chimney had been removed.

The entrance to the kiln is tall and narrow, only wide enough to give free access to the seggars which are stacked inside in tall columns. The photograph on plate 42 was taken immediately after the opening of the kiln and shows the size of the entrance and stacks of seggars inside.

Seggars are necessary in order to protect the porcelain from the furnace smoke and to keep them at an even temperature. At present they are made of coarse baked red earth or clay and are cylindrical in section with flat bottoms. Lids are unnecessary, since one is placed upon the other. The wares are placed inside on little mats made of sandy clay in order to prevent them from sticking to the seggar. The diameters of the seggars used at present vary from about one to two feet, according to the size of the vessels. Sometimes five or six pieces are placed in one seggar.

At Hu-t'ien two kinds of seggar were used. These are illustrated on figures 17 and 18. The first, which was used for the firing of *ying-ch'ing* dishes, is made of porcelain. The arrangement of the dishes is shown by their sectional outlines in black. Bowls were fired in a similar manner except that rounded lids would be used. This method of firing explains the unglazed mouth rim and absence of spur marks on early *ying-ch'ing* ware. *Ting* ware, and some other Northern wares appear to have been fired in a similar manner. Such seggars are found among the early *ying-ch'ing* fragments. The Yüan and Ming wares appear to have been fired in coarse clay seggars as shown in figure 18 and so have glazed mouth rims. Considerable care was still given to the saving of space, but we see that porcelain clay was becoming less plentiful; for the finely made seggar of figure 17 could not have been made of the coarse clay which is used for the later type. The reason for the change over may be, either that porcelain clay became more valuable than the extra space and firewood, or simply that glazed mouth rims were preferred.

Inside the kiln, seggars are stacked in tall columns with two or three inches of space around each in order to allow free passage for air and fumes. The ground space at the sides is completely filled with firewood, the entrance is sealed with bricks, leaving only a vent at ground level and another hole through which to add fuel, and then the furnace is lit. Plate 42.

For twenty-four hours continuously the furnace is fed with faggots. Then for two days it is allowed to cool before the bricks are removed from the entrance. So great is the heat, that the seggars are still red hot and cannot be removed until another day has passed. So the wares are in the kiln for four days, and white bricks can become blue decorated bowls in about fourteen days.

Underglaze Transmutation Colours

When wares are decorated with underglaze blue or red, the furnace gases play an important part.

Underglaze or Mahomedan blue, *hui-ch'ing* 回青, is obtained from cobalt, and fresh red, *hsien-hung*, from copper. Their colours depend entirely upon the successful control of the furnace gases.

Wood smoke consists of finely divided particles of carbon monoxide, a strong reducing agent which steals oxygen from any minerals with which it comes into contact. Therefore, a process of reduction must take place inside the kiln if wood is burned and air excluded. If this condition is desirable the openings to the kiln should be only large enough to admit sufficient air for the combustion of the fuel, and seggars should not be too porous. If, on the other hand, an oxidization were required, it would be necessary to admit the largest possible draught of air in order that the minerals in the kiln might absorb the excess of oxygen, and seggars should be fairly porous in order that the air might reach the wares inside them.

The object is painted with powdered cobalt oxide, which is black, and then a coat of glaze is applied on top.

In order to produce a blue colour it is necessary to convert cobalt oxide to cobalt silicate, or, in other words, to remove the oxygen. So a reducing furnace is required and all excess of oxygen must be excluded. Therefore the furnace should be kept closed until the temperature has dropped below that at which oxidization takes place.

Underglaze red is produced in exactly the same way. Copper oxide, which is red-brown or black, is reduced to free copper in its metallic form and so produces a vivid red. Judging by the large number of failures to produce a good underglaze red, it appears that copper has a stronger affinity for oxygen, and that great care must be taken to exclude air from the furnace.

Since these colours are the result of minerals intentionally added and carefully controlled, it is quite obvious that if impurities were present in the glaze or body, under certain firing conditions, some strange results might be obtained. So it is worth while to examine some of the peculiarities of early glazes from this point of view.

It has been observed that Yung-lo plain white wares with *an-hua* are often of a cream-white colour and that the glaze, where thin, is of a faint golden yellow. In contrast to these the Ch'ing copies are of a cold chalk-white or skimmed milk colour.

Analyses of porcelain clays almost invariably show that iron is present as an impurity, but only in its oxidized state is it easily distinguishable. So that when we see traces of yellow or rust colour in the glaze or body of porcelain, we know, firstly, that iron is present, and secondly, that it has been oxidized in the kiln.

So it appears that during the Yung-lo period it was a frequent practice at the Imperial kilns to unseal the furnace before the temperature had dropped below that necessary for oxidization. If this were true we should find similar results among the blue decorated wares. During the firing, the black cobalt oxide would be reduced to blue cobalt silicate, by removal of oxygen and combination with silica in the glaze. But, if a draught of air were then introduced and an excess of oxygen were present in the kiln, the cobalt silicate would be reconverted into black cobalt oxide and the iron in the glaze would become rust or iron oxide.

The *Ko-ku-yao-lun* describes wares with blue-black decoration, and those pieces which the writer has already described as Yung-lo have all the above characteristics.

During the Hsüan-tê period spots of black still appear amongst the blue. But the painting and firing are better controlled.

Cobalt oxide acts as a flux in a glaze; that is, it reduces the temperature at which vitrification commences. So during the Yung-lo period, when the decorators applied the cobalt too freely, two things took place. The parts of the glaze nearest to the cobalt were the first to vitrify and started to drift down the vessel before the rest of the glaze had melted; and then, after the maximum temperature was reached, when the furnace was opened and a current of air rushed in, these tear drops of cobalt and glaze material still remained molten after the rest of the glaze had solidified and so were the only parts of the vessel to be re-oxidized.

These characteristics can be reproduced to-day and are not peculiarities of the type of cobalt oxide which was used.

During the Ch'êng-hua period, cobalt oxide appears to have been very finely ground and refined. It was applied in thin washes and often covered by more than one thick glaze, so re-oxidization of cobalt rarely took place. The Hung-chih decorators sometimes used the blue more freely and also used a very thick glaze. So the re-oxidization only took place in odd spots where the cobalt had oozed through to the surface of the glaze.

Sixteenth and seventeenth century blue decorated wares appear to have been fired throughout in reducing furnaces, one seldom finds that any oxidization has taken place. By the eighteenth century it had evidently become an established rule that the kiln should not be opened until the wares had been given time to cool below the vitrification temperature. So, in order to imitate the early wares, additional blue was dabbed on; but since it did not become re-oxidized the result is entirely unsuccessful and only makes the drawing appear worse than usual in that period. Plate 43.

APPENDIX I THE PHOENIX AND THE DRAGON

The Dragon, lung龍, benign spirit of the waters, the divine essence of life, has appeared as a decorative motif in some form for at least three thousand years. The Phoenix, bird of good omen, is with little doubt of equal antiquity.

Both are found on bronzes of the Shang dynasty (see above), and although it could be disputed that they were so called at that time, and that a direct descent would be hard to prove, there is little doubt that some relationship exists.

Other decorative motifs of the Shang dynasty include the bull, the ram and the stag, which probably shared in the fertility ritual of that period. The dragon, from the beginning, was credited with wonderful and mysterious fertilizing power, particularly in the birth of emperors.

The Ming dragon is perhaps the result of the marriage between the Shang monster and an alligator, while the Arabian Phoenix may, at one time, have preferred a Shang bird to the turtle dove.

It is written that of all the three hundred and sixty scaled creatures the dragon is first. He can at will make himself invisible, large or small, long or short. In the Spring he controls the weather and in the Autumn dives into the waters under the earth.

The dragon has nine offspring of several forms:

Pei-hsi贔屓likes to carry heavy loads and so supports stelae and monuments.

Chih-wên螭吻sees everything and lives on the roofs of palaces or temples.

P'u-lao蒲牢loves to shout and make a noise on bells.

P'i-kan狴犴is frightening and powerful, he guards the prison gates.

T'ao-t'ieh饕餮lives only to eat and decorates bronze vessels.

Pa-hsia虮蝮plays in the water and may be seen on the buttress of the bridge.

Ya-tzu 睚眦is ferocious and kills men, he decorates the sword hilt.

Suan-ni 狻猊takes pleasure in smoke and fire and lives in the incense burner.

Chiao-tu椒圖is lazy and likes to stay at home, he is of no use except as a door knocker.

There are several families of dragon.

Chiao-lung蛟龍 is the scaled dragon. Ying-lung應龍 is the winged dragon, ch'iu-lung虬龍has horns and chih-lung螭龍 is hornless. Dragons that cannot ascend to the skies are called pan-lung蟠龍.

Chuang Tze says that a son of Ho Shan-wang found a pearl of value equal to a thousand golden pieces; his father told him that the pearl came from the throat of a dragon and that if he kept it he should die.

Lu Tien陸佃says that the dragon's pearl floats in his breath, the Snake dragon keeps his pearl in his mouth, the chih dragon in his foot, fish dragon in his eye and the oyster dragon keeps a pearl in his belly.

The winged creatures of the universe number three hundred and sixty, of these Fêng 鳳and Huang 凰, the male and female phoenix, are divine omens of peace.

The plumage of the phoenix is coloured in infinite variety，his shape resembles that of a swan hung鴻, his body is scaly, with a head like a serpent, tail of a fish, mouth of a chicken and throat of a yen燕bird; his back is marked like that of a dragon.

The phoenix appears in times of peace and when a virtuous emperor reigns.

The five-clawed dragon who ascends to Heaven and controls the storm has been the symbol of the Emperor, probably since the beginning of the Sung dynasty. In the palace at Kaifeng there still remains a cube of stone which is said to have supported the throne of the Sung Emperor Hui Tsung, who reigned from 1101 to 1125. Around the four sides are carved sixteen five-clawed dragons among clouds and waves. The dragons are similar in form to those of the Ming dynasty.

The dragon and the phoenix together are the omens of the peace and good fortune which attend the reign of a virtuous emperor. So the phoenix is chosen to represent the Empress.

APPENDIX II CHINESE DYNASTIES AND PERIODS

Shang-Yin商殷	?1766—?1122B.C.
Chou周	?1122—249
"Spring and Autumn Annals" 春秋	722—481
"Warring States" 戰國	481—221
Ch'in秦	221—206
Han漢	B.C.206—220A.D.
The Three Kingdoms (San Kuo)三國	221—280
The Six Dynasties六朝	220—589
Sui隋	581—618
T'ang唐	618—906
The Five Dynasties(Wu Tai)五代	907—960
Liao遼	907—1125
Sung (Northern)北宋	960—1127
(Southern)南宋	1127—1279
Chin (Nü-chên)金(女貞)	1115—1234
Yüan元(Mongols)	1260—1368
Ming明	1368—1644
Ch'ing清(Manchus)	1644—1912

THE MING DYNASTY

Reign Title	*Emperor*	
Hung-wu洪武	T'ai Tsu太祖	1368—1398
Chien-wên建文	Hui Ti惠帝	1399—1402
Yung-lo永樂	Ch'êng Tsu成祖	1403—1424
Hung-hsi洪熙	Jên Tsung仁宗	1425
Hsüan-tê宣德	Hsüan Tsung宣宗	1426—1435
Chêng-t'ung正統	Ying Tsung英宗	1436—1449
Ching-t'ai景泰	Tai Tsung代宗	1450—1457
T'ien-shun天順	Ying Tsung英宗	1457—1464
Ch'êng-hua成化	Hsien Tsung憲宗	1465—1487
Hung-chih洪治	Hsiao Tsung孝宗	1488—1505

Chêng-tê正德	Wu Tsung武宗	1506—1521
Chia-ching嘉靖	Shih Tsung世宗	1522—1566
Lung-ch’ing隆慶	Mu Tsung穆宗	1567—1572
Wan-li萬曆	Shên Tsung神宗	1573—1619
T’ai-ch’ang泰昌	Kuang Tsung光宗	1620
T’ien-ch’i天啟	Hsi Tsung熹宗	1621—1627
Ch’ung-chêng崇禎	Huai Tsung懷宗	1628—1643

THE CH’ING DYNASTY

Shun-chih順治	Shih Tsu Chang 世祖章	1644—1661
K’ang-hsi康熙	Shêng Tsu Jên聖祖仁	1662—1722
Yung-chêng雍正	Shih Tsung Hsien世宗憲	1723—1735
Ch’ien-lung乾隆	Kao Tsung Shun高宗純	1736—1796

APPENDIX III A SELECTED NUMBER OF SHAPES AND SIZES

Dimensions are all in centimetres

YUNG-LO PERIOD

I-*a*. — *Lien-tzŭ*, lotus form, bowl. Decorated during the Yung-lo period with *an-hua*, incised outside and in slip inside, or with cobalt. Unmarked.

There are two sizes:

(i) Mouth dia. 16, height 8.6, foot dia. 4.6.

(ii) Mouth dia. 10, height 6.0, foot dia. 3.1.

I-*b*. — *Ya-shou-pei*, press hand cup. Those of the Yung-lo period have *an-hua*, hidden decoration, painted in slip. The mark is either incised or painted in slip inside.

There are two sizes:

(i) Mouth dia. 20, height 6.2, foot dia. 6.2.

(ii) Mouth dia. 9, height 3.3, foot dia. 3.

I-*c*. — *Bowl*, decorated either in *an-hua*, incised outside and in slip inside, with petals and flowers, or with cobalt. Mouth dia. 21, height 10, foot dia. 7.3.

I-*d*. — Teapot, undecorated. Height 11.1.

I-*e*. — *Pa-pei*, stemcup with *an-hua* decoration of dragons in slip under red or colourless glazes. Mouth dia. 16, height 10.3.

I-*f*. — *Pa-pei*, stemcup. Dragons in slip, inside the bowl. Mouth dia. 11, height 9.5.

I-*g*. — *Pa-pei*, stemcup. Incised decoration outside. Mouth dia. 11.9, height 12.7.

I-*h*. — *Sêng-mao-hu*, monk's cap jug. Either with incised decoration outside or plain red glaze, perhaps also with blue decoration. Height 19.3.

I-*i*. — *Mei-p'ing*, vase, either with blue or *an-hua*, incised, decoration. Height 25,etc.

I-*j*. — Winepot, with *an-hua*, incised decoration. Height 10.

I-*k*. — *Hu-lu-p'ing*, gourd bottle, either with blue or *an-hua* incised decoration. Height 26.

The following shapes are also found among Yung-lo wares.

II-*c*. — Bowl, with the blue decoration inside and out. Mouth dia. 20.

II-*i*. — Shallow bowl with *man-t'ou-hsin*, loaf centre, and blue decoration inside and out. Mouth dia.13.

IV-*g*. — Dish, decorated in slip with dragons, phoenixes, flowers or the Eight Buddhist Emblems.

There are two sizes:

(i) Mouth dia. 18.8, foot dia. 11.7.

(ii) Mouth dia. 14.3, foot dia. 8.3.

HSÜAN-TÊ PERIOD

II-*a.* — Bowl, nearly similar to *ya-shou-pei* in shape. There are two families, the first has lotus scrolls outside in blue and inside in slip; the second is plain inside and has figures and landscape outside in blue. Mouth dia.20, foot dia.7.

II-*b.* — *Lien-tzŭ*, lotus form, bowl with blue decoration inside and out.

(i) Mouth dia. 15.6, foot dia. 4.1, height 8.7.

(ii) Mouth dia. 9.9, foot dia. 3.0, height 5.6.

II-*c.* — Bowl with blue decoration inside and out. Mouth dia. 19.4, foot dia. 9.2, height 8.8, etc.

II-*d.* — Conical bowl, decorated with blue. Mouth dia. 22, etc.

II-*e.* — *Ching-shui-wan*, clear water bowl decorated with blue. Height with cover about 14.

II-*f.* — Bowl with decoration in blue, sometimes with the addition of underglaze red, or iron red enamel. Mouth dia. 17.5.

II-*g.* — Wine or saucepot, with lotus petals carved on the body under a red or blue glaze. Height 10.6.

II-*h.* — Stemcup with foliate bowl, fluted stem and blue decoration. Mouth dia. 16.8, height 11.2.

II-*i.* — Shallow bowl with *man-t'ou-hsin*, loaf centre, and blue decoration inside and out. Mouth dia. 13, height 5.

II-*j.* — *Ching-shui-wan*, clear water bowl, or *po-kang*, alms bowl, with blue decoration, for use in Buddhist ritual. Height 7.2.

II-*k.* — Beaker or censer for ceremonial use, with blue decoration, Height 14.

II-*l.* — Stemcup, decorated in underglaze blue or red. Mouth dia. 12, height 11.

II-*m.* — Stemcup, decorated in underglaze red or blue, sometimes over a slip of soft paste. Mouth dia. 10, height 9.

II-*n.* — Stemcup, decorated in underglaze red or blue or both. Mouth dia. 15.5, height 10.2.

III-*a.* — Jar with cover, decorated in blue. Height 29.

III-*b.* — Ewer with red or blue underglaze decoration. Height 32.

III-*c.* — *Cha-tou*, leys jar, of grain-measure shape, decorated in blue. Mouth dia. 16, height 15.

III-*d.* — Bottle, decorated in underglaze blue or red. Height 34, etc.

III-*e.* — Flask decorated in underglaze blue. Height 22.

The following shapes also occur during the *Hsüan-tê* period.

I-*c.* — Bowl, decorated inside and out with flowers in blue or in slip and incised.

I-*g.* — Stemcup, decorated in blue, mark outside under lip in four characters.

I-*h.* — *Sêng-mao-hu*, monk's cap jug, decorated in blue or red.

I-*i.* — *Mei-p'ing*, vase, with decoration in blue.

I-*j.* — Winepot, decorated in blue. Height 10.

I-*k*. — *Hu-lu-p'ing*, gourd bottle, with decoration in blue. Height 25.5.

IV-*e*. — Dish, decorated in blue or with plain red or blue glaze; also with blue flowers in yellow ground.

Mouth dia. 19.3, foot dia. 11.6.

18.1, „ 11.3.

17.3, „ 10.2.

17.5, „ 11.1 etc.

IV-*f*. — Dish, decorated in blue, with blue glaze inside and out, with red glaze inside and out, with blue outside and white inside or with turquoise glaze outside. These types often have *an-hua*, hidden dragons, painted in slip around the inside edge. Mouth dia.21.7, 21, etc.

There are also dishes of this shape with blue flowers in yellow ground.

CH'ÊNG-HUA PERIOD

IV-*a*. — *Cha-tou*, leys jar, of grain measure shape, decorated in blue. Dia.13.5, Height 9.4.

IV-*b*. — Jar with cover, decorated with *tou-ts'ai* enamel colours. Height 9.4.

IV-*d*. — Bowl, decorated outside and inside, or outside only, with blue. Mouth dia. 15.6.

IV-*e*. — Dish, decorated outside and inside with blue, or with plain yellow glaze.

(i) Mouth dia. 19, foot dia. 15.6.

(ii) Mouth dia. 24.5.

IV-*g*. — Winecup, decorated with *tou-ts'ai* enamel colours. Mouth dia. 7.3.

IV-*h*. — *Chi-kang*, chicken cup, decorated with *tou-ts'ai* enamel colours. Mouth dia. 8.1.

IV-*i*. — Winecup with slightly everted lip, decorated with *tou-ts'ai* enamel colours. Mouth dia. 7.6.

IV-*j*. — Stemcup decorated in blue. Mouth dia. 7.5. Height 8.

IV-*k*. — Stemcup, decorated with *tou-ts'ai* enamel colours. Mouth dia. 6.2. Height 7.8.

IV-*l*. — Stemcup with everted lip, decorated with *tou-ts'ai* enamel colours.

(i) Mouth dia. 6.7, height 7.8.

(ii) Mouth dia. 6.0, height 7.6.

HUNG-CHIH PERIOD

IV-*c*. — Bowl decorated in blue.

(i) Mouth dia. 22.7, height 12.

(ii) Mouth dia. 21.8, height 10.5.

IV-*f*. — Dish decorated in underglaze blue, enamel colours, or with plain yellow glaze. Mouth dia. 18.

The following shapes of former periods were also used during Hung-chih.

IV-*a*. — *Cha-tou*, leys jar of grain measure shape, decorated with green and yellow enamel colours. Mouth dia. 15.2.

IV-*e*. — Dish with everted lip, decorated with enamel colours, or plain yellow glaze. Mouth dia. 20.6, etc.

II-*c*. — Bowl decorated in underglaze blue, enamel colours, or with plain yellow glaze.

(i) Mouth dia. 17.8.

(ii) Mouth dia. 20, etc.

I-*e*. — Stemcup decorated with yellow and green enamel colours. Mouth dia. 15.6.

APPENDIX IV SELECTED BIBLIOGRAPHY

BLUETT, EDGAR E., *Ming and Ching Porcelains: Concerning some Dated Specimens, with their Distinguishing Features*. London, 1933.

BUSHELL, S. W., *Description of Chinese Pottery and Porcelain, being a translation of the T'ao-shuo*. Oxford, 1910.

FERGUSON, J. C. and Kuo Pao-ch'ang, *"Noted Porcelains of Successive Dynasties" written by Hsiang Yüan-pien*. Peiping, 1931.

HETHERINGTON, A. L., *Chinese Ceramic Glazes*. Cambridge University Press, 1937.

HOBSON, R. L., *The Wares of the Ming Dynasty*. Benn, 1923.

Handbook of the Pottery and Porcelain of the Far East. British Museum, 1937.

Catalogue of Chinese Pottery and Porcelain in the Collection of Sir Percival David, Bt. London, 1934.

Catalogue of the George Eumorfopoulos Collection of Chinese, Korean and Persian Pottery and Porcelain. Vols. I-VI, London, 1925-28.

JULIEN, STANISLAS, *Histoire et fabrication de la porcelaine chinoise*. Paris,1856.

ORIENTAL CERAMIC SOCIETY, *Transactions*. London, 1921-1937: 40, 101.

SEARLE, A. B., *An Encyclopoedia of the Ceramic Industries*. 3 vols. Benn, London, 1929-30.

The Chemistry and Physics of Clays. 2nd. ed., Benn, London, 1933.

CHINESE BIBLIOGRAPHY

CHANG YING-WÊN張應文. *Ch'ing-pi-ts'ang*清秘藏, published in 1595 by his son: 7, 20.

CH'ÊN CHI-JU陳繼儒. *Ni-ku-lu*妮古錄, Wan-li period: 21.

CHU YEN朱炎. *T'ao-shuo*陶說, a discussion on pottery, 1774.

HSIEH CHAO-CHIH謝肇淛. *Wu-tsa-tsu*五雜俎, Wan-li period: 19, 21.

KAO LIEN高濂. *Tsun-shêng-pa-chien*遵生八牋, published in1591: 3, 7-8, 20, 21, 25, 33, 34, 40.

LAN P'U藍浦. *Ching-tê-chên T'ao-lu*景德鎮陶錄, published in 1815. (Translated by Julien, see above): 3, 8, 17, 29, 40, 62.

LI CHUN-SHIH李君實. *Tzu-t'ao-hsüan-tsa-chui*紫桃軒雜綴, Chia-ching period.

LI T'IAO-YÜAN(editor) 李調元. *Ku-tung-chih*骨董志, Ch'ien-lung edition: 3.

SHÊN TÊ-FU沈得符. *Pi-chou-chai-yü-t'an*敝帚齊餘談, early17th century: 19.

SUN CH'ÊNG-TSÊ 孫承澤. *Yen-shan-chai-tsa-chi*硯山齋雜記, written *circa*1660: 21, 39.

T'AO TSUNG-I陶宗儀. *Cho-kêng-lu*輟耕錄, Hung-wu period.

Ts'AO CHAO曹昭. *Ko-ku-yao-lun*格古要論, first published in1388: 5, 8, 59, 73.

TUNG CH'I- CHANG董其昌. *Ku-tung-shih-san-shuo*骨董十三說, Wan-li period.

WÊN CHÊN-HÊNG文震亨 son of WÊN CHÊNG-MING文徵明. Ch'ang-wu-chih長物志, T'ien-chi period.

HISTORICAL AND TOPOGRAPHICAL WORKS

*Fou-liang-hsien-chih*浮梁縣志, The records of Fou-liang-hsien: 5, 56.

*Jao-chou-fu-chih*饒州府志, The records of Jao-chou-fu: 55.

*Kiang-si-tung-chih*江西通志, The records of Kiangsi province: 5, 21, 35.

*Ming-shih(Pên-chi)*明史本紀, The Annals of the Ming dynasty: 35.

*Yü-chang-ta- shih-chi*豫章大事記: 35.

GLOSSARY CHINESE WORDS AND NAMES USED IN THE TEXT

The figures between brackets refer to the plates

A.

*Ai-jih-t'ang-ch'ao*愛日堂抄, a work quoted by the *T'ao-lu*.

*an-hua*暗花, hidden or secret decoration, either in slip(liquid clay), or incised.

C.

*cha-tou*渣斗, leys jar.

*Chan-shan-chi*詹珊記, a book quoted by the *T'ao-lu*.

Chao K'ai趙慨, another name for the Porcelain God.

Chao T'ien Ko朝天閣, a tower on Chu Shan.

Chên Shan鎮山, another name for Chu Shan.

Ch'i Hung祁鴻, the name of an official of the Yung-lo period.

*chi-kang*雞缸, chicken cup.

*chih*螭, the hornless dragon.

*ching-shên*精神, vitality-animal spirits.

*ching-shui-wan*淨水盌 (clear water bowl), used in Buddhist ceremonial.

Ching-tê-chên景德鎮, the town, named in the Ching-tê period,1004-1007.

Chiu-yen九岩, the site of *Yüeh* kilns during the Six Dynasties.

Chou Mao-shu周茂叔, a scholar of the Sung dynasty.

Chou Tan-ch'üan周丹泉, a potter of the Wan-li period.

Chu Shan珠山, Pearl Hill, in Chingtechen.

Chu Yüan-tso朱元佐, an officer's name.

F.

fêng 鳳, the male phoenix.

Fou-liang浮梁, the district around Chingtechen.

H.

Hsiang-hu湘湖, a kiln site about six miles east of Chingtechen.

Hsiang Yüan-pien項元汴, a famous collector of the Ming Chia- ching period, to whom is attributed the authorship of the *Li-tai-ming-tz'u-t'u-p'u*歷代名瓷圖譜.

*hsien-hung*鮮紅, fresh red.

Hsin-ch'ang新昌, a former name for Fou-liang.

Hsin-p'ing新平, a former name for Fou-liang.

*hu-lu-p'ing*葫蘆瓶, gourd-shaped bottle.

Hu-t'ien湖田, a kiln site about four miles east of Chingtechen.

*huang*凰, the female phoenix.

Hui Tsung徽宗, an emperor of the Sung dynasty who reigned 1101-1125.

J.

Jao-chou饒州, a region (pronounced Rao-jo).

*jên*仞, a height of eight feet.

K.

K'ai-yüan開元, a period in the T'ang dynasty, from 713 to 742.

Kao Ling高嶺(high ridge).

*Ku-tung-chih*骨董志, a Ch'ing dynasty book of extracts compiled by Li T'iao-yüan李調元.

Kung-pu-lang-chung工部郎中, an office of works.

L.

lien-tzŭ 蓮子, lotus seed or lotus-form.

*ling-chih*靈芝, the magic fungus or elixir of life.

*lung*龍, dragon.

M.

*man-t'ou-hsin*饅頭心, loaf centre.

*mei-hua*梅花, prunus blossom.

*mei-p'ing*梅瓶, a vase for prunus blossom.

Mi Fei米芾, a poet and calligrapher of the Sung dynasty.

*mu-tan*牡丹, the peony.

N.

Nan Shan南山, a place about three miles south of Chingtechen.

Nei-wu-fu-kuan内務府官, an imperial office.

Nien Hsi-yao年希堯, a famous superintendent of the Imperial kilns in the Yung-chêng period.

P.

*pa-chi-hsiang*八吉祥, Eight Lucky Emblems.

*pa-pao*八寶, Eight Precious Objects.

pa-pei 靶杯, stemcup.

*pai-tun-shih*白墩石, white brick stone. See 'petuntse' in index.

pai-tun-tzŭ(petuntse)白墩子, white bricks.

P'an Lung Shan蟠龍山, another name for Chu Shan.

*pao-shih-hung*寶石紅, precious stone red.

Ping Ch'êng T'ang秉成堂, a factory in Chingtechen.

Ping Chieh T'ang秉節堂, a factory in Chingtechen.

Ping Li T'ang冰立堂, a hall in the Chao T'ien Ko.

*po-kang*鉢缸, alms-bowl.

*p'u- t'ao-pa-pei*葡萄靶杯, grape-vine stemcup.

S.

*sêng-mao-hu*僧帽壺, monk's-cap jug.

Shang-lin-hu上林湖, the site of the T'ang dynasty *Yüeh* ware kilns.

Shih Chu師主, the master teacher who became the Porcelain God.

*shu-fu*樞府(official use), inscribed on Yüan dynasty Imperial wares.

Shu P'êng叔朋, a name of the Porcelain God.

*su-ni-p'o ch'ing*蘇泥渤清, Mahometan blue.

Su Tung-p'o蘇東坡, a poet and calligrapher of the Sung dynasty.

T.

*t'an-chan*壇琖(盞), altar-cup.

*T'ang-shih-ssŭ-k'ao*唐氏肆攷, a book quoted by Lan P'u in the *T'ao-lu*.

T'ang Ying唐英, a famous potter of the Yung-chêng and Ch'ien-lung periods.

Tao Shan纛山, Imperial Banner Mountain, another name for Pearl Hill.

T'ao Yüan-ming陶淵明, a scholar of the Chin dynasty.

Ti-ling提領, the name of an office.

*t'ien*天, heaven.

*t'ien-kua*甜瓜, a melon.

Ting-chou定州, in Chihli province where *Ting* ware was made.

*to- t'ai*脫胎, bodiless.

*tou-ts'ai*鬥彩, clashing or fighting colours.

Tsang Ying-hsüan臧應選, a famous potter of the K'ang-hsi period.

W.

Wan Kuei-fei萬貴妃, the consort of Emperor Hsien Tsung(Ch'êng-hua).

Wan Shih Chüeh萬碩爵, a title of honour.

Wang Chên王鎮, a eunuch of the Chêng-t'ung period.

Wang Hsien望縣, a district.

*wu-kung-yang*五供養, the five sacrificial offerings.

*wu-shih*五獅, five lions.

wu-shih-t'ung-chü 五世同居, five descendants under one roof.

Wu-tê 武德, a period of the T'ang dynasty.

*wu-ts'ai*五彩, five colours.

Wu Wei吳為, a famous potter of the sixteenth century.

Wu Ying Tien武英殿, a hall in the Forbidden City.

Y.

*ya-shou-pei*壓手杯, press hand cup.

*yao*窯(窰), ware.

*ying-ch'ing*影青, shadow blue.

Ying-shan-so-ch'êng營繕所丞, the name of an office.

*Yü-chang-ta-shih-chi*豫章大事記, a book quoted by the *Kiang-si Tung-chih*.

*yu-hung*油紅, oil or glaze red enamel.

Yü Kuang于光, a famous rebel of the Yüan dynasty.

*Yu-li-hei*泑裏黑, underglaze black.

*yu-li-hung*泑裏紅, underglaze red.

*yüan-yang*鴛鴦, male and female ducks, etc.

Yüeh越, the district of Shao-hsing in Chekiang.

CERAMIC MAP OF CHINA

CHIHLI

TING-CHOU.—White bodied porcellaneous (*Ting*) wares with moulded or engraved decoration colourless and other glazes. Sung dynasty.

CHU-LU-HSIEN, TZU-CHOU AND CHING-HO-HSIEN DISTRICT.—White bodied porcellaneous wares with white, buff, chocolate and *flambé* glazes. Sung dynasty.

HONAN

CHENG-CHOU.—The fabulous *Chai* ware. "Colour of the sky after rain, thin as paper, resonant as jade, etc." Five dynasties.

JU-CHOU AND DISTRICT.—Grey and buff bodied wares with greenish blue to pale lavender blue, crackled or uncrackled glazes were made for the Northern Sung Court. Heavy wares with thick greenish glazes resembling *Chün* ware. Grey and buff bodied wares with transparent olive coloured glazes over engraved and moulded decoration, "Northern Celadon." Sung and Yüan dynasties.

Transactions of the Oriental Ceramic Society. Vol. 14. Sir Percival David, Bt.: "A Commentary on Ju Ware."

CHÜN-CHOU (The modern Yü-chou).—Grey and buff bodied wares with thick opaque blue glazes sometimes splashed with purple. Sung and Yüan dynasties.

SHENSI

PERHAPS NEAR SIAN.—Grey bodied wares with light olive transparent glazes over engraved designs. "Northern Celadon." Sung and Yüan dynasties.

SSU-CH'UAN

TA-YI.—White bodied porcellaneous wares with sea green, white and brown glazes. Sung and Ming dynasties.

O. H. Bedford. *China Journal,* 1936.

KIANGSU

YI-HSING.—Red-brown unglazed wares, teapots and cups; also copies of *Chün* ware. Ming dynasty to present day.

CHEKIANG

HANGCHOU.—Southern Sung *Kuan* or Imperial wares. Dark grey, light grey and buff bodied wares with grey, blue grey and greenish glazes.

R. L. Hobson, various writings.

CHIU-YEN.—Grey bodied wares with thin olive-green transparent glazes over stamped and moulded designs. Perhaps the earliest *Yüeh* ware. Late Han to Six dynasties.

A. D. Brankston, 1937.

SHANG-LIN-HU.—Grey bodied wares with thin olive-green and blue-green transparent glazes over engraved or moulded decoration. *Yüeh* ware. T'ang and early Sung dynasties.

J.M. Plumer, 1936 and A. D. Brankston, 1937.

LUNG-CH'ÜAN.—Grey and white porcellaneous ware with "Celadon" blue-green, olive-green and golden brown, crackled or uncrackled glazes. Sung dynasty and later.

Ch'ên Wan-li, various writings.

KIANGSI

CHINGTECHEN.—White bodied resonant, translucent wares with transparent glazes of many colours and decoration in cobalt, enamel colours, etc. T'ang dynasty until the present day.

CHI-AN-FU, THE FORMER CHI-CHOU.—The kiln is at Yung-ho, south of the city. White bodied wares with colourless glazes imitating *Ting*. Buff bodied wares with opaque brown and hare's fur glazes. White wares with dark brown decoration. Sung and Yüan dynasties.

A. D. Brankston, 1937.

FUKIEN

CHIEN-YANG.—Dark brown and black bodied wares with thick red-brown and black hare's fur glaze. Sung dynasty and later.

J. M. Plumer, *Illustrated London News*, Oct. 26, 1935.

TÊ-HUA. —White bodied, resonant and translucent wares with colourless glaze and decoration either incised, moulded or in cobalt. Ming dynasty until the present day.

Malcolm F. Farley.

CHANG-CHON.—Buff-white bodied wares with cream coloured, closely crackled, glaze, sometimes resembling *Ting* ware and sometimes Tê-hua. Ming dynasty.

Malcolm F. Farley.

KWANGTUNG

FAT-SHAN AND SHEK-WAN.—Sandy buff bodied wares with thick opaque glazes imitating *Chün*, *Kuan*, *Chi-chou* and other wares. Sung dynasty until the present day.

The above list of kilns does not attempt to be comprehensive, but states only the principal wares of some well-known factories on the authority of persons who have visited either the kiln sites or the locality in which the wares were made.

编后记

历经一年多的辛苦整理与研究，如今得见书稿成形，心中欣喜溢于言表。

至于该书的编撰起因，还要从2020年年初的一次偶然通话说起。时任江西高校出版社重点图书出版工程办公室主任的毛静先生，通过多方推介联系到我，说起他正在组织编撰的一套丛书《海外江西研究文献译丛》，其中有将英国学者白兰士敦《明初官窑考》这部重要的海外学术著作重新编译出版的想法。而这正与我负责实施的2018年度国家社科基金艺术学项目“19世纪以来中国陶瓷典籍的海外传播及其对世界陶瓷业的影响研究”的一些想法不谋而合。其实，我早在2018年之前就关注到这部海外学术著作，认识到这部著作对于明初官窑研究的重要参考价值，当时就有将之编译整理成中文出版的想法，只是由于多方面原因，一直未能付诸行动。正是这次的机缘巧合，让我下定决心行动起来，并愿尽自己最大的努力把它高质量地编译整理出来。后来尽管由于毛静先生调换工作，合作之事只能搁浅，但是我依然决心通过自己的努力，促成这部编译著作的问世。

《明初官窑考》（英文题名*Early Ming Wares of Chingtechen*），由英国学者白兰士敦于1938年编撰而成，由北京法文图书馆以英文文本形式印制发行，首次印刷仅650册。该书作为西方第一部系统研究中国明初官窑瓷器的学术著作，参引价值极大。该书出版后，引起了西方古陶瓷界、鉴赏界和艺术界的强烈反响和极大轰动，使当时西方各界对中国陶瓷的关注点由中国外销瓷转向更加精美的明清官窑瓷，并掀起了一股鉴赏研究明清官窑瓷器的热潮。可惜的是，如此重要的一部海外陶瓷论著，却没有中文译本，这不能不说是陶瓷研究中的一个遗憾和缺失。有鉴于此，加上前面提到的与毛静先生的不谋而合、机缘巧合，促使这本编译著作的问世。

当然，我在编译整理这部书稿时，也遇到了不少困难。由于《明初官窑考》属于陶瓷专业类学术著作，对翻译者的要求极高，其翻译不仅仅是将文本内容直译成中文，还要根据陶瓷专业术语和相关研究成果，使用专业词语，辨析其中正误，实现专业性与可读性的有机统一。我根据之前有关中外陶瓷典籍编译整理的研究成果，决定采用学术翻译（或称深度翻译）的方式来编译整理这部著作，即不仅要将原典籍的英文文本翻译成中文，还要增补大量的副文本内容，如编译导读、编译说明、编译者注、编后记、译后记、编注者新增附录、编注者新增图版等，以使其编译后的文本更易于今人理解，更方便参引使用。

为了更好地实现这一目标，几经寻求，终于找到了志同道合的得力合作者，即翁彦俊、汪婧贤伉俪。翁彦俊博士毕业于北京大学考古学专业，时任景德镇市陶瓷考古研究所副所长，他不仅在包括明清御窑在内的陶瓷考古与研究方面成果斐然，而且与汪婧女士都曾在美国留学多年，熟悉英文和欧美文化，这些都为本编译著作的高质量完成打下了坚实基础。在具体的编译过程中，汪婧女士主要负责英文目录、图版说明及其附录的翻译，翁彦俊先生主要负责英文主体章节的翻译和统稿，而我主要负责整体统筹编排、关键词句注释、编注者新增附录、编注者新增图版、英文文本核校和后期编译审定的工作。针对这部书稿的编译思路、编排体例、翻译方法、翻译风格等，我们三人也进行了大量的碰撞、沟通和交流。有关具体的翻译过程以及需要说明的情况，翁彦俊先生另撰有“译后记”，请大家访读。

同时，这部书稿之所以能够出版问世，还离不开诸多好友的鼎力支持和帮助。从编译之初到书稿定稿，景德镇陶瓷大学硕士研究生、唐英学社中国陶瓷研究史学术中心主任郑泽婷女士协助我完成了书稿编注的大量工作，包括资料收集、图片查核、漏误勘正、文字校对等，还与我合作撰写了本编译著作的“编译导言”，为读者更好地阅读、理解、参引和使用这本著作提供了指导。对于她的辛苦付出，我表示由衷的感谢！

在编译过程中，感谢毛静先生和德国学者穆勒·约瑟夫（Mueller Josef）提供的各种资料以及协助翻译书稿中提及的有关海外人物资料之功。感谢唐英学社社长黄清华先生及其工作团队提供的各种便利以及文字编排、图片处理之力。感谢古陶瓷学者林业强先生、陆明华先生、苏西亚先生、袁枫先生、陈天民先生以及景德镇市陶瓷考古研究所、景德镇中国陶瓷博物馆等提供的高清彩图，为本书的内容增色不少。感谢中国国家图书馆、清华大学图书馆、北京大学图书馆、景德镇陶瓷大学图书馆、景德镇市图书馆等藏书机构在资料查阅过程中提供的便利和支持。感谢故宫博物院、国家博物馆、上海博物馆等文博单位在陶瓷器物整理和图片出版方面所做的大量基础性工作。感谢景德镇陶瓷大学硕士研究生曾宝宝、张彤彤、郑彬、曹一凡、况立以及唐英学社学术助理李东东、井慧君诸人，感谢他们在英文文字核对和图片信息处理等方面所付出的辛勤劳动。

2021年4月10日下午3点至7点，这是一个值得纪念的时间。此时本编译书稿已经基本完成，为了确保整体编译质量，我们编译者约同数好友及古陶瓷学者郑鹏先生、李其江先生、李颜珣先生、郑泽婷女士等相聚唐英学社，还邀请了黄清华先生、侯铁军先生、吴军明先生、陈天民先生等在线答疑解惑，以线上线下相结合的方式组织了一场书稿通审会。这次通审会十分重要，解决了书稿中不少难以理解或阐释有误的地方，为本编译书稿整体质量的提升提供了可靠保证。诸君倡导原创，注重学术创新，恪守学术规范，为使本编译书稿用词更加准确、行文更加严谨、表达更加流畅，他们提出了宝贵的修改意见和建议，在此一并致谢。

最后，感谢我的家人，尤其感谢我的爱人张俊娜女士。我自从2017年开始担任学院行政事务以来，除了自身的教学科研工作外，还要花费大量的时间处理行政事务，这使我几乎没有太多时间照顾家里。我的爱人为了让我有尽可能多的时间专心写作，几乎承担了照顾小孩和打理家务的所有工作，在此对她表示深深的谢意。

需要说明的是，本编译著作是我负责组织实施的国家社科基金艺术学项目“19世纪以来中国陶瓷典籍的海外传播及其对世界陶瓷业的影响研究”（项目编号：18BG140）的研究成果之一，其出版得到了景德镇陶瓷大学和江西陶瓷文物遗存保护暨御窑研究协同创新中心的经费支持。

颇值一提的是，今年正好是《明初官窑考》作者白兰士敦逝世八十周年。谨以此书的编译整理出版，来纪念和缅怀这位西方知名的古陶瓷学者，也让世人永远铭记那些为中外陶瓷文化交流做出过突出贡献的国际友人。

陈宁

2021年4月29日

译后记

去岁此时，陈宁先生致电于我，商及本书的翻译合作事宜，稍加思索后即予以应承。一方面，陈宁先生的人品与才华，我素来欣赏；另一方面，白兰士敦的《明初官窑考》尝有耳闻，而未及详读，借此机会，正好学习。

认真阅读原书之后，感慨良多。我在景德镇从事考古工作近十年，部分自以为得的“新”观察，竟与八十余年前的白氏不谋而合，既有“有朋自远方来”的时空穿越之感，也有“拾人牙慧而不自知”的惭愧。此外，白氏对传统工艺的一些阐释分析，至今听来依然振聋发聩，令人耳目一新。对原书的价值和局限性，本书的“编译导读”已经做了很好的阐述，在此就不再展开。需要强调的是，白氏的论述不仅带有鲜明的时代烙印，还由于他亲身来到了明初官窑瓷器的生产地景德镇，其观察本身具有较高的第一手史料价值。也正基于此，在着手翻译之前，就确定了尽可能忠实原文和直译为主的原则，在“信”的基础上，力争“通达”和“雅致”，对其部分明显的错误也就不在翻译时予以干预。

此外，原书成于1938年，这一时期的英国文风比较华丽，书写上也与现代英文略有差异，因而部分内容在今天看来较为晦涩。有些人名和地名，由于读音上的差别和年代久远，译者也只能是尽力求证。与此同时，本书将英文原文附于译文之后，以便读者自行对照或改译，也算是为译者的水平不足求一宽宥。

本书的翻译，除了陈宁先生本人及其述及的友人帮助外，还需要特别感谢Ryan Mitchell先生、Sin-ying Ho女士、丁佳女士、李宝平先生等，与他们在一些技术和文字细节上的探讨，令译者受益良多。

拙荆汪婧，除了其直接负责的内容外，对整体的翻译也做了大量辅助工作，特别重要的是：在整个过程中，她穿针引线，加油鼓劲。

本书的翻译，如有可取之处，功劳归于团队；谬误与错漏之处，概由本人负责，还请诸位方家不吝批评指正！

翁彦俊

2021年4月29日

编注者新增附录一

明代景德镇御器厂监陶官一览表①

时期	姓名	监陶资料	文献出处	监陶身份
洪武	段廷珪	段廷珪，字宝持，清泉人，洪武进士，以工部员外董陶务，建署于珠山之南。轸民艰念物力陶务之外，进士民训诲之。工费遵藩司所解，制器如部文之数出，此一无所取。	乾隆《浮梁县志》卷一二《杂记下·述旧》	官员
	赵万初	1994年6月至8月，景德镇市政府在中华路修建七层高楼，平整土地，由于该地属明御厂东院，景德镇陶瓷考古研究所为配合基建在工地进行调查……于距地表二三米处的一个黄土层上发现了两个较集中的瓷片堆……洪武黄泥层……有一残瓦上有用含铁料书写的题记："监工浮梁县丞赵万初……下长原都。"	刘新园《景德镇珠山出土的明初与永乐官窑瓷器之研究》，《鸿禧文物》1996年创刊号版	官员
		洪武二年，复为县，有知县，有县丞……赵万初，咸阳人。	康熙《浮梁县志》卷五《官师志》	
永乐	祁鸿	永乐间，部使祁鸿莅事至厂，建堂曰"秉成"。	乾隆《浮梁县志》卷二《建置·衙署》	官员
	郑弘	郑弘，字仲耀，诸暨人。永乐初，以明经判安庆府，改饶州，升南安同知，所历皆有善政。饶民以烧瓷为业，故多官府造作之所。弘尝监督其事，忽值窑变，瓷器皆成异色，守者将以上闻。弘谓任土作贡，不强所无，倘因适然而责其常然，后将何以应，遽毁之。民立祠窑所以报德。	雍正《浙江通志》卷一六九《人物三·循吏三·绍兴府》	官员
	王士嘉	公讳士嘉，字道亨，五岁而孤，母淑人教育之，然聪敏喜学，遂为邑庠生……永乐初，擢为陕西按察佥事，所至无冤民，以西域贡使失供应，三司皆坐免。未几，公复起监饶州陶器，凡三十余万皆如期而办。	（明）王直《抑庵文后集》卷三二《侍郎王公墓志铭》	官员
洪熙	张善	洪熙间，少监张善始祀佑陶之神，建庙厂内。	（清）詹珊《重建敕封万硕师主佑陶庙碑记》，康熙《浮梁县志》卷八	太监

① 此表由本编译著作的编注者陈宁整理编撰而成，具体可参见陈宁：《明代景德镇御器厂监陶官研究》，《南京艺术学院学报》（美术与设计版）2011年第4期，第140-147页。今略有修订。

续表

时期	姓名	监陶资料	文献出处	监陶身份
宣德	张善	宣宗始遣中官张善之饶州，造奉先殿几筵龙凤纹白瓷祭器。	《明史·食货六》	太监
		宣德二年十二月，内官张善往饶州监造磁器，贪黩酷虐，下人不堪，所造御用器多以分馈其同列。事闻，上命斩于都市，枭首以徇。	《明宣宗实录》卷三四	
天顺	崔和	伏望查照天顺年间停差事例，将江西镇守太监崔和取回别用，一应地方事宜俱责成巡抚三司等官综理，将烧造太监永久查革。	（明）唐龙《停差烧造太监疏（正德十四年）》，（清）蔡新《明臣奏议选》卷一六	太监
成化	周芳誉	周芳誉，字明良，潞安长治人，景泰进士，成化二年监临御器。高雅俭约，简易不繁。寻廉得通判某事，一日召至，谓曰：朝廷设官此地，陶有专司别驾，职系牧民。虽曰芳誉位非刺举，然渔民罔上亦可上闻。某唯唯而退，旋求关说，揭已达部矣！迨至任满回京，毫无所取，时称“清白部臣”。	乾隆《浮梁县志》卷一二《杂记下·述旧》	官员
	何瓛	先别驾何瓛，字廷玉，号西野。其先华亭人，宪使公广从华亭徙浦上，遂为上海人……成化初年……得豫章饶州之别驾。故事：选人愿得县正，不愿得府佐。而公以别驾之官，意极怏怏，复造张公，而以饶事请质焉。比谈次而知饶州之别驾，虽列署府城，而别有衙斋。在景德镇上所职掌者，惟窑厂一事，无他务也，于是归而携家之任。当是时，宪宗皇帝内用龙凤之器，欲以宣德窑为范型，务求精美，敕下藩司，藩司以檄饶郡，公殊苦之，恐不得当以报朝命。而公日夕兢兢，一意恪共乃事，取材既细，造样复佳，每铸一窑，不下百千万器。公必肃衣冠，与同事者呼天而祝曰：惟是镕冶之事，仰藉圣天子宠灵。于时輙一火而就，而且多变窑。所铸本碗、碟也，而或变为砚为瓶；所铸本蓝、白也，而或变为红为紫；所铸本小也，而或变为大；所铸本粗也，而或变为精。诸人皆额手称公之功，而公则额手称上之福。所输纳无不当宫中意旨，而两台诸监司议以久任处公，谓窑厂非公不办也。于是满考三年复任，又满考三年，又复任，又加衔贰守，复留三年，而公以九年久任饶矣！会当迁，而公引疾，乞致其政。时张公为御史大夫在邻境，亦以书来慰留公，而公贻书报谢之，竟拂衣去。西江士庶莫不叹公之高，而景德镇人恨失仁君，而背慈母扳舆卧辙，送者不绝于途，祖帐之盛前此未有也。盖公性端方，亦复清慎，如变窑必不可得之器，恐后来复索，上供猝无以应，遂皆贮之库中，不敢擅进，饶之人以此最德之，以为公详谨小心，造地方无疆之福。	（明）何三畏《云间志略》卷九《先别驾西野公传》	官员

续表

时期	姓名	监陶资料	文献出处	监陶身份
成化	朱元佐	明成化间，内翰朱元佐奉命视陶。	乾隆《浮梁县志》卷一〇《名迹·古迹》	官员
		成化间，朱元佐监陶，《登朝天阁冰立堂观陶火诗》云：“来典陶工简命膺，火林环视一栏凭。朱门近与千峰接，丹阙遥从万里登。霞起赤城春锦列，日生紫海瑞光腾。四封富焰连朝夕，谁识朝臣独立冰?”	（清）蓝浦、郑廷桂《景德镇陶录》卷八《陶说杂编上》	
	邓原	成化间，太监邓原贤而知书，谓镇民多陶，悉资神佑，乃徙庙东门外通衢东北百武许，以便祈祀，即今所也。	（清）詹珊《重建勅封万硕师主佑陶庙碑记》，康熙《浮梁县志》卷八	太监
正德	梁太监	正德间，梁太监开报民户，占籍在官。	嘉靖《江西省大志》卷七《陶书·匠役》	太监
	李和	近该工部□□内开，张俊等题称本监供应磁器不敷应用，先年会议烧造各色磁器四十四万三千五百件，自弘治十二年后陆续烧成，进过十万四千八百三十件，未烧三十三万八千六百七十件，欲差官前去提督烧造。奉圣旨：既供应磁器不敷，照前奏行件数差官前去烧造。钦此……随该司礼监奉圣旨：着尚膳监太监李和去，写敕与他。钦此。	（明）蒋冕《湘皋集》卷一《奏对·乞停止差官烧造题本（正德十二年）》	太监
	邱得、尹辅	未几，镇守烧造太监相继差出，百姓闻之，相顾失色，且惧且泣曰：人殃乃至乎？顷蒙圣明，将邱得拿问，尹辅取回。百姓闻，皆私庆曰：人殃幸不来乎？自兹良善乐业矣，官府不添科派矣，狱讼贼盗日可消矣！	（明）唐龙《停差烧造太监疏（正德十四年）》，（清）蔡新等《明臣奏议选》卷一六	太监
	尹辅	正德十五年十二月己酉，命太监尹辅往饶州烧造磁器。工部议覆：江西地方屡遭焚劫，复有宸濠之难，所在官民十处九空，优免赈济，尚未苏息。若再差官烧造，廪给、柴薪、物料、工食所费不赀，诚恐激成他变。乞照弘治九年例，暂免差官，令镇巡三司等官查原欠之数如式烧造，以次进用，庶官民两便，供应不误。上曰：业已遣之矣。	《明武宗实录》卷一九四	太监
	刘勖	刘勖，字时勉，刚方有志操，不妄交与。正德中，由国子生除饶州府推官，号能持法，尤以清节著。尝董景德镇陶事，减陶户冗费数千金。后以丁忧解职。	嘉靖《宁国府志》卷八《人文纪中》	官员
嘉靖	刘良	嘉靖八年十月，太监刘良奉旨督造弘治正德中未完磁器三十余万。给事中陈皋谟言：先年止是饶州府委官烧造，近时乃遣中官，大为民害，请罢之。疏下工部，覆如皋谟言。上曰：烧造非自今始，且日用亦不可缺，尔等既有所见，何待言官？论及为此议，不过畏人言耳，如旨行。	（明）徐学聚《国朝典汇》卷一九八《工部十三·烧造》	太监

续表

时期	姓名	监陶资料	文献出处	监陶身份
嘉靖	祁敕	嘉靖十一年春二月乙巳，逮饶州知府祁敕下狱，以稽圜邱磁器也，寻降边方杂职。	（明）郭子章《豫章大事记》，雍正《江西通志》卷二七《土产·饶州府》	官员
嘉靖	祁敕	祁敕，字惟允，号棠野，东莞人，正德丁丑进士，历官饶州。知州部使者考核治行，为列郡称首，疏于朝。饶人歌之曰："有影黄堂月，无痕碧水秋。"至有私祠于家者。时有命烧造郊坛磁砖，限毋过七十日。或谓以土为胚，饰之以磁，庶可易成。公恐欺君，俾工匠如法为之，猝不能就。及逮赴诏狱，怡然就道，凡馈者悉却之。士民遮泣，不忍别，形诸歌颂，其卷曰"一磁不持"云。及抵京师，法司以公贤能，议罪从轻。上览奏，遂谪贵州婺州县典史。	（明）张萱《西园闻见录》卷九九《谴谪后·住行》	官员
嘉靖	黄裳	嘉靖十六年五月己卯朔，遣太常寺典簿黄裳往江西烧造长陵等陵白磁盘爵祭器。	《明世宗实录》卷二〇〇	官员
嘉靖	陈裒	嘉靖十七年春正月壬午，谪江西巡按御史陈裒为韶州府推官，以烧造磁器违限也。	（明）郭子章《豫章大事记》，雍正《江西通志》卷二七《土产·饶州府》	官员
嘉靖	戴鱀	升副使兵备饶州，兼督造尚方磁器。先是窑户争利，时持矛相杀，乃为条画禁治，争斗遂息。	（明）过庭训《国朝分省人物考》卷四八《浙江宁波府二》	官员
嘉靖	戴鱀	戴鱀，鄞县人，进士，嘉靖二十三年任兵备。	雍正《广西通志》卷五三《秩官》	官员
嘉靖	戴鱀	戴鱀，字时重，登正德十二年进士…升副使备兵饶州，兼督造尚方磁器。窑户每争利相杀，鱀为条画禁治，争斗遂息。	乾隆《鄞县志》卷一五《人物》	官员
嘉靖	杨锡文、陈炼於	嘉靖三十四年己丑，下饶州府同知杨锡文、通判陈炼於，抚臣逮问，以磁器不堪也。	（明）郭子章《豫章大事记》，雍正《江西通志》卷二七《土产·饶州府》	官员
嘉靖	杨锡文、陈炼於	嘉靖三十四年，江西进磁器，上以色浅不堪，命查经管人员。及回奏，下监督同知杨锡文、通判陈炼於，抚臣逮问巡按御史吴遵并司府官，俱夺俸有差。	（明）唐龙《停差烧造太监疏（正德十四年）》，（清）蔡新等《明臣奏议选》卷一六	官员

续表

时期	姓名	监陶资料	文献出处	监陶身份
嘉靖	范永官	嘉靖三十六年，推官范永官署厂，设法严肃，诸亡赖甚惮之。	乾隆《浮梁县志》卷一《风俗·景德镇风俗附》	官员
		嘉靖三十七年，管厂临江府推官范永官查各色包泊冒领之弊。	嘉靖《江西省大志》卷七《陶书·人夫》	
		管该厂推官范永官烧造除官厂外，定给民窑每二样一口，给赏银二十两。	万历《江西省大志》卷七《陶书·回青》	
	潘元度	工夫该工食银两四千四十四两，俱行七县，于丁粮四差银内追征，解厂查给各夫。近该管厂通判潘元度径呈裁减。	万历《江西省大志》卷七《陶书·人夫》	官员
	王允武	该管厂通判王允武定给大样缸每口给银二十两，二样缸每口给银一十八两。	万历《江西省大志》卷七《陶书·回青》	官员
	钱复初	该管厂推官钱复初议呈，每大样缸一口，给银二十三两。二样缸一口，银二十两。蒙允议行。	万历《江西省大志》卷七《陶书·回青》	官员
	方叔猷	近该饶州府通判方叔猷管厂，设造木天平，分与各匠作类称，由是器皿大小轻重适匀，无有厚薄轻重之不同矣。	万历《江西省大志》卷七《陶书·砂土》	官员
		该镇巡捕事务原属附近桃树镇巡检，职卑官小，不足弹压。嘉靖四十二年，饶州府通判方叔猷建议本镇统辖。	万历《江西省大志》卷七《陶书·设官》	
	罗钦	通判南康，监烧御窑。	道光《安徽通志》卷二〇一《人物志》	官员
隆庆	陈学乾	隆庆五年，通判陈学乾议称，上工夫三百六十七名，多被在官人役包占，甚至一人包二三名者，遇点闸仓皇雇请答应，点毕随去。	万历《江西省大志》卷七《陶书·人夫》	官员
		隆庆六年，复起烧造，仍于各府轮选。先是南康府通判陈学乾议得烧造事关通省，合无除南赣二府极远外，于附近府佐内遴选委管，一年交代，将经手钱粮、工料并解过器皿数目造册通详。如果节约依期，廉能称职，呈详两院，先行旌奖，仍列荐剡。其有措索、冒破事迹显著者，亦听参革。若遇钦限紧急，供用仍听本官，申呈守道咨司，挪借应急，不致缺乏掣肘。抚按各批允行。	万历《江西省大志》卷七《陶书·设官》	
		隆庆间，通判陈学乾所纂《陶政录》，悉附各款议，虽未尽见用，要于中实当情，技之可也，且以俟来者，得览镜焉。	万历《江西省大志》卷七《陶书引》	
	洪一夔	隆庆六年八月，内奉诏停止烧造，随该管厂委官九江府同知洪一夔，将前发回青贰百壹拾斤解回本司，贮收银库。	（明）潘季驯《潘司空奏疏》卷六《督抚江西奏疏·清查回青招由疏》	官员

续表

时期	姓名	监陶资料	文献出处	监陶身份
万历	蒋建	万历六年，内该管厂同知蒋建，见得该所军匠疲困，相应俯恤，尽行停征。	万历《江西省大志》卷七《陶书·人夫》	官员
	张化美	万历十一年间，该管厂同知张化美见得麻仓老坑土膏已竭，掘挖甚难，每百斤加银三分。	万历《江西省大志》卷七《陶书·砂土》	官员
	潘相	万历二十七年春正月，御马监潘相督理江西瓷厂。	（清）夏燮《明通鉴》卷七二	太监
		万历二十七年二月，潘相督理江西瓷厂。	（清）张廷玉等《资治通鉴纲目三编》卷二六	
		万历二十七年，矿税役兴，厂委开采太监潘相兼理，府佐仍董之，内监驻省，起运时驻镇。	乾隆《浮梁县志》卷五《陶政·陶厂》	
		万历初，内侍潘相监陶务，好兴作，僭侈拟宸内。厂事委于官吏，下不堪命，人情汹涌，台省交章纠相，遂撤回京，终明之世中涓弗遣。	乾隆《浮梁县志》卷一二《杂记下·述旧》	
		往时，陶厂皆水运达京。由陆运者，中官裁革后始也。后潘太监仍设水运舡，甚便。	康熙《浮梁县志》卷四《陶政》	
		万历三十四年三月乙亥，江西矿税太监潘相以矿撤驻，望移住景德镇，上疏请专理窑务……从之。	《明神宗实录》卷四一九	
	沈榜	万历二十七年十一月丁卯，先是江西税监潘相疏称，钦颁磁器式样于五月内工部题差序班奉令料赍银，至今未到。原任饶州府通判今升荣府审理沈榜，有窑户连名保留，乞令以原官专管烧造。得旨，奉命详看，该部参看来说，沈榜准添注通判管事兼本镇捕务。	《明神宗实录》卷三四一	官员
		饶州通判沈榜贬官，夤缘税监潘相得留，绍极言非法。	《明史·程绍传》	
	刘岳	万历三十年，布政司发各县合银盖造，鄱阳县丞刘岳带管厂务，督立牌坊，重建堂庑，颇称壮丽。	（清）吴允嘉《浮梁县志陶政》	官员

编注者新增附录二

清代景德镇御窑厂督陶官一览表[①]

督陶官	时任职务	任期	协造官	任期
董显忠	分守饶南九道	顺治十年至顺治十二年	无	
郎廷佐	江西巡抚	顺治十一年至顺治十三年	无	
安世鼎	巡南道	顺治十一年，结束时间不详	无	
王天眷	分守饶南九道	顺治十二年至顺治十三年	无	
王瑛	饶南九道参政	顺治十三年至顺治十五年	无	
张朝璘	江西巡抚	顺治十三年至顺治十八年	无	
张思明	分守饶南九道	顺治十五年	无	
噶巴	工部理事	顺治十六年	无	
王日藻	工部郎中	顺治十六年	无	
徐廷弼	广储司郎中	康熙十九年至康熙二十一年	无	
李廷禧	广储司主事	康熙十九年至康熙二十一年	无	
臧应选	工部虞衡司郎中	康熙二十二年，结束时间不详	无	
车尔德	笔帖式	康熙二十二年，结束时间不详	无	
郎廷极	江西巡抚	康熙四十四年至康熙五十一年	无	
安尚义		康熙五十八年至雍正四年	无	
年希尧	总管内务府大臣，管理淮安关务	雍正四年至雍正十三年	赵元	雍正五年
			唐英	雍正六年至乾隆元年
唐英	先后担任内务府员外郎、淮安关监督、九江关监督	乾隆元年至乾隆十四年，乾隆十七年至乾隆二十一年	默尔参莪	乾隆二年至乾隆六年
			六十三	乾隆六年
			老格	乾隆六年至乾隆十四年，乾隆十七年至乾隆二十一年
惠色	九江关监督	乾隆十五年至乾隆十六年	老格	乾隆十五年至乾隆十六年
尤拔世	九江关监督	乾隆二十一年至乾隆二十四年	老格	乾隆二十一年至乾隆二十四年

① 此表主要由本编译著作的编注者陈宁整理编撰而成，具体可参见陈宁、徐波：《明清时期景德镇御窑厂督陶官的文献考察》，《中国陶瓷工业》2011年第4期，第23-29页。今略有修订。

续表

督陶官	时任职务	任期	协造官	任期
舒善	九江关监督	乾隆二十四年至乾隆二十七年，乾隆三十一年至乾隆三十三年	老格	乾隆二十四年至乾隆二十七年，乾隆三十一年至乾隆三十三年
			百岁	乾隆二十四年至乾隆二十七年
海福	九江关监督	乾隆二十八年至乾隆三十年	老格	乾隆二十八年至乾隆三十年
			百岁	乾隆二十八年
瑭琦	驿盐道暂管九江关务	乾隆三十三年	老格	乾隆三十三年
伊龄阿	九江关监督	乾隆三十三年至乾隆三十七年	老格	乾隆三十三年至乾隆三十四年
全德	九江关监督	乾隆三十七年至乾隆四十二年，乾隆六十年至嘉庆二年	葆广	乾隆三十九年至乾隆四十二年
			丰绅	乾隆四十二年
苏凌阿	九江关监督	乾隆四十三年	葆广	乾隆四十三年
			丰绅	
额尔登布	九江关监督	乾隆四十四年至乾隆四十八年	葆广	乾隆四十四年至乾隆四十五年
			丰绅	乾隆四十四年至乾隆四十八年
			延藩	乾隆四十五至乾隆四十八年
			连喜	乾隆四十八年
穆克登	九江关监督	乾隆四十九年至乾隆五十年	延藩	乾隆四十九年至乾隆五十年
			连喜	
虔礼宝	九江关监督	乾隆五十年至乾隆五十一年	连喜	乾隆五十年至乾隆五十一年
海绍	九江关监督	乾隆五十一年至乾隆五十四年	连喜	乾隆五十一年
			德纯	
达桑阿	九江关监督	乾隆五十四年	无	
善泰	九江关监督	乾隆五十五年	无	
福昌	九江关监督	乾隆五十五年至乾隆五十七年	无	
陈大文	广饶九南道管九江关税务候补道	乾隆五十七年	无	
福英	九江关监督	乾隆五十七年至乾隆五十九年	无	
刘朴	九江关监督	嘉庆四年	无	
阿林保	九江关监督	嘉庆四年至嘉庆五年	无	
阿克当阿	九江关监督	嘉庆五年至嘉庆十年	无	
广惠	九江关监督	嘉庆十年至嘉庆十七年，嘉庆二十三年至嘉庆二十五年	无	
德泰	九江关监督	嘉庆十七年至嘉庆二十年	无	

续表

督陶官	时任职务	任期	协造官	任期
任兰祐	九江关监督	嘉庆二十年至嘉庆二十三年	无	
常兴	九江关监督	道光元年至道光二年	无	
费履升	九江关监督	道光二年至道光四年	无	
郑祖琛	九江关监督	道光四年至道光五年	无	
克蒙额	九江关监督	道光五年至道光八年	无	
祝麟	九江关监督	道光八年至道光十二年	无	
彭年	九江关监督	道光十二年	无	
德顺	九江关监督	道光十二年至道光十九年	无	
福泰	九江关监督	道光十九年至道光二十年	无	
魏襄	九江关监督	道光二十年至道光二十一年	无	
麟柱	九江关监督	道光二十一年至道光二十二年	无	
普琳	九江关监督	道光二十二年至道光二十三年	无	
蒋方正	九江关监督	道光二十三年	无	
图璧	九江关监督	道光二十三年至道光二十七年	无	
士魁	九江关监督	道光二十七年至道光三十年	无	
德新	九江关监督	道光三十年至咸丰二年	无	
陈景曾	九江关监督	咸丰二年	无	
义泰	九江关监督	咸丰二年至咸丰三年	无	
恩龄	九江关监督	咸丰四年至咸丰五年	无	
蔡锦青	九江关监督	同治二年至同治三年	无	
俊达	九江关监督	同治四年至同治六年	无	
景福	九江关监督	同治七年至同治十一年	无	
许应鑅	九江关监督	同治十一年	无	
沈保靖	九江关监督	同治十二年至光绪三年	无	
吴世熊	九江关监督	光绪四年	无	
王嵩龄	九江关监督	光绪五年	无	
洪绪	九江关监督	光绪六年至光绪十年	无	
李希莲	九江关监督	光绪十一年至光绪十七年	无	
涂椿年	九江关监督	光绪十八年	无	
诚勋	九江关监督	光绪十九年至光绪二十五年	无	
明征	九江关监督	光绪二十五年至光绪二十七年	无	
瑞征	九江关监督	光绪二十八年至光绪三十一年	无	
汪瑞闿	九江关监督	光绪三十二年	无	
文炳	九江关监督	光绪三十三年至宣统二年	无	

图1 景德镇湘湖镇兰田窑遗址一景

图2 唐代 青瓷碗
（景德镇湘湖镇兰田窑址出土）

图3 唐代 青瓷杈
（景德镇湘湖镇兰田窑址出土）

图4 景德镇湖田窑遗址一景

图5 宋代 青白瓷刻花钵

（残片修复，景德镇湖田窑址出土）

图6 宋代 青瓷罐

（残片外底，景德镇湖田窑址出土）

（a）　　（b）

图7　北宋 青白釉刻划牡丹纹斗笠碗（香港达文堂藏）

（a）　　（b）

图8　元代 卵白釉印花“枢府”款碗及线描图（江西省乐安县元代窖藏出土，乐安县博物馆藏）

（a）　　（b）

图9　元代 卵白釉印花文字纹靶杯（残件修复，景德镇落马桥窑址出土）

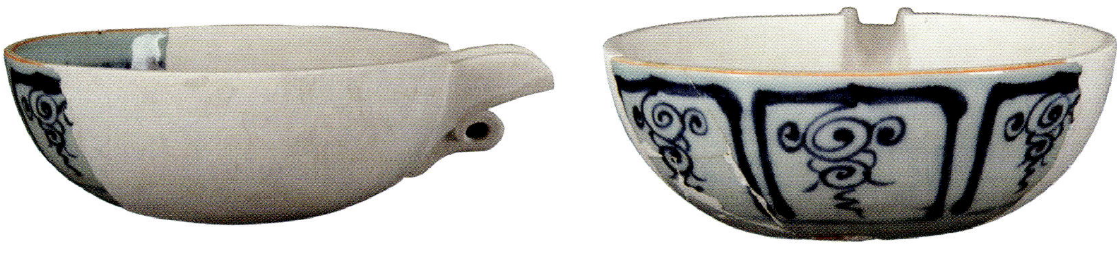

（a）　　（b）

图10　元代 青花莲池纹匜（残件修复，景德镇落马桥窑址出土）

（a）

（b）

图11 元代 青花蕉石麒麟纹折沿大盘（残件修复，景德镇落马桥窑址出土）

（a）

（b）

图12 元代 青花麟凤花卉纹菱口大盘（北京故宫博物院藏）

图13 景德镇御窑厂遗址一景

图14 明洪武 青花缠枝牡丹纹侈口碗
（景德镇市陶瓷考古研究所藏）

图15 明洪武 青花缠枝花卉纹墩式碗
（香港达文堂藏）

图16 明洪武 青花四季花卉纹菱口折沿大盘（景德镇市陶瓷考古研究所藏）

图17 明洪武 青花四季花卉纹折沿大盘（景德镇市陶瓷考古研究所藏）

图18 明洪武 青花松竹梅纹带盖执壶（景德镇市陶瓷考古研究所藏）

图19 明洪武 青花折枝菊纹带盖执壶（北京故宫博物院藏）

图20　明洪武 青花云龙纹“春寿”铭梅瓶及配盖（日本大阪东洋陶瓷博物馆藏）

图21　明永乐 红釉盘（北京故宫博物院藏）

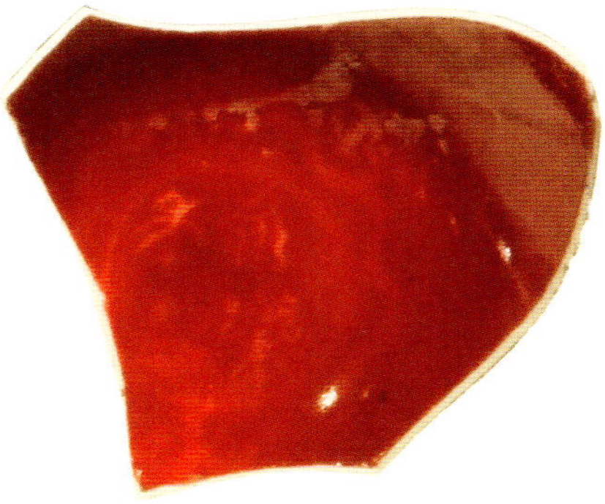

图22　明永乐 红釉暗刻“永乐年制”四字篆款瓷器残片（景德镇珠山官窑遗址出土，景德镇市陶瓷考古研究所藏）

图23　明永乐 红釉暗花双龙戏珠纹靶杯（台北故宫博物院藏）

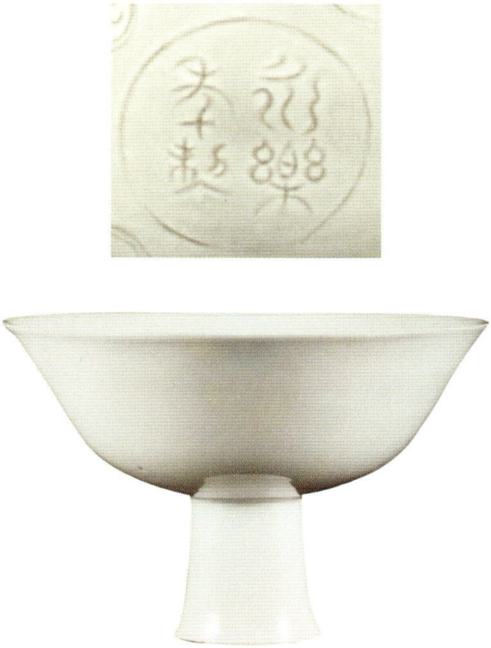

图24　明永乐 白釉暗花双龙戏珠纹高足碗及内底款（竹月堂藏）

图25　明永乐 白釉暗刻莲托八吉祥纹僧帽壶（大英博物馆藏）

图26　明永乐　白釉双耳扁壶
（景德镇珠山官窑遗址出土，景德镇市陶瓷考古研究所藏）

图27　明永乐　青花伊斯兰花纹双耳扁壶
（景德镇珠山官窑遗址出土，景德镇市陶瓷考古研究所藏）

图28　明永乐　青花缠枝莲纹压手杯
（北京故宫博物院藏）

图29　明永乐　青花缠枝莲纹压手杯
（北京故宫博物院藏）

图30 明永乐 青花菊瓣纹鸡心碗（北京故宫博物院藏）

（a）

（b）

图31 明永乐 青花菊瓣纹鸡心碗（景德镇珠山官窑遗址出土，景德镇市陶瓷考古研究所藏）

（a）

（b）

（c）

图32　明永乐 青花莲托八宝纹折沿盆（香港达文堂藏）

图33　明永乐 青花开光花果纹执壶

图34　明永乐 青花折枝秋葵纹玉壶春瓶

图35　明永乐 青花海浪白龙纹撇足梅瓶

图36　明永乐 青花龙纹盖罐

（以上四件器物均出土于景德镇珠山官窑遗址，景德镇市陶瓷考古研究所藏）

图37 明永乐 青花一束莲纹盘（香港达文堂藏）

图38 明永乐 青花一束莲纹盘（景德镇珠山官窑遗址出土，景德镇市陶瓷考古研究所藏）

（a）

（b）

图39 清乾隆 仿永乐青花一束莲纹碟（景德镇中国陶瓷博物馆藏）

图40 明宣德 红釉僧帽壶
（北京故宫博物院藏）

图41 清康熙 仿宣德祭红釉僧帽壶
（北京故宫博物院藏）

图42 明宣德 青花藏文莲托八宝纹僧帽壶（景德镇珠山官窑遗址出土，景德镇市陶瓷考古研究所藏）

图43 明宣德 祭红釉莲瓣卤壶
（台北故宫博物院藏）

图44 明宣德 祭蓝釉贴花水注
（景德镇珠山官窑遗址出土，景德镇市陶瓷考古研究所藏）

图45 明宣德 黄釉梨式执壶（景德镇珠山官窑遗址出土，景德镇市陶瓷考古研究所藏）

（a）

（b）

（c）

图46　明宣德　白釉坛盏（台北故宫博物院藏）

图47　明宣德　黄地青花花果纹盘（台北故宫博物院藏）

（a）　　（b）

图48　明宣德　黄地青花花果纹盘（景德镇珠山官窑遗址出土，景德镇市陶瓷考古研究所藏）

图49 明宣德 孔雀绿釉靶杯

图50 明宣德 孔雀绿釉盘

（a）　　　　（b）

图51 明宣德 孔雀绿釉青花莲池鱼藻纹碗

（以上三件器物均出土于景德镇珠山官窑遗址，景德镇市陶瓷考古研究所藏）

（a）　　（b）

图52　明宣德　青花莲池鱼藻纹盘（景德镇珠山官窑遗址出土，景德镇市陶瓷考古研究所藏）

图53　明宣德　青花缠枝牡丹纹大碗（香港达文堂藏）

（a）

（b）

（c）

图54 明宣德 青花出戟盖罐（北京故宫博物院藏）

（a）

（b）

（c）

（d）

图55 明宣德 青花蟋蟀罐一组（4件）（残件修复，景德镇珠山官窑遗址出土，景德镇市陶瓷考古研究所藏）

（a）

（b）

（c）

（d）

图56 明宣德 青花蟋蟀罐一组（4件）（残件修复，景德镇珠山官窑遗址出土，景德镇市陶瓷考古研究所藏）

图57 明宣德 青花海水龙纹靶杯（大英博物馆藏）

（a）

（b）

（c）

图58 明宣德 青花矾红海水瑞兽纹靶杯（美国克利弗兰艺术博物馆藏）

图59 明宣德 釉里红三鱼纹靶杯（北京故宫博物院藏）

图60 明宣德 釉里红三鱼纹靶杯（残件修复，景德镇珠山官窑遗址出土，景德镇市陶瓷考古研究所藏）

图61 明宣德 斗彩莲池鸳鸯纹碗（西藏萨迦寺藏）

（a）　　　　（b）

图62 明宣德 斗彩莲池鸳鸯纹盘（残件修复，景德镇珠山官窑遗址出土，景德镇市陶瓷考古研究所藏）

图63 明正统 青花云龙纹大缸（上海博物馆藏）

图64 明正统 青花云龙纹大缸（残件修复，景德镇珠山官窑遗址出土，景德镇市陶瓷考古研究所藏）

图65 明景泰 青花缠枝花卉纹戟耳尊（江西省德兴市黄柏乡福泉山景泰二年墓出土，德兴市博物馆藏）

图66 明景泰 青花折枝花卉纹双耳瓶（江西省景德镇市郊景泰四年墓出土，景德镇中国陶瓷博物馆藏）

图67 明天顺 青花“天顺五年”铭堆塑龙纹瓶（香港艺术馆藏）

图68 明天顺 青花“天顺年置”款云龙纹碗（湖北省武汉市流芳街镇国将军朱季埱及夫人墓出土，武汉博物馆藏）

图69 明天顺 青花“天顺年”款波斯文炉（北京故宫博物院藏）

图70 明成化 斗彩鸡缸杯（北京故宫博物院藏）

图71 明成化 斗彩高士杯
（景德镇珠山官窑遗址出土，景德镇市陶瓷考古研究所藏）

图72 明成化 斗彩葡萄纹杯
（景德镇珠山官窑遗址出土，景德镇市陶瓷考古研究所藏）

（a）

（b）

图73 明成化 斗彩花卉纹杯（景德镇珠山官窑遗址出土，景德镇市陶瓷考古研究所藏）

（a）

（b）

图74 明成化 斗彩莲托八宝纹碗（景德镇珠山官窑遗址出土，景德镇市陶瓷考古研究所藏）

（a）　　（b）

图75　明成化 斗彩缠枝莲纹靶杯（景德镇珠山官窑遗址出土，景德镇市陶瓷考古研究所藏）

（a）　　（b）

图76　明成化 斗彩团花纹靶杯（北京故宫博物院藏）

图77 明成化 斗彩海水麒麟纹“天”字罐
（北京故宫博物院藏）

图78 明成化 斗彩龙纹“天”字盖罐
（景德镇珠山官窑遗址出土，景德镇市陶瓷考古研究所藏）

图79 明成化 斗彩龙纹“天”字盖罐（半成品）（景德镇珠山官窑遗址出土，景德镇市陶瓷考古研究所藏）

（a）　　　　　　（b）

图80　清雍正　仿成化斗彩莲池鸳鸯纹盘（景德镇中国陶瓷博物馆藏）

图81　明成化　青花婴戏纹碗（景德镇珠山官窑遗址出土，景德镇市陶瓷考古研究所藏）

图82　明成化 黄地青花花果纹盘（台北故宫博物院藏）

图83　明成化 孔雀绿釉青花莲池鱼藻纹盘（上海博物馆藏）

图84 明弘治 黄釉描金双牺耳罐（北京故宫博物院藏）

图85 明弘治 黄地青花折枝花果纹盘（北京故宫博物院藏）

（a）　（b）

图86　明弘治 青花赶珠龙纹碗（景德镇珠山官窑遗址出土，景德镇市陶瓷考古研究所藏）

图87　明正德 孔雀绿釉青花鱼藻纹盘（北京故宫博物院藏）

图88 明正德 黄地绿龙纹渣斗（北京故宫博物院藏）

图89 景德镇高岭瓷土矿遗址一景

图90 景德镇高岭露天采矿遗址

图91 景德镇高岭瓷土古矿洞遗址

图92 将瓷石舂碎成粉末的动力工具——水碓

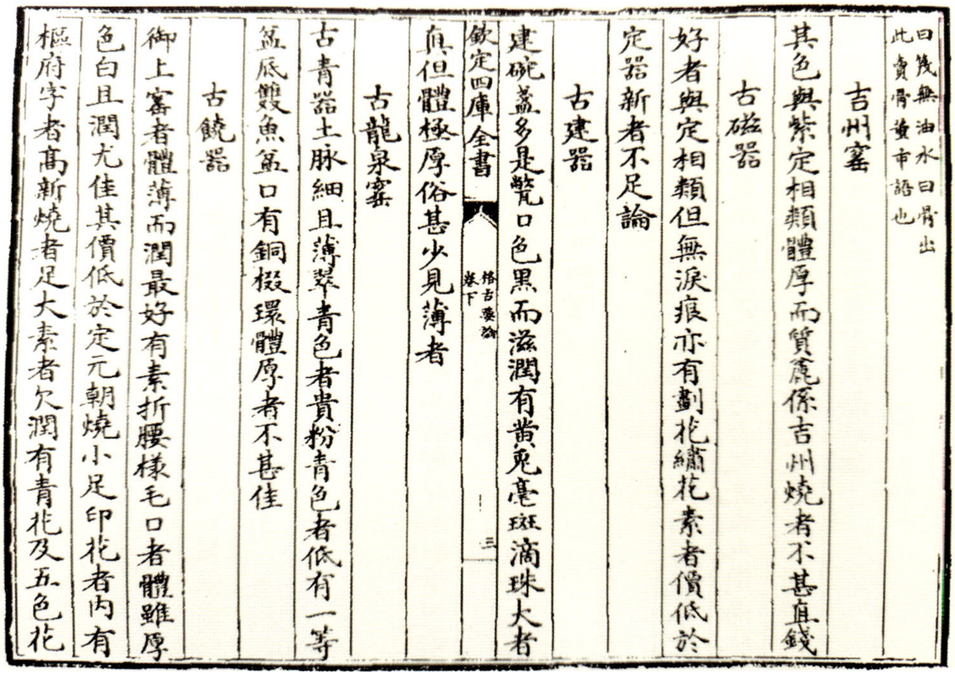
曰篾無油水曰骨出此賣骨董市語也
吉州窯
其色與紫定相類體厚而質麄係吉州燒者不甚直錢
古磁器
好者與定相類但無淚痕亦有劃花繡花素者價低於
定器新者不足論
古建器
建碗盞多是覺口色黑而滋潤有黄兔毫斑滴珠大者
欽定四庫全書 格古要論 卷下 三
真但體極厚俗甚少見薄者
古龍泉窯
古青器土脉細且薄翠青色者貴粉青色者低有一等
盆底雙魚盆口有銅掇環體厚者不甚佳
古饒器
御上窯者體薄而潤最好有素折腰樣毛口者體雖厚
色白且潤尤佳其價低於定元朝燒小足印花者内有
樞府字者高新燒者足大素者欠潤有青花及五色花

图93 《格古要论》(文渊阁四库全书本)书影

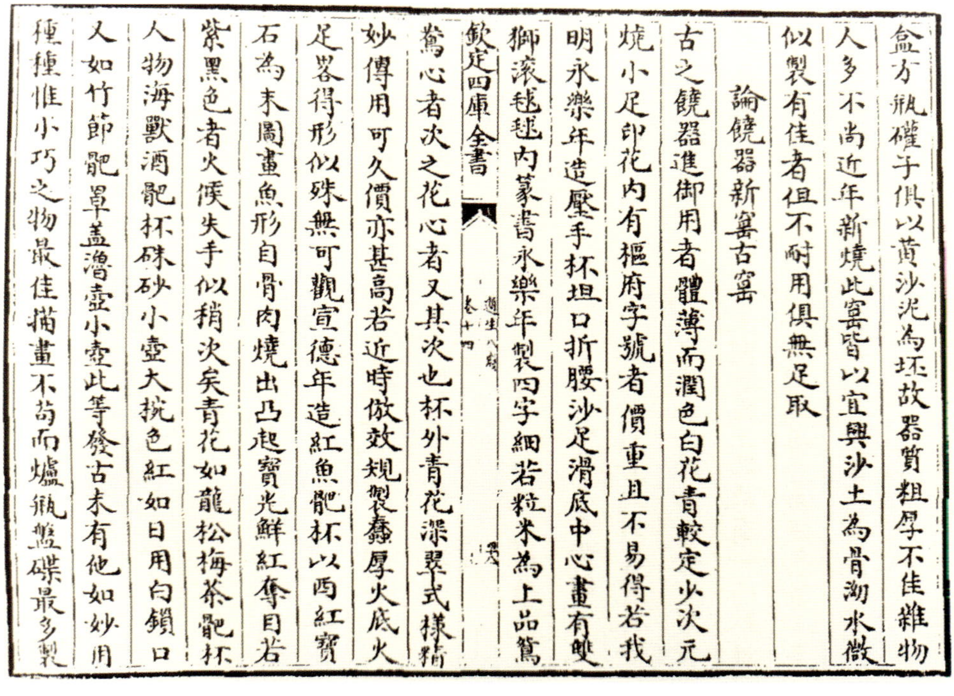
盒方瓶罐子俱以黄沙泥為坯故器質粗厚不佳雜物
人多不尚近年新燒此窯皆以宜興沙土為骨泑水微
似製有佳者但不耐用俱無足取
論饒器新窯古窯
古之饒器進御用者體薄而潤色白花青較定少次元
燒小足印花内有樞府字號者價重且不易得若我
明永樂年造壓手杯坦口折腰沙足滑底中心畫有雙
獅滚毬毬内篆書永樂年製四字細若粒米為上品鴛
欽定四庫全書 遵生八牋 卷十四
鴦心者次之花心者又其次也杯外青花深翠式樣精
妙傳用可久價亦甚高若近時做效規製蠢厚火底火
足畧得形似殊無可觀宣德年造紅魚靶杯以西紅寶
石為末圖畫魚形自骨肉燒出凸起寶光鮮紅奪目若
紫黑色者火候失手似稍次矣青花如龍松梅茶靶杯
人物海獸酒靶杯硃砂小壺大椀色紅如日用白鎖口
人如竹節靶罩蓋滷壺小壺此等發古未有他如妙用
種種惟小巧之物最佳描畫不苟而爐瓶盤碟最多製

图94 《遵生八笺》(文渊阁四库全书本)书影

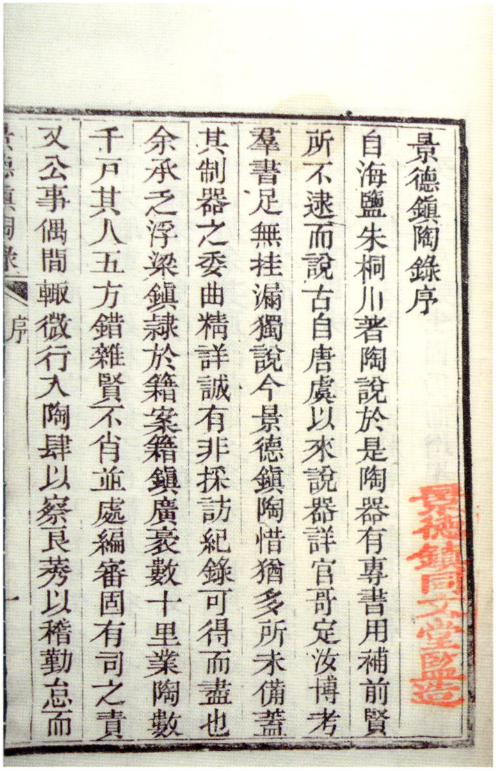

景德鎮陶錄序
自海鹽朱桐川著陶說於是陶器有專書用補前賢
所不逮而說古自唐虞以來說器詳官哥定汝博考
羣書足無挂漏獨說今景德鎮陶惜猶多所未備蓋
其制器之委曲精詳誠有非採訪紀錄可得而盡也
余承乏浮梁鎮隸於籍案籍鎮廣袤數十里業陶數
千戶其八五方錯雜賢不肖並處編審固有司之責
又公事偶間輒微行入陶肆以察良莠以稽勤怠而

景德鎮陶錄 序 一

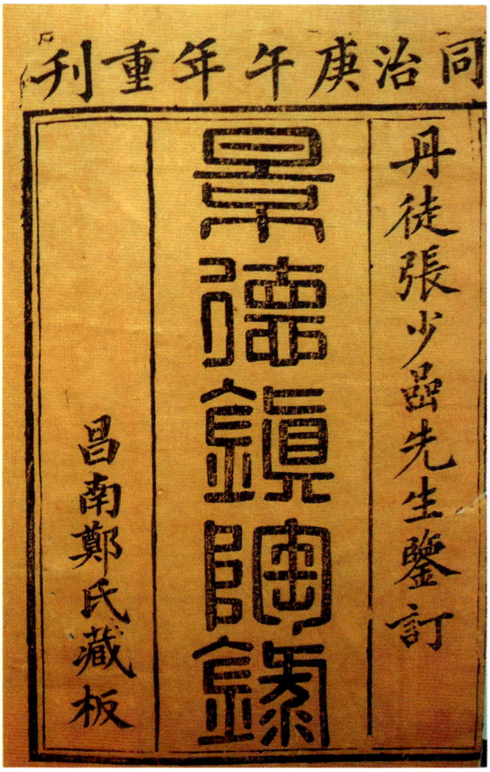

同治庚午年重刊
丹徒張少嵒先生鑒訂
景德鎮陶錄
昌南鄭氏藏板

图95 《景德镇陶录》（同治九年刻本）书影

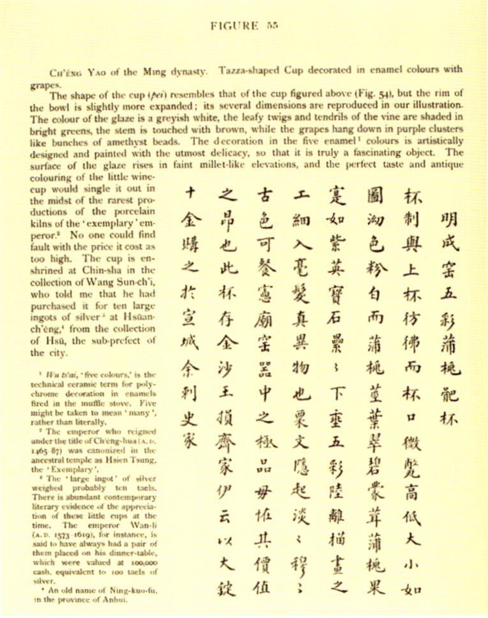

FIGURE 55

CH'ÊNG YAO of the Ming dynasty. Tazza-shaped Cup decorated in enamel colours with grapes.

The shape of the cup (*pei*) resembles that of the cup figured above (Fig. 54), but the rim of the bowl is slightly more expanded; its several dimensions are reproduced in our illustration. The colour of the glaze is a greyish white, the leafy twigs and tendrils of the vine are shaded in bright greens, the stem is touched with brown, while the grapes hang down in purple clusters like bunches of amethyst beads. The decoration in the five enamel[1] colours is artistically designed and painted with the utmost delicacy, so that it is truly a fascinating object. The surface of the glaze rises in faint millet-like elevations, and the perfect taste and antique colouring of the little wine-cup would single it out in the midst of the rarest productions of the porcelain kilns of the 'exemplary' emperor.[2] No one could find fault with the price it cost as too high. The cup is enshrined at Chin-sha in the collection of Wang Sun-ch'i, who told me that he had purchased it for ten large ingots of silver[3] at Hsüan-ch'êng,[4] from the collection of Hsü, the sub-prefect of the city.

明成窑五彩蒲桃靶杯
杯制與上杯彷彿而杯口微侈高低大小如
圖泑色粉白而蒲桃莖葉葱碧叢萃蒲桃果
實如紫英寶石纍纍下垂五彩陸離描畫之
工細入毫髮真異物也粟文隱起淡淡穆穆
古色可餐憲廟窑器中之極品毋怪其價值
之昂也此杯存金沙王損齋家伊云以大錠
十金購之於宣城余刺史家

[1] *Wu ts'ai*, 'five colours,' is the technical ceramic term for polychrome decoration in enamels fired in the muffle stove. Five might be taken to mean 'many', rather than literally.

[2] The emperor who reigned under the title of Ch'êng-hua (A.D. 1465-87) was canonized in the ancestral temple as Hsien Tsung, the 'Exemplary'.

[3] The 'large ingot' of silver weighed probably ten taels. There is abundant contemporary literary evidence of the appreciation of these little cups at the time. The emperor Wan-li (A.D. 1573-1619), for instance, is said to have always had a pair of them placed on his dinner-table, which were valued at 100,000 cash, equivalent to 100 taels of silver.

[4] An old name of Ning-kuo-fu, in the province of Anhui.

图96 《历代名瓷图谱》（卜士礼英译本）书影

图97 清乾隆十五年 汪南桥制京山石雕唐英六十九岁小照

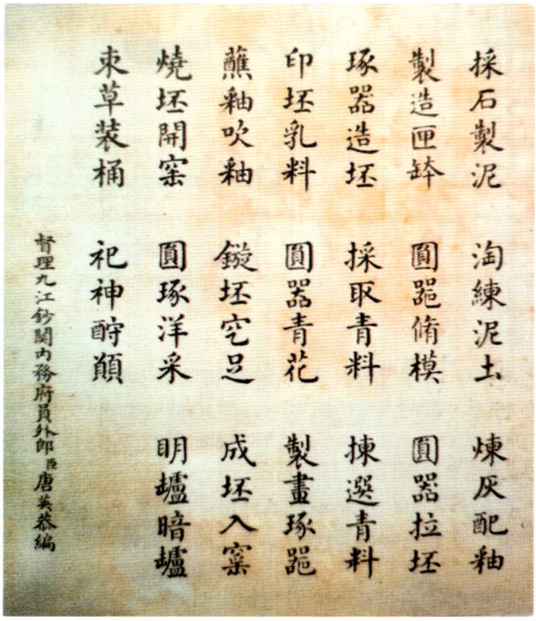

採石製泥 淘練泥土 煉灰配釉
製造匣鉢 圓器修模 圓器拉坯
琢器造坯 採取青料 揀選青料
印坯乳料 圓器青花 製畫琢器
蘸釉吹釉 鏇坯挖足 成坯入窑
燒坯開窑 圓琢洋采 明爐暗爐
束草裝桶 祀神酧願

督理九江鈔關内務府員外郎臣唐英恭編

（a）

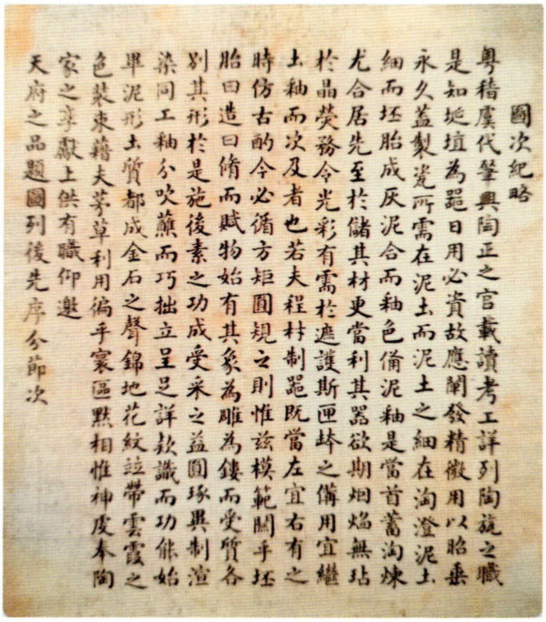

圖次紀略

粤稽虞代肇興陶正之官載讀考工詳列陶旊之職是知埏埴為器日用必資故應闡發精微用以貽垂永久蓋製瓷所需在泥土而泥土之細在淘澄泥土細而坯胎成灰泥合而釉色備泥釉是當首審淘煉尤合居先至於儲其材更當利其器欲期烟焰無玷於晶熒務令光彩有需於遮護斯匣鉢之備用宜繼土釉而次及者也若夫程材制器既當左宜右有之時仿古酌今必循方矩圓規之則惟茲模範關乎坯胎曰造曰脩而賦物始有其象為雕為鏤而受質各別其形於是施後素之功成受采之益圓琢興制渲染同工釉分吹蘸而巧拙立呈足詳款識而功能始畢泥形土質都成金石之聲錦地花紋並帶雲霞之色裝束藉夫蓼草利用徧乎寰區黙相惟神度本陶家之享獻上供有職仰邀
天府之品題圖列後先序分節次

（b）

图98 《陶冶图说》之“图次纪略”

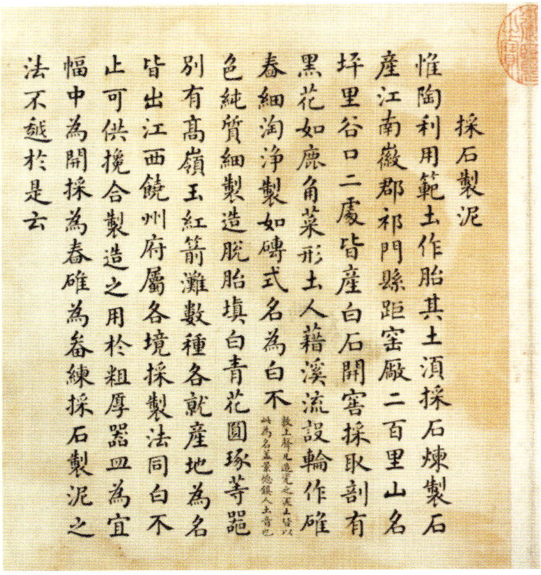

採石製泥

惟陶利用範土作胎其土須採石煉製石產江南黴郡祁門縣距窑廠二百里山名坪里谷口二處皆產白石開窖採取剖有黑花如麂角菜形土人藉溪流設輪作碓舂細淘淨製如磚式名為白不（敦上聲凡造瓷之泥土皆以此為名蓋景德鎮人土音也）色純質細製造脫胎填白青花圓琢等器別有高嶺玉紅箭灘數種各就產地為名皆出江西饒州府屬各境採製法同白不止可供攙合製造之用於粗厚器皿為宜幅中為開採為舂碓為畚練採石製泥之法不越於是云

（a）

（b）

图99 《陶冶图说》之“采石制泥”

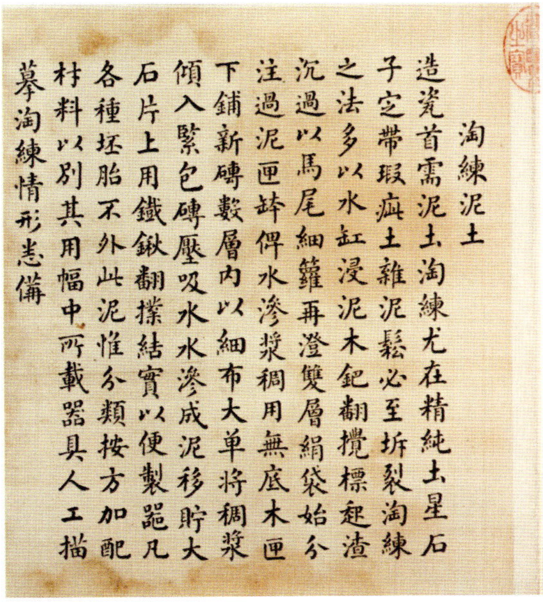

淘練泥土

造瓷首需泥土淘練尤在精純土星石子定帶瑕疵土雜泥鬆必至坼裂淘練之法多以水缸浸泥木鈀翻攪標起渣沉過以馬尾細籮再澄雙層絹袋始分注過泥匣鉢俾水滲漿稠用無底木匣下鋪新磚數層內以細布大單將稠漿傾入緊包磚壓吸水水滲成泥移貯大石片上用鐵鍬翻撲結實以便製器凡各種坯胎不外此泥惟分類按方加配材料以別其用幅中所載器具人工描摹淘練情形悉備

（a）

（b）

图100 《陶冶图说》之“淘练泥土”

煉灰配釉

陶製各器惟釉是需而一切釉水無灰
不成其釉灰出樂平縣在景德鎮南百
四十里以青白石與鳳尾草迭壘燒煉
用水淘細即成釉灰配以白不細泥與
釉灰調和成漿稀稠相等各按瓷之種
類以成方加減盛之缸內用曲木橫貫
鐵鍋之耳以為舀注之具其名曰盆如
泥十盆灰一盆為上品瓷器之釉泥七
八而灰二三為中品之釉若泥灰平對
或灰多扵泥則成粗釉圖中缸內所浮
之鍋即盆是也

（a）

（b）

图101 《陶冶图说》之“炼灰配釉”

製造匣鉢

瓷坯入窯冣宜潔淨一沾土點泥渣便
成斑駁且窯風火氣沖突易扵傷坯
此坯胎之所以必用匣鉢套裝也匣鉢
之泥土產扵景德鎮東北里淳村有黑
紅白三色之異另有寶石山出黑黃沙
一種配合成泥取其入火禁煉造法用
輪車與拉坯之車相似泥不用過細俟
匣坯微乾畧鏇入窯空燒一次方堪
應用名曰鍍匣而造匣鉢之匠亦常用
粗泥拉造砂盤為本地鄉村坯房人
匠等家常之用

（a）

（b）

图102 《陶冶图说》之“制造匣钵”

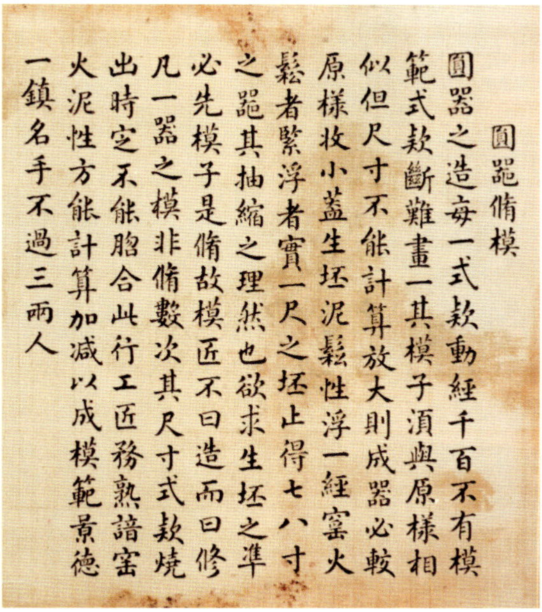

圓器脩模

圓器之造每一式款動經千百不有模範式款斷難畫一其模子須與原樣相似但尺寸不能計算放大則成器必較原樣收小蓋生坯泥鬆性浮一經窰火鬆者緊浮者實一尺之坯止得七八寸之器其抽縮之理然也欲求生坯之準必先模子是脩故模匠不曰造而曰修凡一器之模非脩數次其尺寸式款燒出時定不能脗合此行工匠務熟諳窰火泥性方能計算加減以成模範景德一鎮名手不過三兩人

（a）

（b）

图103 《陶冶图说》之“圆器修模”

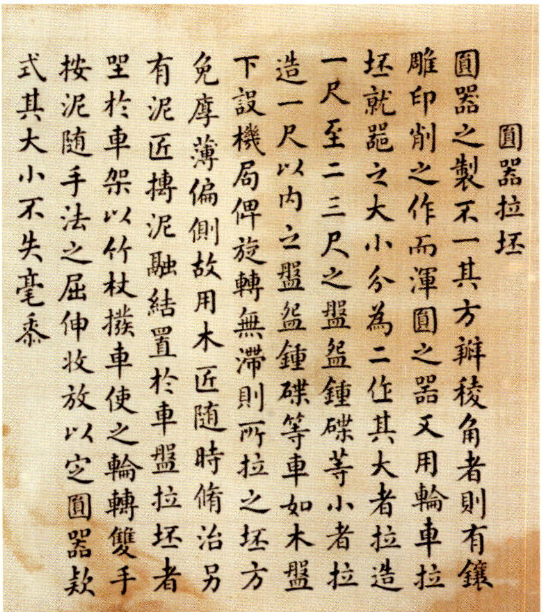

圓器拉坯

圓器之製不一其方辨稜角者則有鑲雕印削之作而渾圓之器又用輪車拉坯就器之大小分為二作其大者拉造一尺至二三尺之盤盌鍾碟等小者拉造一尺以內之盤盌鍾碟等車如木盤下設機局俾旋轉無滯則所拉之坯方免厚薄偏側故用木匠隨時脩治另有泥匠摶泥融結置於車盤拉坯者坐於車架以竹杖撥車使之輪轉雙手按泥隨手法之屈伸收放以定圓器款式其大小不失毫黍

（a）

（b）

图104 《陶冶图说》之“圆器拉坯”

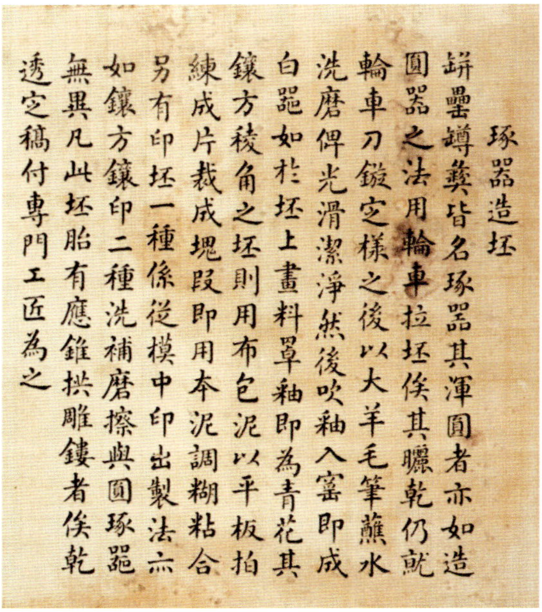
琢器造坯
缾罍罇彝皆名琢器其渾圓者亦如造圓器之法用輪車拉坯俟其曬乾仍就輪車刀鏇定樣之後以大羊毛筆蘸水洗磨俾光滑潔淨然後吹釉入窰即成白器如於坯上畫料罩釉即為青花其鑲方稜角之坯則用布包泥以平板拍練成片裁成塊段即用本泥調糊粘合另有印坯一種係從模中印出製法亦如鑲方鑲印二種洗補磨擦與圓琢器無異凡此坯胎有應錐拱雕鏤者俟乾透定稿付專門工匠為之

（a）

（b）

图105 《陶冶图说》之“琢器造坯”

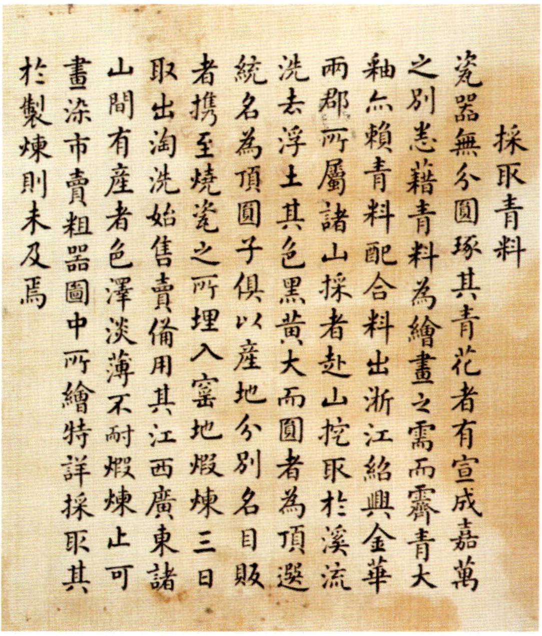
採取青料
瓷器無分圓琢其青花者有宣成嘉萬之別悉藉青料為繪畫之需而霽青大釉亦賴青料配合料出浙江紹興金華兩郡所屬諸山採者赴山挖取於溪流洗去浮土其色黑黃大而圓者為頂選統名為頂圓子俱以產地分別名目販者携至燒瓷之所埋入窰地煅煉三日取出淘洗始售賣備用其江西廣東諸山間有產者色澤淡薄不耐煅煉止可畫涂市賣粗器圖中所繪特詳採取其於製煉則未及焉

（a）

（b）

图106 《陶冶图说》之“采取青料”

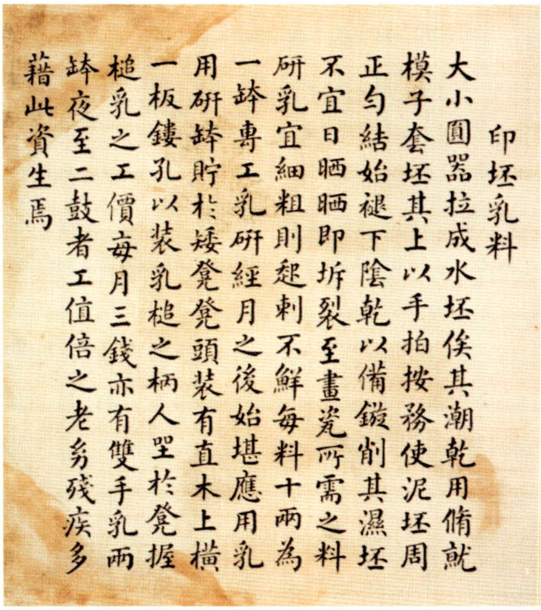

印坯乳料

大小圓器拉成水坯俟其潮乾用備就模子套坯其上以手拍按務使泥坯周正匀結始褪下陰乾以備鏇削其濕坯不宜日晒晒即坼裂至畫瓷所需之料研乳宜細粗則起刺不鮮每料十兩為一缽專工乳研經月之後始堪應用乳用研缽貯於矮凳凳頭裝有直木上橫一板鏤孔以裝乳槌之柄人坐於凳握槌乳之工價每月三錢亦有雙手乳兩缽夜至二鼓者工值倍之老弱殘疾多藉此資生焉

(a)

(b)

图107 《陶冶图说》之“印坯乳料”

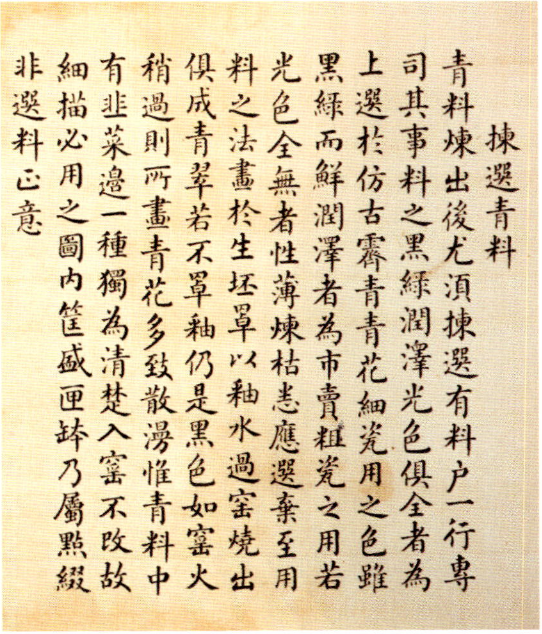

揀選青料

青料煉出後尤須揀選有料户一行專司其事料之黑綠潤澤光色俱全者為上選於仿古霽青青花細瓷用之色雖黑綠而鮮潤澤者為市賣粗瓷之用若光色全無者性薄煉枯悉應選棄至用料之法畫於生坯罩以釉水過窑燒出俱成青翠若不罩釉仍是黑色如窑火稍過則所畫青花多致散漫惟青料中有韭菜邊一種獨為清楚入窑不改故細描必用之圖內筐盛匣缽乃屬點綴非選料正意

(a)

(b)

图108 《陶冶图说》之“拣选青料”

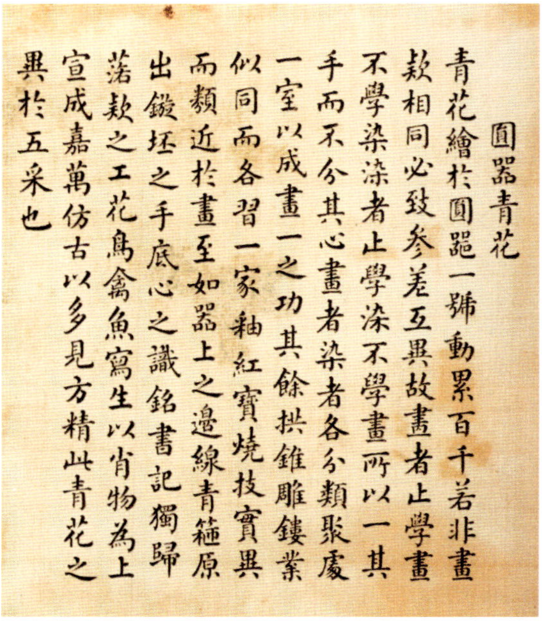

圓器青花

青花繪於圓琢一號動累百千若非畫款相同必致參差互異故畫者止學畫不學染染者止學染不學畫所以一其手而不分其心畫者染者各分類聚處一室以成畫一之功其餘拱錐雕鏤業似同而各習一家釉紅寶燒技實異而類近於畫至如器上之邊線青箍原出鏇坯之手底心之識銘書記獨歸落款之工花鳥禽魚寫生以肖物為上宣成嘉萬仿古以多見方精此青花之異於五采也

（a）

（b）

图109 《陶冶图说》之“圆器青花”

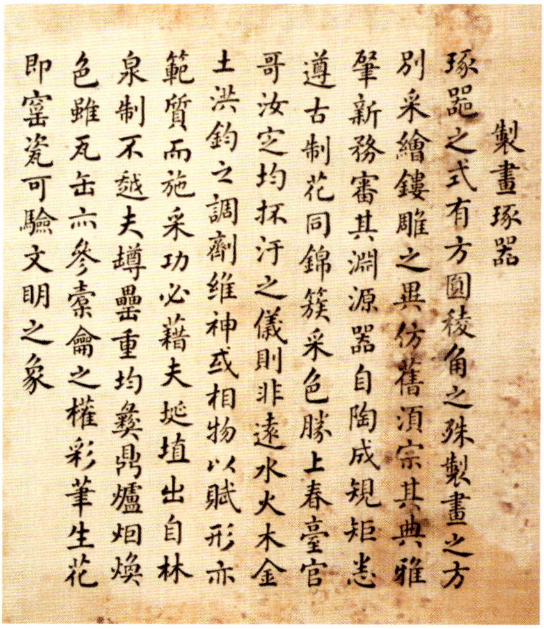

製畫琢器

琢器之式有方圓稜角之殊製畫之方別采繪鏤雕之異仿舊須宗其典雅肇新務審其淵源器自陶成規矩悉遵古制花同錦簇采色勝上春臺官哥汝定均抔汗之儀則非遠水火木金土洪鈞之調劑維神式相物以賦形亦範質而施采功必藉夫埏埴出自林泉制不越夫罇罍重均彝鼎爐炟煥色雖瓦缶亦參橐籥之權彩筆生花即窯瓷可驗文明之象

（a）

（b）

图110 《陶冶图说》之“制画琢器”

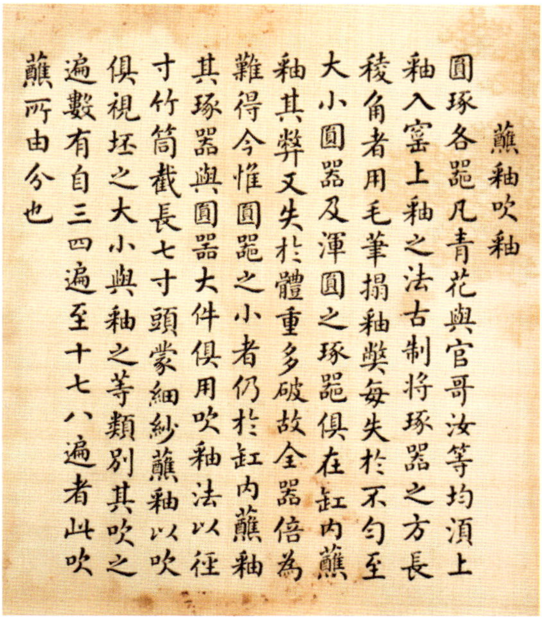

蘸釉吹釉

圓琢各器凡青花與官哥汝等均須上釉入窑上釉之法古制将琢器之方長稜角者用毛筆搨釉弊每失於不匀至大小圓器及渾圓之琢器俱在缸內蘸釉其弊又失於體重多破故全器倍為難得今惟圓器之小者仍於缸內蘸釉其琢器與圓器大件俱用吹釉法以徑寸竹筒截長七寸頭蒙細紗蘸釉以吹俱視坯之大小與釉之等類別其吹之遍數有自三四遍至十七八遍者此吹蘸所由分也

(a)

(b)

图111 《陶冶图说》之“蘸釉吹釉”

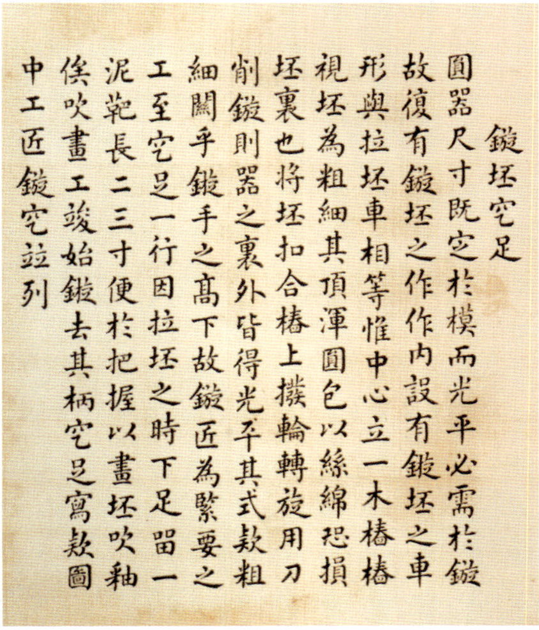

鏇坯穵足

圓器尺寸既定於模而光平必需於鏇故復有鏇坯之作作內設有鏇坯之車形與拉坯車相等惟中心立一木樁樁視坯為粗細其頂渾圓包以絲綿恐損坯裏也将坯扣合樁上撥輪轉旋用刀削鏇則器之裏外皆得光平其式款粗細關乎鏇手之高下故鏇匠為緊要之工至穵足一行因拉坯之時下足留一泥靶長二三寸便於把握以畫坯吹釉俟吹畫工竣始鏇去其柄穵足寫款圖中工匠鏇穵竝列

(a)

(b)

图112 《陶冶图说》之“旋坯挖足”

成坯入窰

窰制長圓形如覆瓮高寬皆丈許深長倍之上罩大瓦屋名為窰棚其烟突圍圓高二丈餘在後窰棚之外瓷坯既成裝以匣缽送至窰戶家入窰時以匣缽叠累罩套分行排列中間疏散以通火路其窰火有前中後之分前火烈中火緩後火微凡安放坯胎者量釉之軟硬以配合窰位俟坯器滿足始為發火隨將窰門磚砌止留一方孔將松柴投入片刻不停俟窰內匣缽作銀紅色時止火窨一晝夜始開

（a）

（b）

图113 《陶冶图说》之“成坯入窑”

燒坯開窰

瓷器之成窰火是賴計入窰至出窰類以三日為率至第四日清晨開窰其窰中套裝瓷器之匣缽尚帶紫紅色人不能近惟開窰之匠用布十數層製成手套蘸以冷水護手復用濕布包裹頭面肩背方能入窰搬取瓷器瓷器既出乘熱窰以安放新坯因新坯潮濕就熱窰烘焙可免火後坼裂穿漏之病圖內擡案包紮者為出窰瓷器肩運柴片者為現在燒窰其搬運出窰情形未詳繪也

（a）

（b）

图114 《陶冶图说》之“烧坯开窑”

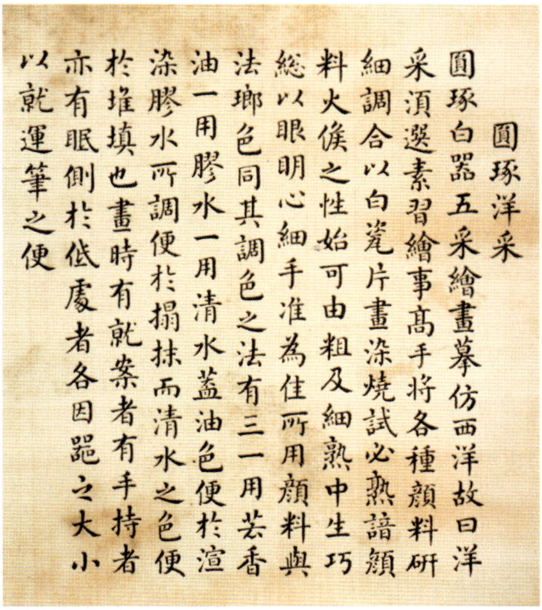

圓琢洋采

圓琢白器五采繪畫摹仿西洋故曰洋采須選素習繪事高手將各種顔料研細調合以白瓷片畫塗燒試必熟諳顔料火候之性始可由粗及細熟中生巧總以眼明心細手准為佳所用顔料與法瑯色同其調色之法有三一用芸香油一用膠水一用清水蓋油色便於渲染膠水所調便於搨抹而清水之色便於堆填也畫時有就案者有手持者亦有眠側於低處者各因器之大小以就運筆之便

（a）

（b）

图115 《陶冶图说》之“圆琢洋彩”

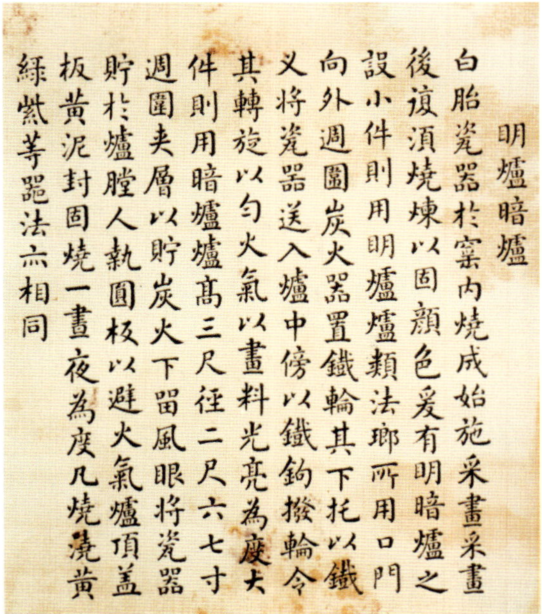

明爐暗爐

白胎瓷器於窯内燒成始施采畫采畫後復須燒煉以固顔色爰有明暗爐之設小件則用明爐爐類法瑯所用口門向外週圍炭火器置鐵輪其下托以鐵叉將瓷器送入爐中傍以鐵鉤撥輪令其轉旋以匀火氣以畫料光亮為度大件則用暗爐爐高三尺徑二尺六七寸週圍夾層以貯炭火下留風眼將瓷器貯於爐膛人執圓板以避火氣爐頂蓋板黄泥封固燒一晝夜為度凡燒澆黄綠紫等器法亦相同

（a）

（b）

图116 《陶冶图说》之“明炉暗炉”

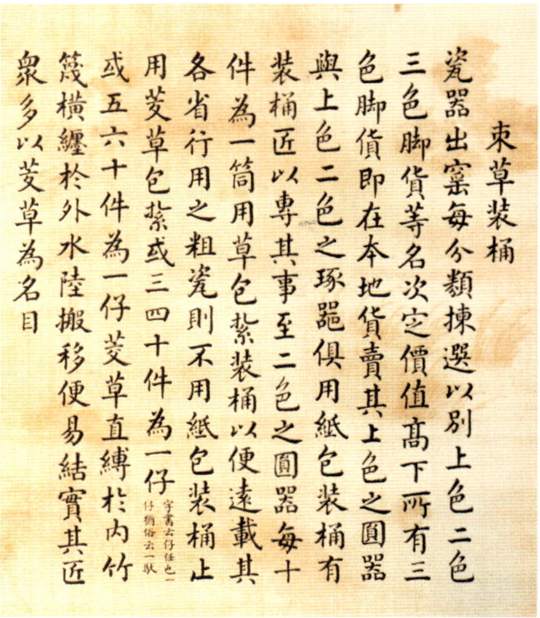
束草裝桶
瓷器出窯每分類揀選以別上色二色三色脚貨等名次定價值高下所有三色脚貨即在本地貨賣其上色之圓器與上色二色之琢器俱用紙包裝桶有裝桶匠以專其事至二色之圓器每十件為一筒用草包紮裝桶以便遠載其各省行用之粗瓷則不用紙包裝桶止用茭草包紮或三四十件為一仔（字書云仔任也一仔猶俗云一駄）或五六十件為一仔茭草直縛於內竹篾橫纏於外水陸搬移便易結實其匠衆多以茭草為名目

（a）

（b）

图117 《陶冶图说》之“束草装桶”

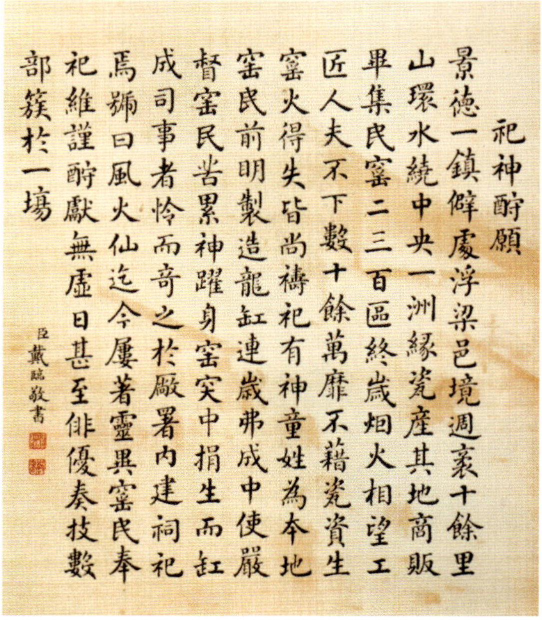
祀神酧願
景德一鎮僻處浮梁邑境週袤十餘里山環水繞中央一洲緣瓷產其地商販畢集民窰二三百區終歲烟火相望工匠人夫不下數十餘萬靡不藉瓷資生窰火得失皆尚禱祀有神童姓為本地窰民前明製造龍缸連歲弗成中使嚴督窰民呰累神躍身窰突中捐生而缸成司事者怜而奇之於厰署內建祠祀焉號曰風火仙迄今屢著靈異窰民奉祀維謹酧獻無虛日甚至俳優奏技數部簇於一場
臣戴臨敬書

（a）

（b）

图118 《陶冶图说》之“祀神酬愿”